織田家臣団の系図

菊地浩之

角川新書

目次

図版作成　村松明夫

はじめに

系図で何がわかるのか？

『〇〇の系譜』『〇〇の系図』というタイトルの書籍では、〇〇家の系図について述べる場合と、〇〇家を系統立てて述べる場合があるが、本書は前者。すなわち、織田信長《おだのぶなが》の家臣の系図を婚姻関係も含めて詳細に論じようという、これまでになかった企画である。

系図から何がわかるのか。

たとえば、佐久間盛政《さくまもりまさ》が柴田勝家《しばたかついえ》の甥であることは有名である。この他にも――

・佐久間盛政と佐久間信盛《のぶもり》は遠縁（盛政の父と信盛は従兄弟《いとこ》）
・佐久間信盛と前田与十郎《まえだよじゅうろう》は義兄弟
・前田与十郎と前田利家《としいえ》は遠縁（利家の父と与十郎は従兄弟）
・前田与十郎と瀧川一益《たきがわかずます》は従兄弟
・瀧川一益と池田恒興《いけだつねおき》は従兄弟
・瀧川一益と柴田勝家は義兄弟――といわれている。

織田家臣団は、一般に「才能さえあれば出世できる」（『真説　戦国武将の素顔』）という、実力主義のイメージで知られているが、右に掲げた家臣は出身階層がほとんど変わらないことがわかる。通常、婚姻関係は同等の階層内部で行われているからだ。また、織田家臣団の中核は、意外に狭い人脈・閨閥《けいばつ》で構成されていることがわかる。

一方、羽《は》柴秀吉《しばひでよし》（木下《きのした》、豊臣《とよとみ》）と丹羽《にわ》長秀《ながひで》は、織田家の有力家臣でありながら、右に掲げられていない。

秀吉が卑《ひ》賤《せん》出身であることは有名だが、丹羽も閨閥では孤立した存在だった。丹羽は、柴田・佐久間らより一段低い階層出身であったと想定される。そのため、信長は姪《めい》を長秀に嫁がせて箔《はく》を付け、抜擢《ばってき》したのであろう。

映画『清須《きよす》会議』では、柴田勝家と丹羽長秀は親友の様に描かれていたが、実際には丹羽は柴田よりも秀吉に近かったのではないか。秀吉は、清須会議と同時期に丹羽の三男を異父弟・秀長《ひでなが》の養子に迎え、関係を強化している。

また、意外に知られていないが、秀吉は、清須会議の前年に池田恒興の三男を養子に迎えている。閨閥から考えると、清須会議の参加メンバー四人（柴田勝家・丹羽長秀・池田恒興・羽柴秀吉）のうち、三人までもが秀吉派だったことがわかる。仮に瀧川一益が遅れて参加しても、秀吉は人数の上から押し切ることが可能だった。

そうでなければ、光秀《みつひで》を討ち、最大の功労者である秀吉が、自分に都合の悪いメンバーの会議に参加するはずがない。なぜ、柴田・丹羽より一段格の低い池田恒興が清須会議に参加していたのかは、秀吉の縁者と考えれば納得がいくのである。

出世したのは、永禄元年までの家臣

織田家臣団の中核は、意外に狭い人脈・閨閥で構成されていたと先に述べた。

『人物叢書　織田信長』では「信長が分国支配や京都支配で重用した顔ぶれには尾張出身者が圧倒的に多く、美濃出身者は少しだけいる」と、出世した家臣の母体は意外に狭く、世間でいわれるほど「能力主義」「合理主義」が徹底されていなかったと指摘されている。

筆者は前著『織田家臣団の謎』（角川選書）でさらに踏み込んで、信長が重用したのは、尾《お》張《わり》三郡（愛知郡・海東《かいとう》郡・春日井《かすがい》郡）の出身者、美濃《みの》出身者でも永禄《えいろく》元（一五五八）年頃までに仕えた者に限定されていると指摘した。

尾張国は八郡から構成され、応仁《おうにん》の乱以後、上四郡を岩倉《いわくら》織田家、下四郡を清須《きよす》織田家が分割統治していたといわれる。しかし、「上四郡」「下四郡」というのは、尾張を大きく二分したという修辞に過ぎず、信長が属していた清須織田家の実際の勢力範囲は、先述した三郡（愛知郡・海東郡・春日井郡）くらいだったらしい。

信長は織田一族との抗争を繰り返して尾張を統一したが、清須織田家内部の抗争が「仲間割れ」だったのに比べ、岩倉織田家はヨソ者（敵）と認識していたようだ。

そのため、弟・織田信勝《のぶかつ》（一般には信行《のぶゆき》）に仕えていた柴田勝家や佐久間一族は、信勝の死後も信長に重用されたが、岩倉織田家の旧臣には大名クラスに抜擢された者はいない。

信長家臣団の原型は清須織田家の統一時にいったん固まったのだ。

その時点の家臣を大名クラスに登用するため、敵の家臣をかれらの与力（指揮系統上の部下）に組み入れていった。だから、岩倉織田家の家臣は、清須時代の家臣の下に附《つ》けられて、大名クラスには出世できなかったのだ。

美濃出身の家臣は、A斎藤《さいとう》家没落のかなり前から信長に臣従していた武士、B斎藤家が没落する直前に信長に投降した武士、C斎藤家没落後に信長に仕えた者に三分類できるが、大名クラスに抜擢された者はAかBに限定され、Cは他の部将の与力に組み入れられている。

また、Aを「斎藤家没落のかなり前から」と曖昧《あいまい》に表現したが、どこで線引きするかといえば、やはり清須織田家を統一した永禄元（一五五八）年頃になる。

大名クラスに出世した織田家臣は以下の三つのパターンに分類できるだろう。
① 清須織田家を統一した頃（永禄元年）までに臣従した家臣。
② 敵将（斎藤・三好《みよし》・浅井《あざい》・朝倉《あさくら》・武田《たけだ》・足利義昭《あしかがよしあき》）が没落する契機になった投降者。
③ それ以外（明智《あけち》光秀・筒井順慶《つついじゅんけい》）。［表0－1］

織田家臣は出身地域で区別すべき

信長の家系は、清須織田家の三奉行の一つだった。三奉行とは次の家系である。

表0－1：大名クラスの家臣の出自

分類			氏名	領国ほか
永禄元（一五五八）年までに臣従	尾張	愛知郡	柴田勝家	越前
			佐久間信盛	近江
			丹羽長秀	近江・若狭
			羽柴秀吉	近江・播磨
			河尻秀隆	甲斐
			林　秀貞	（追放）
			前田利家	越前・能登
		海東郡	池田恒興	（摂津）
		春日井郡	佐々成政	越前・越中
			塙　直政	山城・大和
			簗田広正	加賀
			毛利長秀	信濃
	美濃	葉栗郡	森　長可	信濃
		本巣郡	原　長頼	越前
		（不明）	蜂屋頼隆	（和泉）
			金森長近	越前
			坂井政尚	（討ち死に）
	近江	甲賀郡？	瀧川一益	信濃・上野
		（不明）	村井貞勝	京都
永禄二（一五五九）年以降に臣従	敵将が没落する契機の投降者	斎藤龍興	稲葉良通	（旗本部将）
			氏家直元	（討ち死に）
			不破光治	越前
			安藤守就	（追放）
		三好三人衆	松永久秀	大和
		浅井長政	磯野員昌	（逐電）
		朝倉義景	朝倉景鏡	（討ち死に）
			前波吉継	（討ち死に）
		足利義昭	細川藤孝	山城・丹後
			荒木村重	摂津
		武田勝頼	穴山信君	甲斐
			木曾義昌	信濃
	他	近畿対策？	明智光秀	近江・丹波
			筒井順慶	大和

・織田因幡守家《いなばのかみけ》　小田井《おたい》（愛知県清須市西枇杷島町小田井《にしびわじまちょうおたい》）に住み、小田井織田家ともいう。
・織田藤左衛門家《とうざえもんけ》
・織田弾正忠家《だんじょうのちゅうけ》　勝幡《しょばた》（愛知県愛西市勝幡町《あいさいししょばたちょう》）に住み、勝幡織田家ともいう。

信長は尾張西端の海東郡《かいとうぐん》勝幡村に本拠を置く「勝幡織田家」の出身で、信長の父・織田信秀《のぶひで》は天文《てんぶん》七（一五三八）年に那古野《なごや》城の城主・今川氏豊《いまがわうじとよ》（駿河《するが》守護・今川家の分家筋）を追放し、その家臣と領地を支配下に置いた。

信秀は那古野城に移った後、さらに西から東へ居城を遷移していった。

・天文一五（一五四六）年頃、古渡城《ふるわたりじょう》（名古屋市中区古渡町）
・天文一八（一五四九）年頃、末盛城《すえもりじょう》（名古屋市千種区城山町《ちくさくしろやまちょう》）

つまり、勝幡織田家累代の家臣というのは、せいぜい尾張南西部（海東郡、海西郡《かいさいぐん》）出身の武士たちに限定され、愛知郡出身の丹羽長秀、柴田勝家、佐久間信盛などの家系は、信秀の代、信長が生まれた頃に家臣化（もしくは与力化）されたに過ぎないのだ。

しかも、父・信秀は、那古野城に信長を置いて、古渡城・末盛城に移り、その配下の武士たちは弟・信勝附きとなったので、信勝を暗殺して末盛城を回収するまで、信長との関係は希薄だったと考えられる。

信秀の死後、清須織田家は信長を敵視し、天文二二（一五五三）年七月に信長寄りの守護・斯波義統《しばよしむね》を暗殺してしまう。翌天文二三年四月、信長の叔父《おじ》・織田孫三郎信光《まごさぶろうのぶみつ》は、同盟を組む

図0－1：織田家臣団の居住地

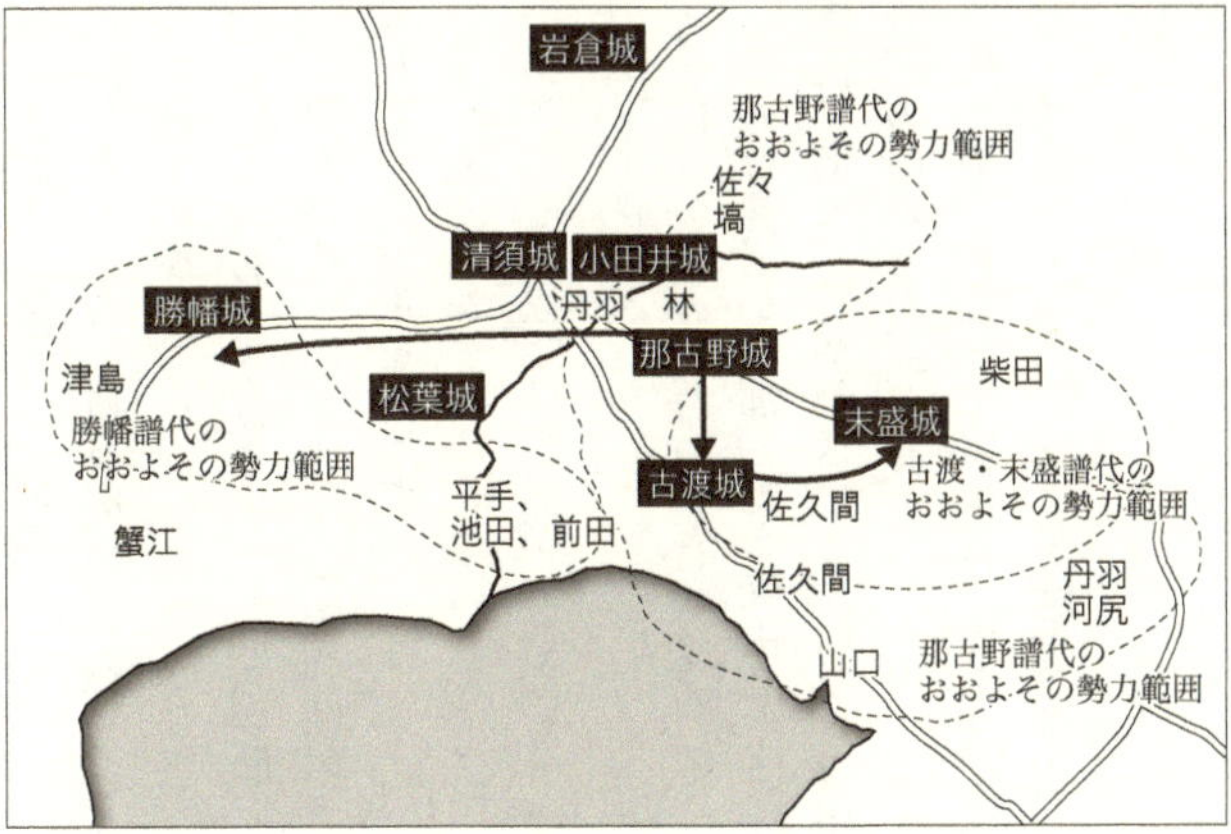

と偽って清須織田家を滅ぼした。

信長は清須城に入り、那古野城を信光に与えた。しかし、同天文二三年一一月に信光は不慮の事故で死去した（一説に殺害）。さらに信長は、永禄元（一五五八）年一一月、敵対する弟・信勝を暗殺して清須織田家を統一した。

ここに、様々な系譜を引いた織田家臣団が統一されることになった。［図0－1］

・勝幡譜代――祖父が勝幡に城を構えて以来、勝幡織田家に仕えた家臣。
・那古野譜代――信秀が那古野城を乗っ取り、信長が育成してきた家臣。
・古渡・末盛譜代―信秀から信勝に継承された家臣・与力。
・その他の清須譜代―信長が清須城に入って以降に仕えた家臣。

この中で、特に動員能力にすぐれた大身の武士は「古渡・末盛譜代」に多かった。しかし、かれらは直前まで信長と敵対しており、従属度が低かった。一方、自らが城主を務めた「那古野譜代」は信長に対する従属度が高かったが、小身の武士が多かった。

信長は「古渡・末盛譜代」の柴田勝家・佐久間信盛を重臣に据えねばならず、「那古野譜代」の丹羽長秀・佐々成政《さっさなりまさ》、「その他の清須譜代」の木下秀吉・森可成《もりよしなり》らをその対抗馬として育成していく方策を採った。

信長が実力主義で登用していったのは、この「那古野譜代」「その他の清須譜代」くらいまでである。それ以降は組織が大きくなりすぎて、抜擢人事をしようにも、目が届かなかったのではないだろうか。

その間、家臣たちは互いに婚姻を結んでいった。当然、同程度の階層での婚姻が進んだ。父・信秀は勝幡から那古野を経由して古渡・末盛に移転。那古野城を信長に預けたので、元々の家臣である「勝幡譜代」と、新たに家臣・与力とした「古渡・末盛譜代」との融合を考え、両者間の婚姻を後押しした。

そのため、古渡・末盛に近い佐久間信盛と、勝幡の勢力下にある前田与十郎家が婚姻を結び、古渡・末盛系の柴田勝家と勝幡系の瀧川一益が義兄弟になったのだろう。

本書の構成

本書では、織田家臣団の閨閥を論じる前に、まず第1章で織田家の来歴を述べ、次いで第2章で信長の近親について詳述する。

続く第3章で「勝幡譜代」、第4章で「古渡・末盛譜代」、第5章で「那古野譜代」について述べる。

家臣・与力化した順番は「勝幡譜代」「那古野譜代」「古渡・末盛譜代」なのだが、先述した通り、「那古野譜代」の性格が「勝幡譜代」「古渡・末盛譜代」と異なるため、信秀の影響が強い「勝幡譜代」「古渡・末盛譜代」を先に論じ、次いで信長の影響が強い「那古野譜代」という構成とした。

「那古野譜代」は信長の影響が強いといっても、家臣化したのは父・信秀である。これに対し、信長が単独で家臣化していった「その他の清須譜代」について第6章で述べた後、美濃侵攻以降に仕えた部将を第7章で「外様の家臣」として取り扱う。

信長の家臣団を語る雑誌や書籍では、あたかもかれらがサラリーマンのように、横一線の立場から出世競争を乗り越えていったように記されている。しかし、実際には出身階層や婚姻関係、出身地といった属性に大きな違いがあり、それにもっと注目すべきだと考える。本書が織田家臣団の実態を理解する一助になれば幸いである。

第1章　信長以前の織田一族

第1節　織田一族の系譜

信用ならない系図

織田信長を語る数多くの記録の中で、比較的信憑性《しんぴょうせい》が高いといわれる『信長公記《しんちょうこうき》』は、信長の家系を以下のように語っている。

「尾張国は八郡から成る。上《かみ》の郡《こおり》四郡は、守護代・織田伊勢守《いせのかみ》（信安《のぶやす》）が諸侍を味方にして支配し、岩倉というところに居城を構えていた。あとの半国、下の郡四郡は、守護代・織田大和守《やまとのかみ》（達勝《みちかつ》）の支配下に属し、上の郡とは川を隔てて、清須《きよす》の城に尾張国の守護・武衛《ぶえい》（斯波義統《しばよしむね》）を住まわせ、自らも同じ城内に住んで守護の世話をしていた。

織田大和守の家中に三人の奉行がいた。織田因幡守《いなばのかみ》、織田藤左衛門（良頼《すけより》、または寛故《とおもと》）、織田弾正忠《だんじょうのちゅう》（信秀）」。

つまり、信長の父・織田弾正忠信秀は、尾張守護の斯波《しば》家に仕える守護代・清須織田家の分家でしかなかったというのだ。

では、織田家の先祖は誰で、いつ頃から尾張の守護代となり、信長の家系が擡頭《たいとう》してきたのだろうか。

家祖・織田親真

織田家の公式見解によれば、織田家の家祖は**織田権大夫親真**《ごんのたゆうちかざね》であり、親真は平　資盛《たいらのすけもり》（平清盛《きよもり》の孫。一一五八？〜八五）の遺児だとしている。

源平合戦で平家が京都を追われた時、親真は母に抱かれて近江国津田郷《おうみつだ》（滋賀県近江八幡市《おうみはちまん》津田町？）に逃れた。母は津田郷で再婚して多くの子をもうけた。ある時、越前国織田社《えちぜんおた》（劔《つるぎ》神社。福井県丹生郡《にゅう》越前町織田）の神官が津田を訪れて、親真を養子に望んだ。以来、「織田を称し、又津田と号す」という。

ところが、平成二三（二〇一一）年、新聞で「信長のルーツ、平氏ではない？　福井に始祖の墓」と報じられた。

福井県丹生郡越前町の法楽寺で六〇年以上前に見つかっていた石造物に記された銘などを調査していた越前町教育委員会は、その中に織田家の始祖「親真」の墓の一部があったと発表した。五輪塔と呼ばれる墓の一部で、これまで詳しく調べられていなかったものだが、左側面に「親真」の名と「正應《しょうおう》三（一二九〇）年庚刀《かのえとら》二月十九日」と没年月日が彫られていた。

親真が資盛の遺児であれば、少なくとも一一八五年には生まれているはずなので、一〇〇年以上も生きながらえたことになる。

調査を行った越前町教育委員会は「織田氏は平氏ではなく、真のルーツは町ゆかりの忌部《いんべ》氏」「劒神社の神官だった忌部氏が織田氏の先祖である可能性が高くなった」「信長を作為的につなげるため、親真を系図上で利用したと考えられる」と指摘している。

越前町織田に伝わる系図では、親真は忌部親澄《いんべのちかすみ》の子とされ、系図と墓の没年の食い違いも小さいという。

家祖・親真が平家の落胤《らくいん》というのは、誰もがまゆつばだと考えていたものの、それが証明されるとは思っていなかっただろう。その反面、織田家の先祖として「親真」という人物が実在していたことが証明され、ウソで塗り固めたと思われていたその系図が、一面で真実を伝えていたことに感心させられた。

なぜ平家なのか

信長自身、若い頃は「藤原《ふじわらの》信長」、つまり、藤原家の子孫を名乗っていた。それが平家の子孫を称するようになったのは「源平交代説」に基づくものだといわれている。

「源平交代説」とは、武家政権は源氏と平氏が代わる代わる担っていくというもので、南北朝時代に流布した。

すなわち、武家としてはじめて政権をとったものが平氏（平清盛）で、その次に源氏（源《みなもと》頼朝《のりとも》）、次いで平氏を称する北条《ほうじょう》家に政権が移行したため、その次は源氏、つまり、足利家が政権をとると予想したのだ。建武《けんむ》の新政が瓦解《がかい》した後、足利尊氏《たかうじ》が多くの武士から衆望を担い、政権をとるために有利に作用した。

室町幕府が弱体化した頃、源氏（足利家）に代わって政権をとるのは平氏ということで、信長は平氏の末裔《まつえい》を自称したのだという。

第2節　尾張の守護代

尾張守護代・織田常松入道

さて、越前にいた親真の子孫は、なぜ尾張に移り住んだのか。

『寛政《かんせい》重修諸家譜』によれば、越前と尾張の守護を兼務していた斯波《しば》左兵衛督《さひょうえのかみ》義重《よししげ》（義教《よしのり》）が、親真の子孫・織田次郎四郎常昌《つねまさ》を見初《みそ》めて家臣に迎え、常昌の子・織田助次《すけじ》郎常勝《ろうつねかつ》が斯波家の家老（守護代）として尾張に領地を与えられたからだという。［図1－1］

しかし、この常昌・常勝父子が実在したかは定かでない。

織田家の人物として古文書に現れるのは、親真の死後、おおよそ一〇〇年後の明徳《めいとく》四（一三九三）年六月、**藤原信昌**《のぶまさ》、**藤原兵庫助将広**《ひょうごのすけゆきひろ》である。この信昌・将広父子が織田劔神社に奉納した置文が残っているのだ。

「信」「広」はのちの織田家の諱《いみな》でよく使われる通字である。将広という名は、斯波義重の父・斯波義将《よしゆき》（一三五〇～一四一〇）から偏諱《へんき》を与えられたと類推される。

つまり、義重の代ではなく、その父の代に、織田家はすでに斯波家に仕えていたらしい。

では、なぜ義重の名が残されているかといえば、義重が斯波家ではじめて尾張守護に任じられた人物だからだろう。

応永《おうえい》六（一三九九）年に三代将軍・足利義満《よしみつ》が大内義弘《おおうちよしひろ》を討伐した「応永の乱」で、斯波義将・義重父子は功績をあげ、その恩賞として尾張守護職を与えられた。はじめ、越前守護代の甲斐《かい》氏が尾張守護代を兼務していたが、やがて**伊勢入道《いせにゅうどう》織田　常松《じょうしょう》**（?～一四二七）が守護代に任じられたという。

この常松が、先の将広とどのような関係にあるのかは不明である。将広が出家して常松を名乗ったとも、将広と常松は親子であるとも推測されている。

ただし、常松は斯波家の重臣として在京することが多く、実際に尾張を治めていたのは、又代（又守護代）の**出雲《いずも》入道織田常竹《じょうちく》**だった。

常竹は中島《なかしま》郡下津《おりづ》（愛知県稲沢《いなざわ》市下津町）に守護所を構えていたという。

常竹は、その名から常松の近親と思われるが、どのような関係にあるのかは不明である。

『寛政重修諸家譜』に記された常昌・常勝父子はいずれも音読みが「じょうしょう」となり、

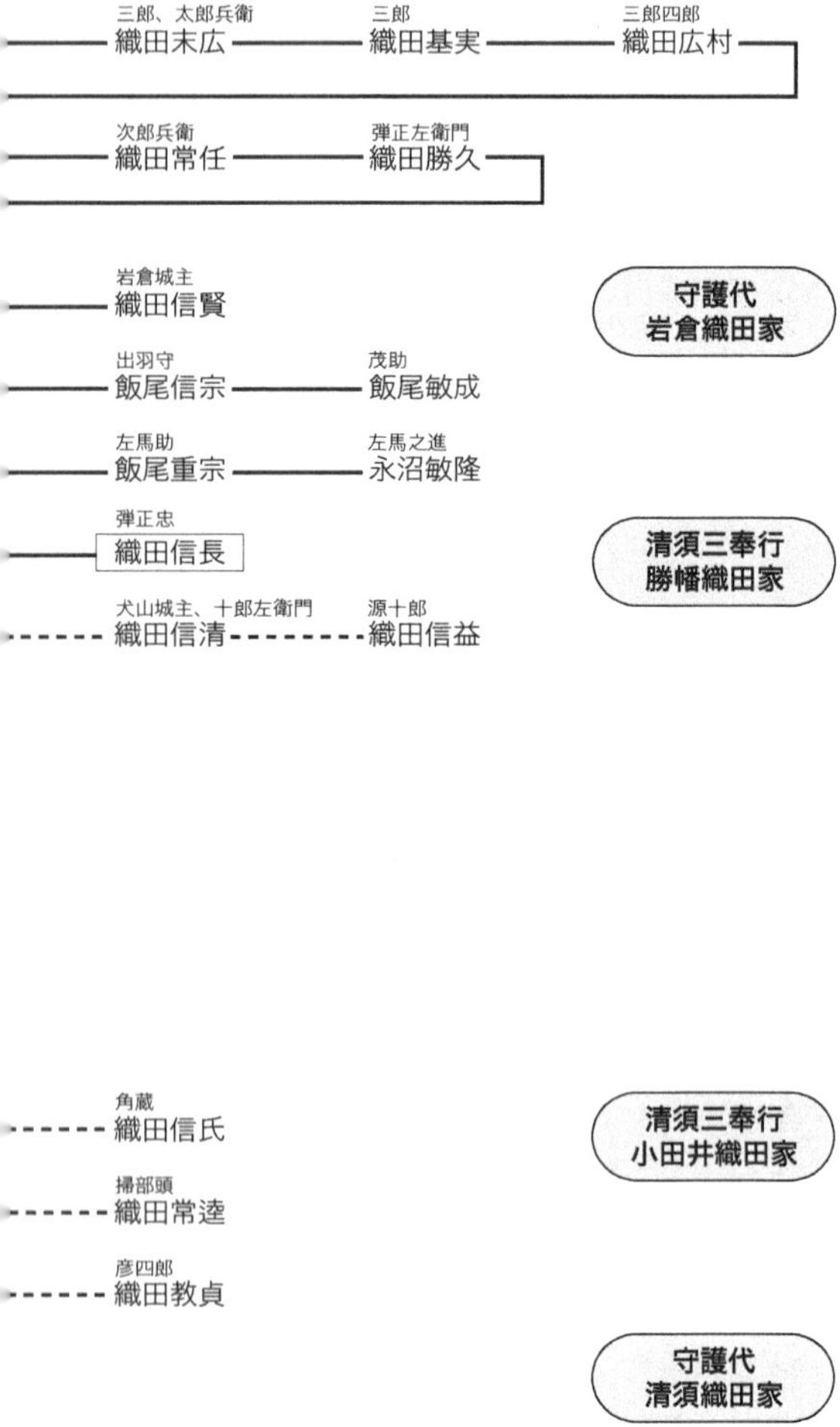
三郎、太郎兵衛
織田末広
三郎
織田基実
三郎四郎
織田広村
次郎兵衛
織田常任
弾正左衛門
織田勝久
岩倉城主
織田信賢
守護代
岩倉織田家
出羽守
飯尾信宗
茂助
飯尾敏成
左馬助
飯尾重宗
左馬之進
永沼敏隆
弾正忠
織田信長
清須三奉行
勝幡織田家
犬山城主、十郎左衛門
織田信清
源十郎
織田信益
角蔵
織田信氏
清須三奉行
小田井織田家
掃部頭
織田常逵
彦四郎
織田教貞
守護代
清須織田家

図１－１：『寛政重修諸家譜』による織田家系図

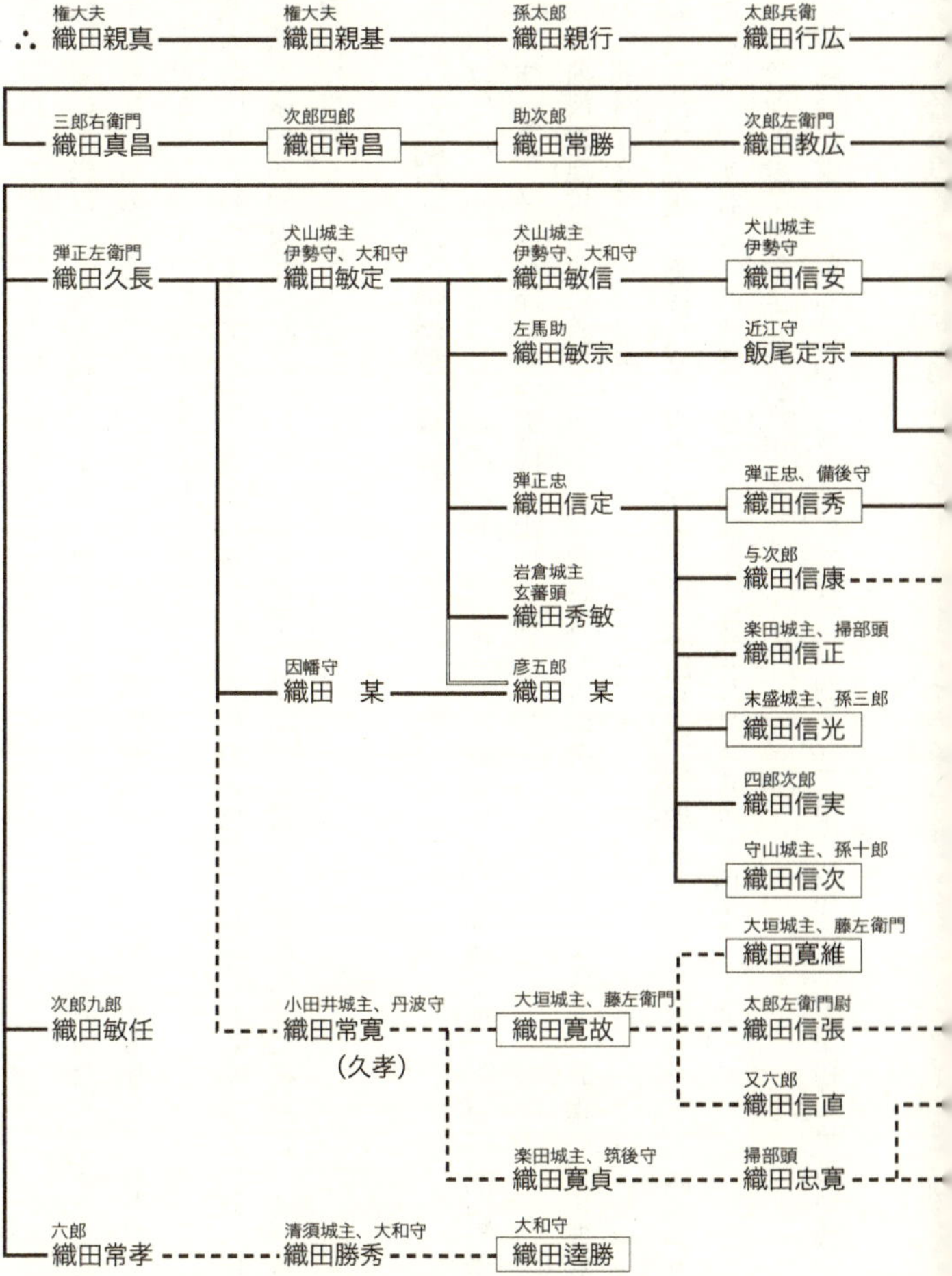

※破線以下は『群書系図部集』掲載の「織田系図」によって補った。

常松を意識して創作した人物と思われる。

織田家の系図は、家祖・親真を平家に無理矢理繋《つな》げただけでなく、それ以降も事実と異なる信用ならないものである。おそらく、家に伝わる名前から架空の人物を創《つく》り出しては繋げていき、親真から信長までの系図を作成したのだろう。

幾人かの研究者によって、古文書にあらわれる実在の人物を、巷間《こうかん》伝わる系図と比較・比定し、織田家の系図復元が試みられている。本書では『尾張群書系図部集』に掲載されている系図を掲げておく。［図1－2］

応仁・文明の乱で織田家が分裂

常松は応永三四（一四二七）年に死去したと伝えられ、その後は**織田勘解由左衛門尉《かげゆざえもんのじょう》 教長《のりなが》**（初名・朝長《ともなが》）が又代を経て、守護代に任じられたらしい。

先の斯波義重はのちに義教と改名し、教長はその偏諱を与えられて改名。義重の子・斯波義《よし》淳《あつ》からも偏諱を与えられ、淳広《あつひろ》と改名したようだ。

教長の後、尾張守護代は**織田又二郎郷広《さとひろ》**、**織田兵庫助《ひょうごのすけ》 敏広《としひろ》**（初名・久広《ひさひろ》。？～一四八一？）と続いた。いずれも斯波義郷《よしさと》、斯波義敏《よしとし》から偏諱を与えられている。

ここで斯波家に家督争いが勃発《ぼっぱつ》する。

斯波義敏が重臣・甲斐《かい》常治《つねはる》と対立。長禄《ちょうろく》三（一四五九）年に八代将軍・足利義政《よしまさ》の逆鱗《げきりん》に触れて守護職を更迭され、その後、同族から斯波義廉《よしかど》が迎えられる。ところが、寛正《かんしょう》六（一四六五）年に義敏が赦《ゆる》され、翌文正《ぶんしょう》元（一四六六）年に越前・尾張・遠江《とおとうみ》守護職に返り咲く。かくして斯波家は義廉と義敏の家督争いが激化し、応仁《おうにん》・文明《ぶんめい》の乱の端緒の一つとなった。

織田家も守護代・織田敏広と一族の**織田大和守敏定**《やまとのかみとしさだ》に分かれ、それぞれ義廉と義敏についた。斯波家は尾張以外にも越前、遠江の守護に任じられていたが、応仁・文明の乱で下剋上《げこくじょう》の風潮が高まると、越前は守護代・朝倉家に奪われ、遠江も守護代・甲斐家の支配下となってしまう。

尾張では、文明《ぶんめい》八（一四七六）年一一月に敏定が下津の守護所を焼き、下津を在所としていた敏広は、中島郡国府宮《こうのみや》（愛知県稲沢市国府宮町）に敗走。最終的には丹羽《にわ》郡岩倉《いわくら》（愛知県岩倉市下本町《しもほんまち》。下津城の東北東）まで逃げ落ちた。

文明一〇（一四七八）年八月、敏定が尾張守護代に任じられ、守護所を清須《きよす》村（愛知県清須市清洲《きよす》）に移した。清須織田家のはじまりである。

敗走を余儀なくされた敏広は、美濃の守護代・斎藤妙椿《みょうちん》（敏広の義父）の支援を得て清須城を逆襲する。

翌文明一一年一月に敏広と敏定の和議が成って、下二郡が敏定に割譲された。

以来、敏定の子孫・清須織田家（織田大和守家とも）が下二郡を支配して守護代を務め、敏広の子孫・岩倉織田家（織田伊勢守家とも）が上四郡を支配することとなった。

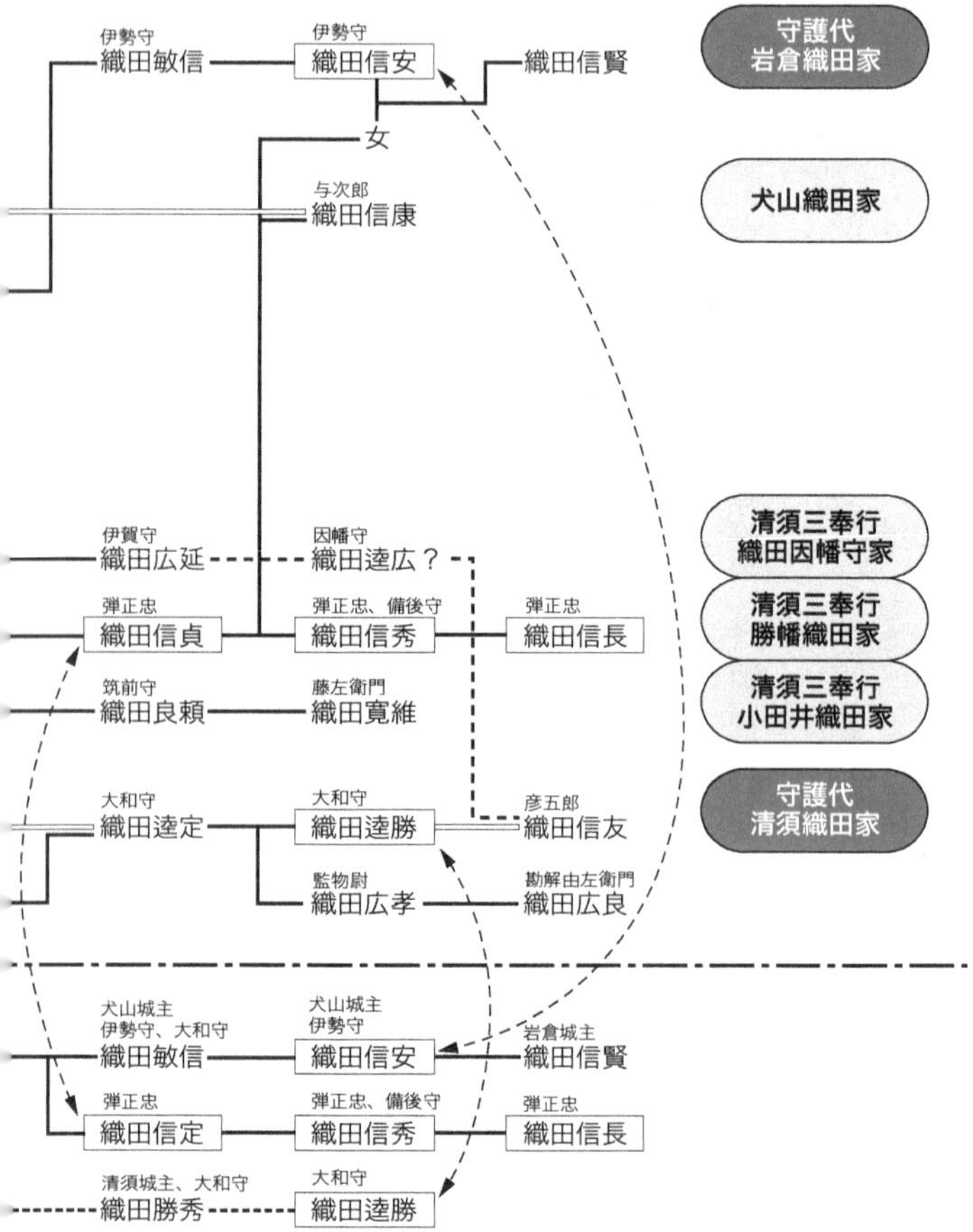
守護代
岩倉織田家
犬山織田家
清須三奉行
織田因幡守家
清須三奉行
勝幡織田家
清須三奉行
小田井織田家
守護代
清須織田家
伊勢守
織田敏信
伊勢守
織田信安
織田信賢
女
与次郎
織田信康
伊賀守
織田広延
因幡守
織田達広？
弾正忠
織田信貞
弾正忠、備後守
織田信秀
弾正忠
織田信長
筑前守
織田良頼
藤左衛門
織田寛維
大和守
織田達定
大和守
織田達勝
彦五郎
織田信友
監物尉
織田広孝
勘解由左衛門
織田広良
犬山城主
伊勢守、大和守
織田敏信
犬山城主
伊勢守
織田信安
岩倉城主
織田信賢
弾正忠
織田信定
弾正忠、備後守
織田信秀
弾正忠
織田信長
清須城主、大和守
織田勝秀
大和守
織田達勝

図1－2：『尾張群書系図部集』掲載の織田家系図

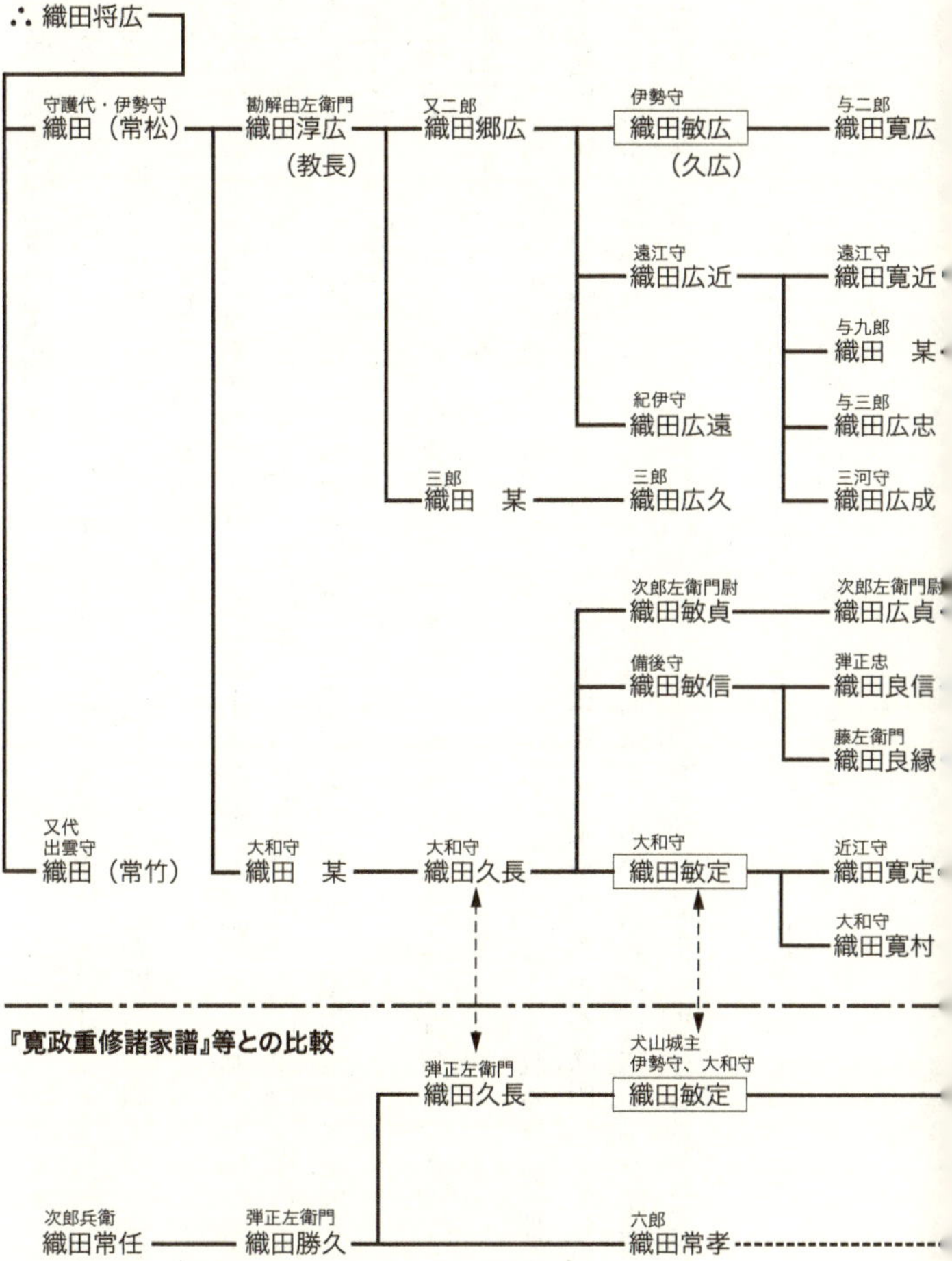

※実線は『寛政重修諸家譜』、破線は『群書系図部集』より。

岩倉・清須織田家の支配領域

『信長公記』の一節では、岩倉織田家が上四郡（丹羽《にわ》、葉栗《はぐり》、中島、春日井《かすがい》郡）、清須織田家が下四郡（海東、海西、愛知、知多郡）を支配したと記述していたが、実際に清須織田家が支配したのは下二郡（海西、愛知郡）のみだったらしい。

知多郡には室町幕府の直轄領が置かれて一色《いっしき》家や小笠原《おがさわら》家らが蟠踞《ばんきょ》しており、同様に海東郡も交通・経済の要衝として山名《やまな》家や中条《なかじょう》家が支配していたため、斯波―織田家の支配権が及ばなかったのだ。また、愛知郡にも駿河《するが》今川《いまがわ》家の支流が那古野《なごや》城（現・名古屋城）を本拠として一大勢力を築いていた。

換言するなら、それらの家々が支配していなかった地域は、海西・愛知郡以外であっても、清須織田家が治めていたようだ。

ただし、清須織田家の本拠地・清須自体が、岩倉織田家が治めているとされる春日井郡である（中島郡に属していた時期あり）。このことが示す様に、清須織田家、岩倉織田家、それ以外が支配する境界線は曖昧《あいまい》だったようだ（木曾《きそ》川流域の尾張・美濃・伊勢の国境、および尾張の海西・海東の郡境は河川によって仕切られていたため、川の氾濫《はんらん》や蛇行の変化によってしばしば変更し、地域の境目が曖昧だった）。

元々、敏定は春日井郡小田井《おたい》村（愛知県清須市西枇杷島町小田井）に城を構えていたが、守護代になるにあたって交通の要衝・清須に本拠地を移したという。

そして、分家の一つである織田藤左衛門を小田井村に置き、織田弾正忠を西端の海東郡勝幡《しょばた》村（愛知県愛西市勝幡町）に置いた。織田因幡守の本拠地がいずれかは不明であるが、『新修名古屋市史「本文編」第二巻』（以下、『新修　名古屋市史　2』と略す）では「この系統の一族の拠点として、松葉城を検討してみてはどうであろうか」と提唱している。

清須織田家の三奉行

話の順序が逆転してしまったが、清須織田家の有力な三つの分家を三奉行といった。具体的には以下の三家である。

・織田因幡守家。
・織田藤左衛門家、または小田井織田家ともいう。
・織田弾正忠家、または勝幡織田家ともいう。信長の家系。

そもそも、三奉行は、清須織田家の当主がひんぱんに代わったため、その支援機構として置かれたらしい。

「三奉行体制の成立は、敏定の晩年以降のことと推定される。二郡獲得後の大和守《やまとのかみ》家の状況は、明応四年（一四九五）に敏定が病死、息の寛定《とおさだ》が美濃で戦死、これを嗣いだ寛村《とおむら》もわずか数年で達定《みちさだ》に代わり、その達定も永正十年（一五一三）に殺害され、永正十三年に達勝《みちかつ》が嗣ぐというように、いわば危機的状況にあった。（中略）

三奉行体制は、敏定末期に始まる大和守家の危機的状況を克服するために成立した支配体制であったが、短期間で交代する大和守家家督にかわり、三奉行の地位・権限が上昇したことが容易に想像される」（『尾張織田氏』）。

かくして、三奉行の中の一つ・信長の家系である勝幡織田家が擡頭していったのだ。

第3節　勝幡織田家の擡頭

信長の祖父・信貞

『寛政重修諸家譜』では信長の曾祖父《そうそふ》を織田大和守敏定としているが、それは清須織田家を興した英雄だから、その子孫を僭称《せんしょう》しているのであって、実際の曾祖父は三奉行の一人・**織田弾正忠良信**《すけのぶ》だといわれている。

そして、勝幡に城を築いたのは、信長の祖父・**織田弾正忠信貞**《のぶさだ》だという。

『寛政重修諸家譜』をはじめ、一般には「信定」といわれるが、古文書では「信貞」と署名している。おそらく、織田大和守敏定に繋《つな》ぐ偽《にせ》系図を作るには、「信貞」よりも「信定」の方が都合が良かったためであろう。

勝幡は木曾川流域の商業都市・津島《つしま》（愛知県津島市）の北東に位置している。勝幡の築城は、津島の支配を狙ってのものだろう。

これに対し、大永《だいえい》年間（一五二一～二八）に津島の有力者が信貞からの介入を拒み、大規模な反乱を起こした。信貞は津島の寺社や民家を焼き払った後、有力者の筆頭である大橋《おおはし》家に娘を嫁がせ、津島四家、津島七党と和議を結んだという（第3章参照。大橋家と織田家の婚姻は、実際にはもっと後に実施されたものと推測される）。

信貞が津島を支配下においたことにより勝幡織田家は経済力を蓄え、その子・信秀の時代に飛躍の時を迎えるのである。

信貞の妻子

信貞の妻（信秀の母）の名は「いぬゐ」（?～一五二七）といい、小田井織田家の織田藤左衛門良頼《すけより》の娘とされる。「言継卿記《ときつぐきょうき》」に「織田井の織田藤左衛門」が信秀の叔父にあたるという記述があるからだ。

ただし、郷土史家の横山住雄《よこやますみお》氏は、いぬゐの死の翌年に信秀が清須土田《つちだ》村に含笑寺《がんしょうじ》を建立してその菩提《ぼだい》を弔ったことから、「信秀の母土田《つちだ》氏」と記し、織田家の娘ではないとしている（『織田信長の系譜』。本書では良頼の娘説を採る）。

信貞には少なくとも五男二女があった。娘を四人とする系図もある（娘の生まれた順序は仮）。

・長男　織田備後守《びんごのかみ》信秀　勝幡城主→那古野城主→古渡城主→末盛城主

・次男　織田与次郎信康《のぶやす》　美濃攻めで討死
・三男　織田孫三郎信光《のぶみつ》　守山城主→那古野城主
・四男　織田四郎次郎信実《のぶざね》
・五男　織田孫十郎信次《のぶつぐ》　守山城主
・長女　尾張守山城主　松平内膳正清定《まつだいらないぜんのしょうきよさだ》（桜井《さくらい》松平家）の妻
・次女　美濃岩村城主　遠山内匠助《とおやまたくみのすけ》の妻（岩村殿）
・三女　岩倉織田家　織田伊勢守信安の妻
・四女　尾張小林城主　牧下野守長義《まきしもつけのかみながよし》（守護・斯波義統《しばよしむね》の甥）の妻
ちなみに『寛政重修諸家譜』に掲載されているのは、長女、次女の二人だけである。

松平家との姻戚関係

尾張守山城主・松平清定は、三河《みかわ》の松平家の支流で、三河国碧海《あおみ》郡桜井（愛知県安城《あんじょう》市桜井町）を本拠としていたため、一般には桜井松平家と呼ばれる。

松平家は一五世紀頃に西三河に一大勢力を築き、その一つ・安城松平家の世良田次郎三郎清康《せらたじろうさぶろうきよやす》（一般には松平清康。徳川家康《とくがわいえやす》の祖父。一五一一?～三五）の時に三河をほぼ統一した。

享禄《きょうろく》三（一五三〇）年頃から清康は尾張に出兵。岩崎《いわさき》城（愛知県日進《にっしん》市岩崎町）、品野《しなの》城（愛知県瀬戸《せと》市上品野町）を攻略。品野城を叔父の桜井松平与一信定《よいちのぶさだ》（一四九九?～一五三八?）に与えたという。信定は大永六（一五二六）年以前から尾張守山に館を持ち、織田家の人びとと婚姻関係を結んでいた。すなわち、信定の嫡男・松平清定が織田信貞の娘と結婚し、信貞の三男・織田孫三郎信光が松平信定の娘と結婚しているのだ。［図1－3］

ちなみに、大永六年三月に守山城で桜井松平信定主催の連歌会があり、「清須より織田の筑前守（良頼《すけより》）伊賀守（広延《ひろのぶ》）」が参加したという（『宗長手記』）。

良頼は小田井織田家、広延は因幡守家と考えられ、桜井松平家は勝幡織田家のみならず、広く織田家と交遊していたことがうかがわれる。

遠山家との姻戚関係

信貞の娘（岩村殿）と美濃岩村城主・遠山家の婚姻について、横山住雄氏は「尾張国勝幡の織田信秀が遠山氏にまで手を延ばせるようになるのは、少なくとも三河の安城を攻略した天文九年以降であろう」（『中世美濃遠山氏とその一族』）として、遠山家との婚姻関係は父・信貞が配したのではなく、信秀が姉妹を嫁がせたのだろうと推測している。至極妥当な線であろう。［図1－4］

ただし、岩村殿が嫁いだ美濃岩村城主・遠山内匠助が誰なのかはっきりしない。『寛政重修諸家譜』所収の遠山家系図には内匠助を称する人物は掲載されていない（そもそも同系図の所伝はかなり怪しいといわざるをえない）。

図1－3：織田信貞の婚姻関係

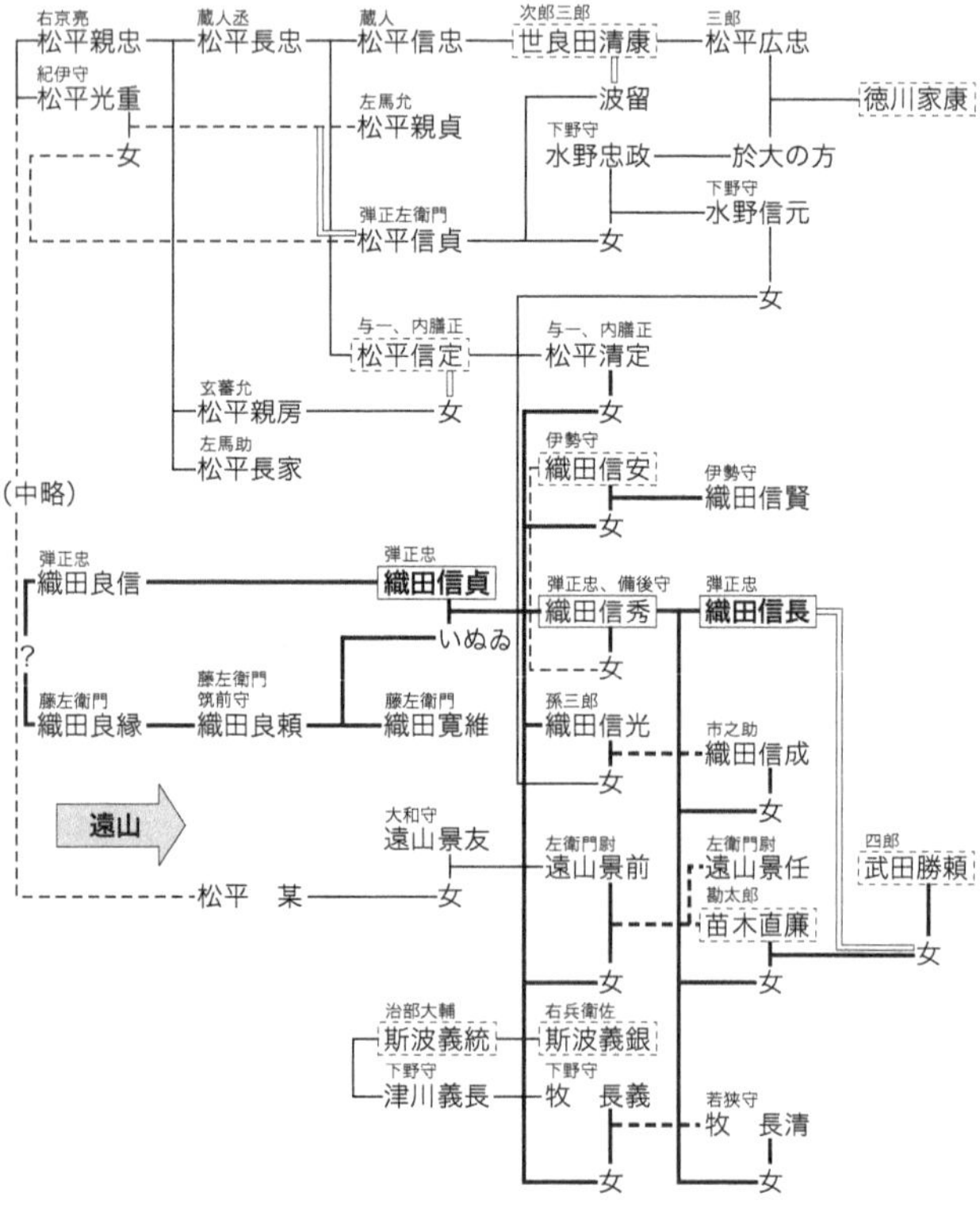

図1－4：『寛政重修諸家譜』等で作成した遠山家系図

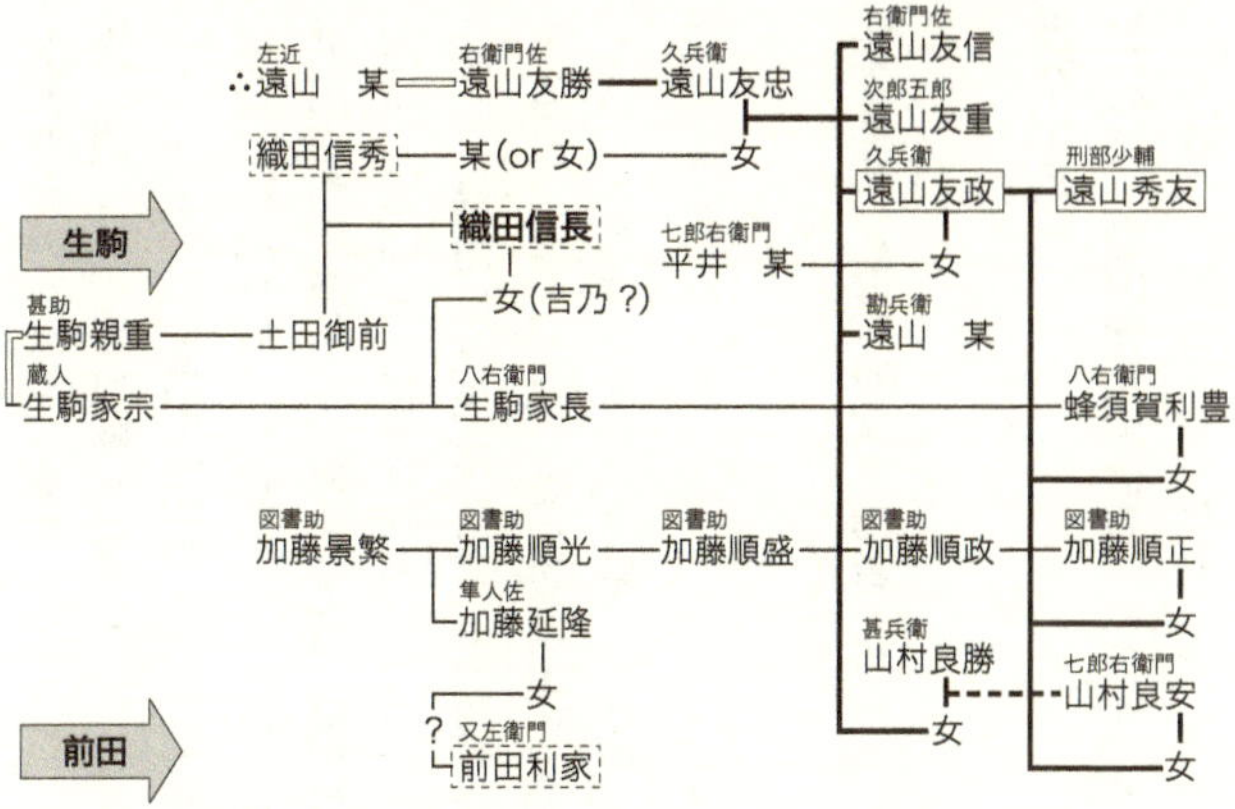

『織田信長の尾張時代』『中世美濃遠山氏とその一族』から推測

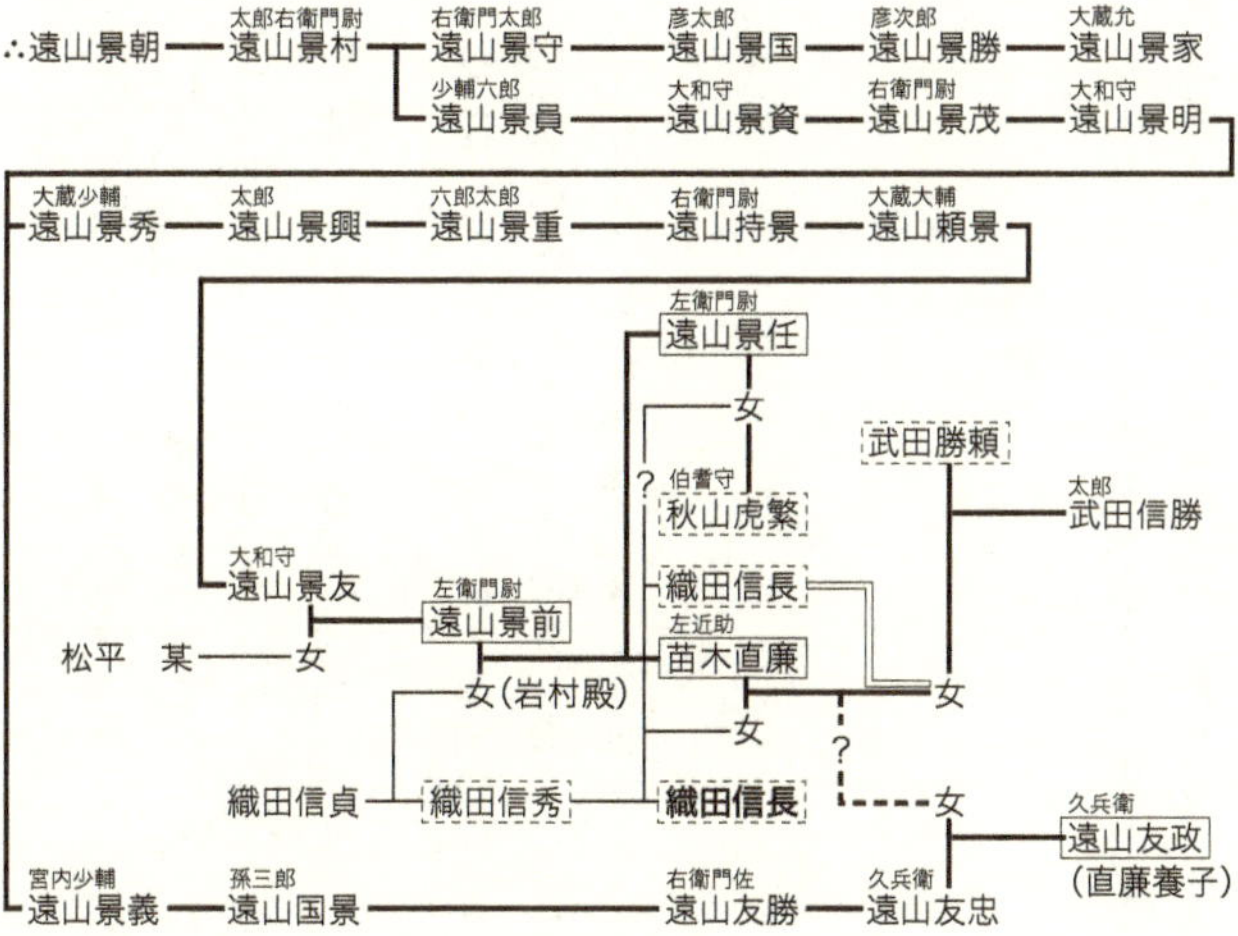

岩村殿は信長にとって叔母《おば》にあたる。

従来の説では、岩村殿は遠山景任《かげとう》に嫁ぎ、夫の死後、女城主として岩村城を守ったが、元亀《げんき》三（一五七二）年に武田家部将・秋山伯耆守虎繁《あきやまほうきのかみとらしげ》（一般には信友《のぶとも》）に岩村城を落とされた後、秋山と再縁。秋山を城主に迎えたとされている。しかし、天正《てんしょう》三（一五七五）年五月、長篠《ながしの》の合戦で武田家が壊滅的に大敗すると、織田信忠《のぶただ》を総大将として岩村城攻めが強行され、同年一一月に落城。秋山と岩村殿は磔刑《たっけい》に処されたという。

しかし、横山住雄氏は、岩村殿が嫁いだのは、景任（?～一五七二）の父・遠山景前《かげさき》（?～一五五五）であって、「この景前未亡人が後に武田信玄の家臣秋山伯耆守の妻になったわけではない。それは景前の子息景任（景孫《かげつぐ》）の未亡人であろう」と指摘している（『中世美濃遠山氏とその一族』）。

第4節　信長の父・信秀

信秀の生涯

信長の父・**織田弾正忠信秀**（のち備後守《びんごのかみ》、一五一一?～五二）は、信貞の長男として生まれた。

信長が織田一族の両守護代家（清須織田家、岩倉織田家）を倒して尾張を統一したため、従来は父・信秀もまた尾張統一を志し、その障碍《しょうがい》となる両守護代家と対立していたと考えられていた。しかし、近年の研究では、信秀が清須織田家と協調関係にあり、むしろ、清須織田家の支援を受け勢力を拡大してきたと指摘されてきている。

横山住雄氏は「信秀は、国内においてはあくまで斯波氏三奉行の一員としての家格を遵守して行動しなければならず、かつまた国人層（同僚たち）の所領を奪って自領を拡張するわけにはいかない。信秀にはそうした制約があるから、自領の拡張は斯波・織田の支配圏以外の敵性的な土豪の所領を奪取するか、あるいは他国へ進出するほか無いと考えたのである」としている（『織田信長の系譜』）。

天文七（一五三八）年、信秀は那古野城を攻略し、城主・今川左馬助氏豊《さまのすけうじとよ》を放逐。勝幡から那古野城に移り住んだ。

そして、三河方面の侵攻を指揮。信秀は天文九（一五四〇）年六月に三〇〇〇の兵を率いて、三河松平家の支城・安城城《あんじょう》を攻め落とし、長男・織田三郎五郎信広《さぶろうごろうのぶひろ》を守将に据えた。松平家が駿河今川家に支援を請い、天文一一（一五四二）年八月に信秀は三河小豆坂《あずきざか》で合戦に及んでいる。

一方、美濃を追われた守護・土岐家が越前の朝倉孝景《たかかげ》と尾張織田家に支援を請い、天文一三（一五四四）年九月に信秀が織田軍を指揮して美濃の斎藤道三《どうさん》と合戦。数に劣る斎藤軍の猛反撃で、実弟や重臣が討ち死にする敗戦に終わった。

天文一五（一五四六）年頃、信秀は嫡男の信長を那古野城に残して、熱田《あつた》神宮近くの古渡《ふるわたり》城に本拠を移す。天文一六（一五四七）年に三河岡崎《おかざき》城主の松平三郎広忠《ひろただ》の嫡男・竹千代《たけちよ》（のちの徳川家康）を駿河今川家の人質として護送される途中で奪取し、織田家の人質とした。これにより、今川軍の攻勢が激しくなり、天文一七（一五四八）年三月に再び三河小豆坂《あずきざか》で合戦に及んだ（一回しかなかったという説もある）。

同天文一七年一一月、斎藤道三が織田家の守る美濃大垣《おおがき》城を攻略したため、信秀は後方支援のために美濃に攻め入っている。

ところが、留守となった古渡城下に、こともあろうに主家・清須織田家が放火し、信秀は帰陣を余儀なくされる。清須織田家の離反の背後に美濃斎藤家の策略を感じた信秀は、家老・平《ひら》手中務丞政秀《てなかつかさのじょうまさひで》に命じて美濃斎藤家と同盟を結び、嫡男・信長と道三の娘との縁談を整えた。

翌天文一八年三月、松平広忠が死去。同年一一月に今川軍の猛攻で三河安城城が落城。信広が人質とされ、竹千代との人質交換が成立した。この頃、信秀は古渡城を破却して、末盛城に本拠を移し、天文二一（一五五二）年三月に死去した。

信秀の正室・土田御前

信秀の正室（信長の母）は「土田御前《どたごぜん》」（?〜一五九四）と呼ばれ、土田下総守政久《どたしもうさのかみまさひさ》の娘とも、生駒甚助親重《いこまじんすけちかしげ》の娘とも伝えられる（政久が母方の生駒家の養子となって親重と名乗った。つまり、両者は同一人物との説もある）。

小島廣次《こじまひろじ》氏は、土田御前について「清須の西に接した海東《かいとう》郡土田郷（清須市土田《つちだ》）の土豪土田下総守政久の女である。その西方八キロの地点にある海東郡勝幡《しょばた》（愛西市勝幡町と稲沢市平和《へいわ》町城西《ちょうしろにし》にかかる）城主で守護代三奉行の一家の信定（信貞）の子信秀とは釣合いのとれた結婚といえる」（『織田信長事典』）と述べている。

横山住雄氏は「土田政久は、海東郡土田《つちだ》郷（清須市土田《つちだ》）の人で、清洲城の至近に位置している。従って土田政久は清洲の織田大和守の影響下にあって、信秀が娘を迎えることができたのは、天文元年の講和直後ということになるだろう」と記している（『織田信長の系譜』）。天文元年の講和で清須織田家の重臣の娘が信秀に嫁いだというのが、もっとも妥当な線ではないか。

土田御前は土田家もしくは生駒家の出身。また、信忠・信雄《のぶお》兄弟の母で、信長の事実上の正室と呼ばれている夫人（一般に吉乃《きつの》）も生駒家出身だといわれている。ところが、『寛政重修諸家譜』掲載の生駒家の系図では、土田御前も信忠の母も記載されていない。『尾張群書系図部集』によれば、信忠の母は、生駒親重の養弟・生駒家宗《いえむね》の娘で、土田御前の従姉妹《いとこ》にあたるらしい。［図1－5］

『寛政重修諸家譜』によれば、生駒家は「大和《やまと》国生駒邑《むら》に住し、文明、明応の頃（一四六九～一五〇一）尾張国丹羽郡小折邑（愛知県江南《こうなん》市小折町《こおりちょう》）にうつる」といい、小折村は岩倉城の北北東おおよそ三キロメートルに位置し、生駒屋敷跡、および生駒家の菩提寺・久昌寺《きゅうしょうじ》がある。

また、土田御前の父と思われる生駒親重（?〜一五七〇）について、「実は土田氏の男」「美濃国土田《どた》邑（岐阜県可児《かに》市土田《どた》）に住し、織田十郎左衛門信清《じゅうろうざえもんのぶきよ》（信康の子、信長の従兄弟）に属し、後《のち》一族とおなじく織田右府《うふ》（右大臣信長）につかふ」と記している。美濃国可児郡土田村には土田城跡があり、「文明年間（一四六九―八七）頃近江佐々木氏の一族が築き、以後土田氏を名乗ったという。弘治二年（一五五六）源太夫の討死により土田氏は絶え、一族で生駒氏の養子となった親重が土田城に入った」という（『岐阜県の地名』）。

親重の子・生駒甚助親正《ちかまさ》（一五二六〜一六〇三）については「永禄九年織田右府に属す。このときにあたり、国々穏《おだやか》ならずして豪士をの〳〵《おのおの》其《その》地に拠《より》て戦争やむときなし。美濃、尾張両国には親正、蜂須賀小六《ころく》正勝等と相党与《くみ》すといへども、豊臣太閤（秀吉）のまねきによりて織田家の旗下にしたがひ」という（『寛政重修諸家譜』）。

ただし、信長側室（吉乃）の兄・生駒八右衛門家長《はちうえもんいえなが》は、永禄三（一五六〇）年に信長から尾張国内で諸荷物馬の往来を認められる書状を与えられており、一族の中でも帰属の時期が異なっていたようだ。

生駒家は、勝幡織田家と対立していた犬山《いぬやま》織田家に属し、信長の母および愛妾《あいしょう》の実家でありながら、永禄九（一五六六）年まで信長の下に馳《は》せ参じなかった。

生駒親正は信長の叔父にあたるにもかかわらず、秀吉の与力という一段低い扱いとされ、信長の生前は家禄《かろく》が一〇〇〇石しかなかった。出世したのは、秀吉政権下の中老として一七万一

図1－5：生駒家系図

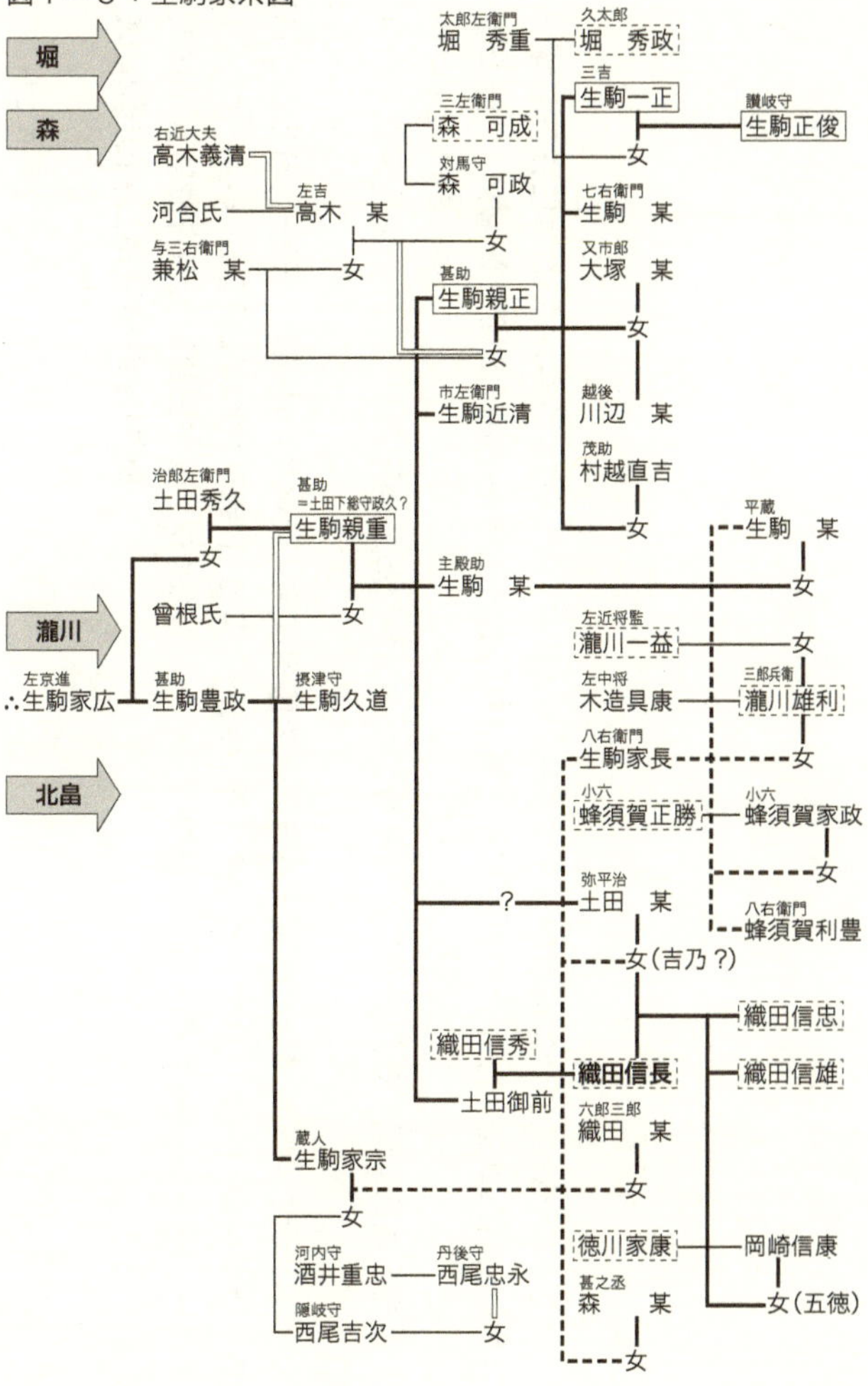
堀
森
瀧川
北畠
太郎左衛門 堀 秀重
久太郎 堀 秀政
三吉 生駒一正
讃岐守 生駒正俊
三左衛門 森 可成
対馬守 森 可政
右近大夫 高木義清
河合氏
左吉 高木 某
与三右衛門 兼松 某
七右衛門 生駒 某
又市郎 大塚 某
甚助 生駒親正
市左衛門 生駒近清
越後 川辺 某
茂助 村越直吉
治郎左衛門 土田秀久
甚助 =土田下総守政久？ 生駒親重
平蔵 生駒 某
主殿助 生駒 某
曾根氏
左近将監 瀧川一益
左京進 ∴生駒家広
甚助 生駒豊政
摂津守 生駒久道
左中将 木造具康
三郎兵衛 瀧川雄利
八右衛門 生駒家長
小六 蜂須賀正勝
小六 蜂須賀家政
弥平治 土田 某
?
八右衛門 蜂須賀利豊
女（吉乃？）
織田信忠
織田信秀
織田信長
織田信雄
土田御前
六郎三郎 織田 某
蔵人 生駒家宗
徳川家康
岡崎信康
河内守 酒井重忠
丹後守 西尾忠永
甚之丞 森 某
隠岐守 西尾吉次
女（五徳）
女

八〇〇石を賜ったからだった。

岩倉織田家の娘が信秀の正室？

『群書系図部集』所収の織田系図（法華寺《ほっけじ》本）では、岩倉織田信安の姉妹を「織田弾正忠信秀室」としている。『織田信長総合事典』では「信安の妹」を側室としつつも「守護代家から迎えているので、正室とも考えられるが、他に所伝がないので不詳としか言いようがない」と指摘している。

信安の姉妹が信秀室という織田系図の記載が正しいのであれば、信秀の正室は信安の姉妹と考えるべきであろう。

勢力著しい勝幡織田家の信秀と本家筋の岩倉織田家の婚姻が成立したが、両者の仲がこじれて岩倉織田家出身の正室は里に戻され、土田御前が正室になったのではないだろうか。

第2章　信長の時代

第1節　信長の兄弟たち

谷口克広氏が考える信長の兄弟順

信長の兄弟・姉妹には諸説あるが、「男子は信長自身も含めて十一人から十二人、女子の数は四人から十三人と幅がある」（以下、「信長の兄弟と息子の出生順」『織田氏一門』）。

また、男子の場合、出生順も巷間《こうかん》伝わっている順番でない可能性が高いという。

たとえば、谷口克広《たにぐちかつひろ》氏は「その第一点。秀俊（信時《のぶとき》）は六男でよいのだろうか」と問題提起し、以下の点から、信長の異母兄だと推論している。

すなわち、安房守《あわのかみ》秀俊《ひでとし》は弘治《こうじ》元（一五五五）年に守山城主に抜擢《ばってき》され、娘もいたのに、四男・信包《のぶかね》（一五四三年生まれ）より年下ならば、翌弘治二年の「没年齢はせいぜい十三、四歳。まったく不自然といわねばならない」。また、『信長公記』が秀俊を信広の同母弟と紹介し、信長の異母弟と記していないことから、秀俊は信広の同母弟で、かつ信長の異母兄ではないかと推論している。

おそらく、『信長公記』の著者・太田牛一《おおたぎゅういち》は、秀俊が何歳で、信長の兄か弟かを知らなかったのであろう。だから信広の同母弟という回りくどい記述になったのではないか。仮に秀俊が信長と同年齢であれば、享年は数えで二三歳。仮に信長より三歳下でも二〇歳だ。勘十郎信勝（生年不詳）より年下の可能性すら否定できない。

谷口氏は「疑問の第二点。弘治元年に誤殺された喜六郎秀孝は八男でよいのだろうか」と問題提起し、『信長公記』に「御歳の齢十五、六」と記された秀孝《ひでたか》が、「当時十三歳だった信包より年長としたほうがよかろう」と結論づけている。

織田系図にみる兄弟順の特徴

私見によれば、巷間伝わる織田系図には、信長の兄弟順における二つの特徴がある。

一つは、諱《いみな》によって兄弟順を決めていることだ。［表2－1］

巷間伝わる織田系図では「信〇」「秀〇」「長〇」の順に兄弟を並べている。

具体的には、長男の信広から七男の信興《のぶおき》。八男の秀孝と九男の秀成《ひでなり》。一一男の長益《ながます》と末男の長利《ながとし》。諱がわからない中根《なかね》（信照《のぶてる》）は「秀〇」「長〇」の間の一〇男という具合である。

兄弟の順序が下っていくと、織田家の通字である「信」を遠慮して、父・信秀の「秀」、兄・信長の偏諱《へんき》「長」をもらったんだろう。そういう考えからだと思われる。

もう一つは、信包の兄弟順がやけに上であることだ。

表2－1：信長の兄弟

順序	『寛政重修諸家譜』での記述
長男	織田　三郎五郎　信広
次男	織田　三郎　信長
三男	織田　勘十郎　信行
四男	（長野）三十郎　信包
五男	織田　九郎　信治
六男	織田　喜蔵　信時
七男	織田　彦七郎　信興
八男	織田　喜六郎　秀孝
九男	織田　半左衛門　秀成
一〇男	中根　越中守　（信照）
一一男	織田　源五郎　長益
一二男	織田　又十郎　長利

谷口克広氏案	生年	没年	享年
三郎五郎 信広		1574	
喜蔵　秀俊		1556	
三郎　信長	1534	1582	49
勘十郎　信勝		1558	
喜六郎　秀孝	1541?	1555	15
三十郎　信包	1543?	1614	72
九郎　信治	1545?	1570	26
彦七郎　信興		1570	
越中守　信照	?	?	
半左衛門 秀成		1574	
源五郎　長益	1547	1621	75
又十郎　長利	?	1582	

谷口氏は、生年がわかっている信包を基準にして、他の兄弟の順番を判別しているが、そもそも信包の兄弟順がおかしいのではないか。

谷口氏は「信包の生年はわかる。慶長十九年（一六一四）、七十二歳で没（『寛永《かんえい》諸家系図伝』ほか。『東大寺雑事記』には六十七歳とあるが、それでは長益より年少になってしまう）というから、天文十二年（一五四三）の生まれである」と記している（『織田氏一門』）。

つまり、信包の生年には一五四三年説と一五四八年説があるのだ。

仮に信包の生年を一五四三年としたとしても、次男の信長と四男の信包の年齢差が九歳もある一方、四男の信包と一一男の長益との年齢差は四歳しかない。

次男から四男まで九年の間に三男の信勝しか生まれておらず、その一方、四男と一一男までの四年の間に六人も兄弟が生まれているというのは、そもそも不自然だろう（調整できるものではないので、何ともいえないが）。信包は信長の同母弟だった可能性のある人物なので、実際の順番よりも上に記されたのではなかろうか。

庶兄・織田信広／実は大それた名前

信秀の長男・織田（津田《つだ》）三郎五郎信広《のぶひろ》（?～一五七四）は信秀の長男として生まれる。通称は三郎五郎、大隅守《おおすみのかみ》という。

諱の「広」という字は、織田家の嫡統にあたる岩倉織田家の通字であり、分家（清須織田家）のさらに分家でしかない勝幡織田家が使用するには、本来憚《はばか》られる字である（たとえていうなら、水戸《みと》徳川家の嗣子が、将軍家の通字である「家」の字を勝手に使って、「徳川家昭」と名乗ってしまうようなものである）。

また、通称の「三郎五郎」は、信秀の通称「三郎」と清須織田家の通称名「五郎」をくっつけたものとも考えられる（こんなマニアックな考察をするのは筆者くらいだと思っていたが、和田《わだ》裕弘《やすひろ》氏がすでに著書『信長公記』に記述しており、驚いた次第である）。

こんな大《だい》それた名前が付けられるのは、母親が岩倉織田家の娘くらいでなければ、許されないと思うのだが。岩倉織田家「信安の妹」が「織田弾正忠信秀室」で、「守護代家から迎えているので、正室とも考えられるが、他に所伝がないので不詳としか言いようがない」（『織田信長総合事典』）と指摘されている。

信広は庶子で凡庸なため、早くから後継者から除外されていたと一般には考えられているが、天文九（一五四〇）年六月に信秀が三河安城城《あんじょうじょう》（安城市）を攻め落とすと、信広がその城代となり、天文一七（一五四八）年三月の小豆坂の合戦では先鋒《せんぽう》を務めていたとの記事が『三河物語』にある。実際には信秀からかなり目を掛けられていたと推察できる。

おそらく、岩倉織田家から来た正室がその座を追われ、信広も廃嫡されたのだろう。しかも、天文一八（一五四九）年一一月に今川軍が大軍で安城城を囲み、信広が人質とされてしまい、凡庸の烙印《らくいん》を押されてしまったのだ。

安城城から帰還した後の動向は定かでない。弘治二（一五五六）年頃、斎藤義龍《よしたつ》が信広に対して、信長に謀叛《むほん》を起こすように唆《そそのか》したが、未遂に終わったといわれている。

また、信長の上洛《じょうらく》後は一部将として行動した。

浅井・朝倉攻めに従い、元亀三（一五七二）年に美濃岩村城を守っていたが、武田軍の猛攻に遭い、落城を余儀なくされた（やはり部将としての能力は低いのかもしれない）。

ただし、元亀四（一五七三）年四月、信長が義昭と和議を結んだ際、その名代として赴いており、「信長の兄」という肩書きは有効だったようだ。

翌天正二年七月に伊勢長島《ながしま》の一向一揆《いっき》攻めで先鋒を務め、討死した。

信広の生年は不詳だが、天文九年に安城城の城代を務めていたことを考えると、信長よりもかなり年長であると考えられる（城代になった年は天文一〇年代後半ともいう）。

信広の娘が信長の養女として、永禄六（一五六三）年に丹羽長秀（一五三五〜八五）に嫁ぎ、長重《ながしげ》（一五七一〜一六三七）が生まれている（一説に長重の母は野呂《のろ》氏ともいう）。

異母兄弟・織田秀俊（信時）

織田安房守秀俊《あわのかみひでとし》（?〜一五五六）は信秀の六男といわれるが、谷口克広氏は次男ではないかと推測している。通称は喜蔵、安房守。諱は一般に信時とされるが、「弘治二年（一五五六）二月の雲興寺宛ての織田安房守秀俊署名の禁制がある」（『織田信長家臣人名辞典』）ので、秀俊が実名だといわれている。

また、谷口克広氏は「『〔信長〕公記』を見ても弘治年間から活躍しており、（中略）系図が一女の父としながらも、天文十二年（一五四三）生まれの信包より下の弟に置いているのは、明らかな矛盾である」と問題提起し、「信広と同じく信長の異母兄であると結論づけたい」と推測している（『織田信長家臣人名辞典』）。

叔父《おじ》の守山城主・織田信次《のぶつぐ》が出奔した後、信長は佐久間信盛の進言を聞き、弘治元（一五五五）年に秀俊を守山城主に据えたが、翌弘治二年六月、家臣・角田新五《つのだしんご》により秀俊は自刃させられた。

妻は知多郡の有力国人・荒尾《あらお》作右衛門善次《よしつぐ》（一五〇八〜九〇）の娘である。おそらく、父・

信秀は荒尾家と姻戚《いんせき》関係を結んで、織田家の勢力が充分及んでいない知多郡に基盤を置こうと考えたのではないか。

秀俊の死後、その妻は信長の命で池田恒興と再婚した。

秀俊には一女があったが、恒興の養女として飯尾茂助敏成《いいのおもすけとしなり》（？～一五八二）に嫁ぎ、敏成の死後、本願寺《ほんがんじ》の坊官・下間頼龍《しもつまらいりゅう》に再縁した。

同母弟・織田信勝（信行）

織田勘十郎信勝（？～一五五八）は信秀の三男（もしくは四男）として生まれる。通称は勘十郎、弾正忠、武蔵守《むさしのかみ》。諱は一般に信行といわれるが、信行と署名した古文書はなく、誤伝と考えられている。古文書に認められる諱は信勝、達成《みちしげ》、信成《のぶしげ》。母は土田御前（信長の母）。

父・信秀は那古野城から古渡城・末盛城へ移転する際、信長を那古野城に置いて、それ以外の子女を連れて行ったらしい。天文二一（一五五二）年三月に信秀が死去すると、末盛城の主は信勝となった。

信秀の死後、信勝や柴田勝家ら末盛城附《つ》きの武士は、那古野城の信長と独立したスタンスを取っていた。その上、信長附きの筆頭家老・林佐渡守《はやしさどのかみ》（秀貞《ひでさだ》）が信長から離反し、末盛城の織田家中を仲間に引き入れ、信長・信勝兄弟を不和に導いた。

弘治二（一五五六）年八月、林佐渡守と柴田勝家らが連合して信長と稲生《いのう》で合戦に及び敗退。

林・柴田らはそれぞれ籠城《ろうじょう》し、蟄居《ちっきょ》を余儀なくされた。信勝は、母・土田御前を介して信長に詫びを入れて赦《ゆる》されたが、柴田勝家が信長方につき信勝の謀叛を讒訴《ざんそ》。永禄元（一五五八）年一一月に信長は仮病を使って信勝を清須城に招き入れ、暗殺した。

信勝の子・織田信澄

信勝の遺児・**織田七兵衛信澄《のぶずみ》**（一五五五～八二）は、信長に引き立てられ、部将として成長した。母は和田備前守《わだびぜんのかみ》の娘・高嶋局《たかしまのつぼね》。幼名は坊丸、通称は七兵衛、諱は初め信重《のぶしげ》といったが、元亀三（一五七二）年に信長の嫡男が元服して信重（のち信忠と改名）を名乗ったので、それを憚って信澄と改名したのだろう。

信澄は父の死後、柴田勝家の下で育てられ、「永禄七（一五六四）年正月元服して津田を称す。この日尾張国川西の地を宛行はれ、蝶の紋をゆるさる」という（『寛政重修諸家譜』。ただし尾張には「川西」という地はなく、詳細は不明である）。

のちに信澄は磯野丹波守員昌《いそのたんばのかみかずまさ》の養子になった。厳密な年月は不明である。

磯野は浅井長政《ながまさ》の家臣で、浅井領の南端・佐和山《さわやま》城を守っていたが、姉川《あねがわ》の合戦後に孤立し、丹羽長秀の軍に包囲されて元亀二年二月に投降した。信長は投降した敵に寛容なところがあり、磯野は琵琶湖《びわこ》西岸の高島郡 新庄《しんじょう》城の城主に登用された。信澄がその養子になったのは天正初年（一五七三～）といったところであろうか。少なくとも天正四（一五七六）年には高島にいたことが『兼見卿記《かねみきょうき》』に見えている（『織田信長家臣人名辞典』）。

しかし、磯野は天正六（一五七八）年二月三日に突然、原因不明の逐電を遂げてしまう。信澄への家督継承がこじれたとの説もあるが定かではない。遺領は信澄が継承し、本能寺《ほんのうじ》の変までその支配は続いた。

『寛政重修諸家譜』によれば、「天正六年二月三日近江国大溝の城をたまはる。このとき右府（織田信長）より先祖信定（信貞）伝来の刀及び八樋正宗の脇指をたまはり、桐瓜の紋をゆるさる」といわれ、その翌年の天正七年頃に明智光秀の四女と結婚したといわれている（『明智軍記』）。

『信長公記』では天正三年から信澄が登場するが、当初は「津田七兵衛」で、天正七年から「織田七兵衛」へと記載が変わっている。『信長公記』は姓名を正しく記述していることで定評がある。その記述を信じるならば、はじめ津田姓だったが、天正六年に大溝城主に昇格し、織田姓を許されるようになったのだろう。

天正一〇（一五八二）年五月の織田信孝による四国征伐に従ったが、四国に渡海する直前に本能寺の変が起き、光秀の女婿だったことから同年六月五日に丹羽長秀らに攻められ、討死した。

光秀の娘との間に織田庄九郎昌澄《しょうくろうまさずみ》（一五七九〜一六四一）があり、子孫は二〇〇〇石の旗本となった。

同母弟・織田信包

織田三十郎信包《のぶかね》（一五四三？〜一六一四）は信秀の四男（もしくは六男）として生まれる。通称は三十郎、上野介《こうずけのすけ》。諱は初め信良《のぶよし》、のち信包と改称する。号は老犬斎。

母は土田《どた》御前（＝信長の同母弟）である可能性が高いという（土田御前は本能寺の変後は、孫・信雄の許《もと》に身を寄せ、信雄改易後は信包に庇護《ひご》された）。

信長が北伊勢を攻略し、長野《ながの》家等が降伏した際、信長の近親を当主ないし継嗣として送り込むことを条件に和睦《わぼく》したため、永禄一一（一五六八）年二月に信包が長野藤定《ふじさだ》の婿養子になり、長野三十郎信良と名乗ってその嗣子となった（のち織田に復姓）。はじめ伊賀上野《いがうえの》城に住み、のち伊勢安濃津《あのつ》城（三重県津《つ》市）に移った。天正九（一五八一）年に信長が伊賀を征服すると伊賀一郡を加増される。

本能寺の変後、羽柴秀吉につき、丹波国氷上《ひかみ》郡に三万六〇〇〇石を与えられたが、天正一八（一五九〇）年に、後北条氏の助命を斡旋《あっせん》していたことが秀吉の怒りを買い近江二万石に減封されてしまう。

慶長《けいちょう》五（一六〇〇）年の関ケ原《せきがはら》の合戦では毛利《もうり》・石田《いしだ》方につくが、なぜか丹波柏原《かいばら》四万石を安堵《あんど》される。晩年は大坂城で淀《よど》殿に近侍するが、慶長一九（一六一四）年七月に喀血《かっけつ》し急死する。大坂冬の陣の直前のことだったので、暗殺の噂がある。なお、弟の長益も淀殿・秀頼《ひでより》を補佐しており、織田一族の結束力がうかがわれる。

信包の長男・織田民部大輔《みんぶたゆうのぶしげ》信重は、秀吉に仕えて父とは別に一万石を領していたが、元和《げんな》元（一六一五）年閏《うるう》六月に実弟・織田式部少輔信則《しきぶのしょうゆうのぶのり》（一五九九〜一六三〇）と父の遺領を争って敗北し、所領を没収されてしまう。

一方、信則は父の遺領を勝ち得たものの、その子・織田上野介信勝《のぶかつ》（一六二三〜五〇）に男子なく、無嗣廃絶となった。信勝の死後、信包の四男・織田弥十郎信当《やじゅうろうのぶまさ》（一六〇〇〜七一）に遺領のうちから三〇〇〇石が与えられ、子孫は旗本となった。

弟・織田秀孝

織田喜六郎秀孝（一五四一？〜五五）は信秀の八男（もしくは五男）として生まれる。通称は喜六郎。諱は秀孝。

弘治元（一五五五）年六月に供も連れずに単騎で駆けていたところ、叔父・織田信次の家臣に誤って射殺された。「当時十五、六歳とあるから、四男と伝えられる信包（天文十二年＝一五四三年生まれ）より年長であろう」と谷口克広氏は推測している（『織田信長家臣人名辞典』）。

弟・中根信照

中根和泉守信照《なかねいずみのかみのぶてる》は信秀の一〇男（もしくは九男）として生まれる。通称は和泉守、越中守《えっちゅうのかみ》。

諱は信照。母方の遠江二股《ふたまた》（二俣）城主・中根和泉守忠貞《ただざだ》の養子となり、中根姓を名乗るという（『寛政重修諸家譜』）。

ただし、谷口克広氏は「信照は信長の連枝衆として、ずっと尾張にいた様子である。『尾張志』には、沓掛城に住すとある」と記し、疑問視している（『織田信長家臣人名辞典』）。

中根家は三河国額田郡《ぬかた》箱柳《はこやなぎ》村（愛知県岡崎市《おかざき》箱柳町）に住み、松平（徳川）家に仕えた。『寛政重修諸家譜』の中根家の項では、中根平左衛門正照《まさてる》を掲げ、「実は大橋源左衛門重一《しげかず》が三男にして、織田右府（信長）の第八の弟中根越中守信照が養子となり、二俣城を守り、三方原合戦に討死す」と註記している。おそらく、信照の養子が二股城の守備要員の一人だったために、信照の養父が二股城主だと誤って伝えられたのであろう。

弟・織田長益

織田源五郎長益《げんごろうながます》（一五四七～一六二一）は、信秀の一一男として生まれる。通称は源五郎、出雲守、武蔵守。諱は長益。号は有楽斎《うらくさい》。東京都の有楽《ゆうらく》町は、有楽斎の邸宅があったことに由来する。茶人として有名で、「利休《りきゅう》の七哲」の一人。妻は平手政秀の娘。

天正一〇（一五八二）年六月、本能寺の変の際には、甥《おい》・信忠に従って二条城《にじょう》にいたが、周囲を欺いて安土《あづち》城に逃亡。秀吉に仕えて摂津《せっつ》国島下《しましも》郡味舌《ました》（大阪府摂津市）二〇〇〇石を与えられ、のち一万五〇〇〇石に加増される。有楽斎と号し、茶人として遇され、秀吉の御咄衆《おはなししゅう》となった。

慶長五（一六〇〇）年の関ヶ原の合戦では家康方について参陣。武功をあげ、大和国山辺《やまべ》郡のうちに加増され、都合三万石の大名となった。

信包の項でも触れたが、関ヶ原の合戦後、信包・長益兄弟は姪《めい》・淀殿、およびその子・秀頼を補佐した。慶長一六（一六一一）年には二条城で家康・秀頼の会見に奔走し、慶長一九（一六一四）年に兄・信包が急死し、片桐且元《かたぎりかつもと》が大坂城を去ると、長益が入城して秀頼を後見した。その反面、ちゃっかり家康に内通し、大坂城の内部情報を通報していた。大坂冬の陣が起こると、家康の意を受けて講和に尽力するが、大坂夏の陣の直前に城を出ている。

長益の長男・織田河内守長孝《かわちのかみながたか》（?～一六〇六）は、関ヶ原の合戦で武功を表し、父とは別に美濃国大野《おおの》郡野村《のむら》に一万石を賜ったが、その子・河内守長則《ながのり》（長次《ながつぐ》。?～一六三一）に子がなく、無嗣廃絶となった。［図2-1］

長益の遺領は四男・織田丹後守長政《たんごのかみながまさ》（一五八八～一六七〇）、五男・織田大和守尚長《やまとのかみなおなが》（一五九六～一六三七）に譲られた。長益は大坂夏の陣の後、四男・長政に大和戒重《かいじゅう》（のち大和芝村《しばむら》藩）一万石、五男・尚長に大和柳本《やなぎもと》一万石を分知し、残りの一万石を隠居料としたのだ。こうして、長益は信長の兄弟の中で、唯一子孫を大名として存続することができた。

その他の弟・織田信治、信興、秀成、長利

織田九郎信治《くろうのぶはる》（一五四五?～七〇）は信秀の五男（もしくは七男）として生まれる。通称は九

郎。諱は信治。尾張野夫《のぶ》（野府。愛知県一宮《いちのみや》市開明《かいめい》）城主。元亀元（一五七〇）年九月に森可成とともに近江宇《う》佐《さ》山《やま》城を守り、討死した。

織田彦七郎《ひこしちろう》信興《のぶおき》（?～一五七〇）は信秀の七男（もしくは八男）として生まれる。通称は彦七郎。諱は信興、もしくは信與《のぶとも》（「与」の旧字体）。伊勢長島の抑えとして、尾張小《こ》木《き》江《え》城（古木江。愛知県愛西市森川町《もりかわちょう》）に置かれる。元亀元（一五七〇）年一一月に伊勢長島一向一揆に襲われ、自害した。

津田半左衛門《はんざえもん》秀成《ひでなり》（?～一五七四）は信秀の九男（もしくは一〇男）として生まれる。通称は半左衛門。諱は秀成。天正二（一五七四）年九月の伊勢長島攻めで討死した。

津田又十郎《またじゅうろう》長利《ながとし》（?～一五八二）は信秀の一一男として生まれる。通称は又十郎。諱は長利。一説に長則。本能寺の変で、甥・信忠とともに二条御所で討死した。娘は織田信雄の側室になったという。『寛政重修諸家譜』によれば、信雄の六男・伊予守《いよのかみ》信為《のぶため》、七男・主膳正《しゅぜんのかみ》良雄《よしを》の「母は津田氏」といい、長利の娘である可能性が高い。

図２－１：織田長益系図

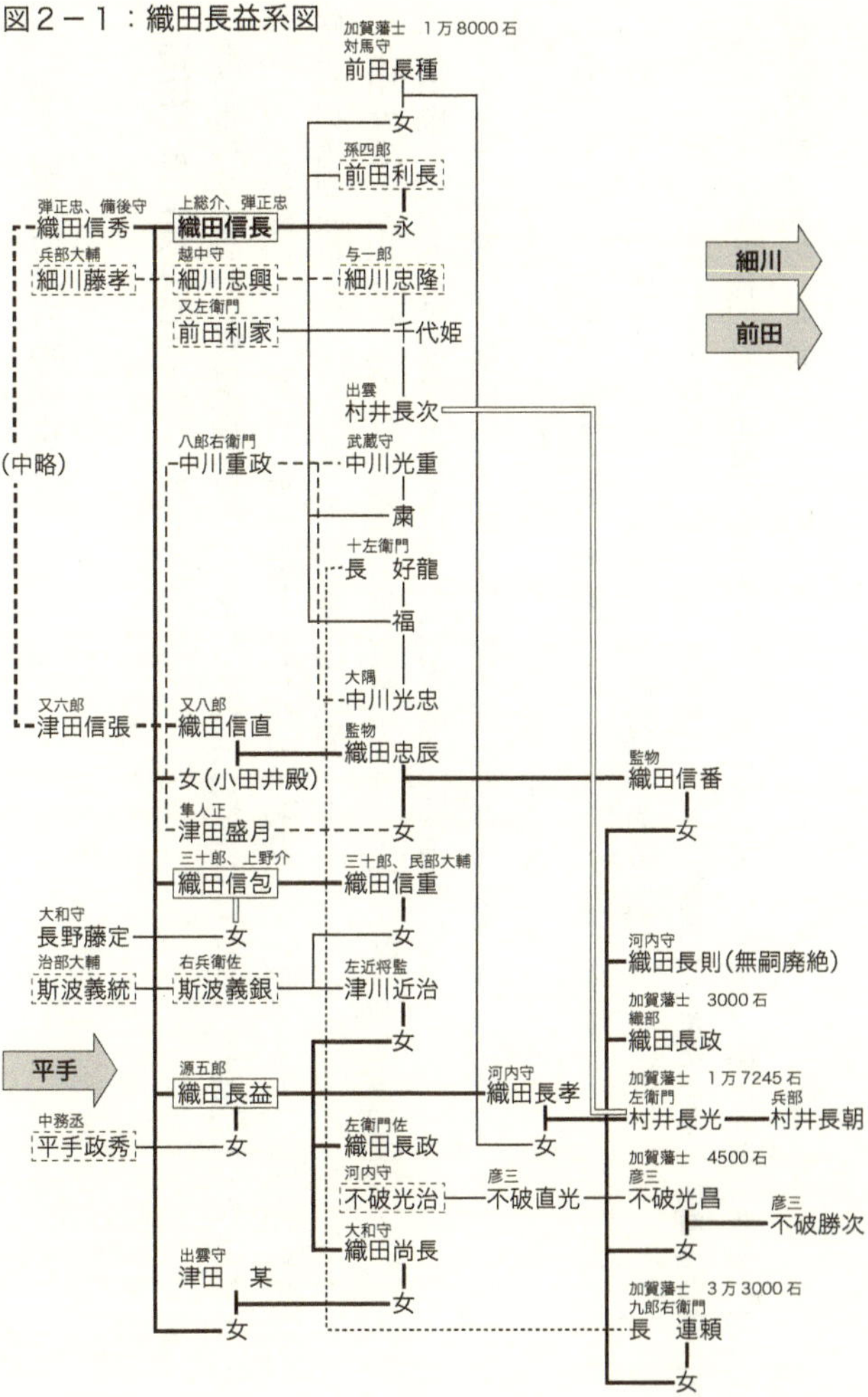
加賀藩士　1万8000石
対馬守
前田長種
女
孫四郎
前田利長
弾正忠、備後守
織田信秀
上総介、弾正忠
織田信長
永
兵部大輔
細川藤孝
越中守
細川忠興
与一郎
細川忠隆
又左衛門
前田利家
千代姫
出雲
村井長次
細川
前田
(中略)
八郎右衛門
中川重政
武蔵守
中川光重
粛
十左衛門
長　好龍
福
大隅
中川光忠
又六郎
津田信張
又八郎
織田信直
監物
織田忠辰
監物
織田信番
女(小田井殿)
隼人正
津田盛月
女
女
三十郎、上野介
織田信包
三十郎、民部大輔
織田信重
大和守
長野藤定
女
女
河内守
織田長則(無嗣廃絶)
治部大輔
斯波義統
右兵衛佐
斯波義銀
左近将監
津川近治
加賀藩士　3000石
織部
織田長政
女
平手
源五郎
織田長益
河内守
織田長孝
加賀藩士　1万7245石
左衛門
村井長光
兵部
村井長朝
中務丞
平手政秀
女
左衛門佐
織田長政
女
加賀藩士　4500石
彦三
河内守
不破光治
彦三
不破直光
不破光昌
彦三
不破勝次
大和守
織田尚長
女
出雲守
津田　某
女
加賀藩士　3万3000石
九郎右衛門
長　連頼
女
女

第2節　信長の姉妹たち

織田一族に嫁いだ六人

『寛政重修諸家譜』『群書系図部集』などによれば、信長には一三人の姉妹がいたという。うち六人が織田一族（津田、飯尾《いいのお》を含む）に嫁いでおり、父・信秀もしくは当時の信長が一族重視の婚姻政策を取っていたことがわかる。［表2－2］

- **小田井殿**　小田井城（愛知県清須市西枇杷島《にしびわじま》町小田井）の織田又六郎信直《またろくろうのぶなお》の妻
- **犬山殿**　犬山城（愛知県犬山市犬山）の津田十郎左衛門《じゅうろうざえもん》信清《のぶきよ》の妻
- **（名不詳）**　小幡《おばた》城（名古屋市守山《もりやま》区小幡）の津田市介信成《いちすけのぶなり》の妻
- **野夫《のぶ》殿**　野府城（愛知県一宮市開明）の津田九郎次郎元嘉《くろうじろうもとよし》の妻
- **（名不詳）**　津田出雲守（詳細不明）の妻
- **（名不詳）**　奥田城（愛知県稲沢市奥田）の飯尾隠岐守尚清《ひさきよ》の妻

このうち、信清、信成は信秀の甥（信長の姉妹にとっては従兄弟《いとこ》）にあたり、信直は清須三奉行の一つ・小田井織田家の出身。飯尾尚清は信秀の従兄弟にあたる。津田元嘉、津田出雲守の系図は不明であり、庶流と考えられる。

尾張の有力者に嫁ぐ

信秀の娘三人は尾張国内の有力者に嫁いでいる。

・**おくらの方**　奴野《ぬのや》城（愛知県津島市天王通《てんのうどおり》）の大橋清兵衛重長《おおはしせいべえしげなが》の妻。おくらの方が嫁いだ大橋家は津島衆の筆頭で、信秀の父・信貞と津島衆の間で大永年間（一五二一〜二八）に大規模な争乱があり、信貞は武力制圧した後に大橋家に娘を嫁がせ、津島四家、津島七党と和議を結んだという伝承が残っている。しかし、実際は信貞の武力制圧と信秀の娘の輿入《こしい》れを同時期のものとして混同したのであろう。

・**小林殿**《こばやし》　小林城（名古屋市中区大須《おおす》）の牧与三右衛門長清《まきよそうえもんながきよ》の妻。小林殿が嫁いだ牧家は父子二代にわたって勝幡織田家と婚姻を結んでいる。牧長清の母が信貞の娘なのだ。長清の父・牧下野守《しもつけのかみ》長義《ながよし》は尾張守護の斯波義達《よしみち》の甥といわれ、尾張川村《かわむら》城（名古屋市守山区川村町）に居住し、長清の代に小林城に移ったらしい。桶狭間《おけはざま》の合戦で丹下砦《たんげとりで》に立て籠《こ》もった「真木宗《まきそう》十郎《じゅうろう》、与十郎《よじゅうろう》」は牧長清・長治《ながはる》兄弟と比定されている。

・**お犬《いぬ》の方**　大野《おおの》城（愛知県常滑《とこなめ》市金山《かなやま》）の佐治《さじ》八郎為興《ためおき》の妻、のち細川昭元《ほそかわあきもと》に再縁。お犬の方が嫁いだ佐治為興（信方《のぶかた》ともいう。？〜一五七一）の「父為平は、大野を中心に知多半島の西海岸を押さえ、独立した力を保っていたが、永禄三（一五六〇）年頃から、尾張の大部分を勢力下に収めた信長に従うようになったらしい。その後、信方は、信長の妹お犬を娶《めと》って織田家と婚姻関係を結んだ」（『織田信長家臣人名辞典』）。その子・佐治与九郎為次（一成《かずなり》ともいう）は、お市《いち》の方の娘・江《ごう》（のちの徳川秀忠《ひでただ》夫人）と結婚している。

お犬の方は肖像画が残っており、美人の誉れが高い。そのため、為興の死後、細川京兆《けいちょう》家（管領家）の細川右京大夫《うきょうたいふ》昭元（信元《のぶもと》、信良《のぶよし》。一五四六?～九二）に再縁した。昭元は、管領・細川勝元《かつもと》の養孫にあたる澄元《すみもと》の孫である。ただし、昭元が生まれた頃、細川家はすっかり実権を失っていた。ただし、お犬が未亡人になった元亀二（一五七二）年頃、信長は細川家の執事だった三好家と敵対し、主《あるじ》である足利将軍家とも微妙な関係にあり、政治的にある程度の利用価値を見出《みいだ》したのであろう。

なお、『寛政重修諸家譜』は、丹羽家、山口《やまぐち》家がそれぞれ信秀の娘と婚姻関係があったと記している。

・岩崎城（愛知県日進市岩崎町）の丹羽《にわ》勘《かん》助氏勝《すけうじかつ》（一五二三～九七）の「継室は織田備後守信秀が女」だという。

・星崎《ほしざき》城（名古屋市南区本星崎《もとほしざき》町）の山口

『寛政重修諸家譜』	法華寺本『織田系図』	『系図纂要』	生年	没年	享年
②	①	①			
③	②	②			
	③				
④	⑪⑫	④			
①	⑤	③	1547	1583	37
		⑤		1587	
⑤	⑦⑧	⑥		1582	
	⑨⑩				
⑥	④	⑦			
⑦	⑫⑬				
	⑥	⑧	1552	1573	22
	⑧⑨				
	⑩⑪				

表2－2：信長の姉妹

配偶者	区分	姉妹の名前／備考	『寛永諸家系図伝』
大橋重長	尾張の有力者		
神保氏張 のち稲葉貞通	他国と政略結婚 家臣		
織田信清	織田一族	犬山殿	
斎藤秀龍（道三？）	他国と政略結婚		
飯尾尚清	織田一族		
浅井長政 のち柴田勝家	他国と政略結婚 家臣	お市の方	
牧　長清	尾張の有力者	小林殿	
佐治為興 のち細川昭元	尾張の有力者 他国と政略結婚	お犬の方	
苗木勘太郎	他国と政略結婚		
津田元嘉	織田一族	野夫殿	
織田信直	織田一族		
織田信成	織田一族		
津田出雲守	織田一族		

半左衛門《はんざえもん》重勝《しげかつ》（一五四七〜九五）の次男・十三郎信勝《のぶかつ》の「母は織田備後守信秀が女」で「津田を称す」という。

丹羽家、山口家の共通点は、尾張と三河に接する要衝の地を拠点としており、織田家に従いつつも独立性が高く、しばしば離反していることである。そのため、関係強固のために婚姻を結んでいてもおかしくない。織田側の史料に記述がないので、確実だとはいえないが、附記しておく。

他国との政略結婚

信秀の娘は、隣国美濃の有力者と婚姻したり、信長の領土拡張にともなって近江や越中にも輿入れしたりした。

・（名不詳）　美濃苗木《なえぎ》城（岐阜県中津川《なかつがわ》市苗木）の苗木《なえぎ》勘太郎《かんたろう》（遠山直廉《なおかど》）の妻。美濃

の苗木勘太郎は遠山一族で、娘（?〜一五七二）は信長の養女となって永禄八（一五六五）年一一月武田勝頼《かつより》に嫁いだ。信長の叔母《おば》が遠山内匠助《たくみのすけ》に嫁いでいるが、彼女と苗木勘太郎の関係は不詳である。『寛政重修諸家譜』には遠山内匠助も苗木勘太郎も掲載されておらず、そもそも遠山家の系図が混乱しており、人物比定が難しい。

・**（名不詳）**　美濃小島《おじま》城（岐阜県揖斐《いび》郡揖斐川《いびがわ》町春日六合《かすがろくごう》）の斎藤兵衛尉《ひょうえのじょう》秀龍《ひでたつ》の妻。美濃で齋藤秀龍といえば、斎藤道三のことを指すが、道三は「兵衛尉」を名乗ったことがなく、小島城は一四世紀以降に「城主のないまま荒れていったと思われる」（『岐阜県の地名』）。まったく不詳としかいいようがない。

・**お市の方**　近江小谷《おだに》城の浅井長政の妻、のち柴田勝家に再縁。お市の方（一五四七〜八三）は、信長が同盟を結んだ浅井長政のもとに永禄一〇（一五六七）年頃に輿入れしたらしい。茶々《ちゃちゃ》（豊臣秀吉側室）、初《はつ》（京極高次《きょうごくたかつぐ》正室）、江（佐治為次、豊臣秀勝《ひでかつ》、徳川秀忠の正室）を生んだが、天正元（一五七三）年に小谷城が落城し、長政は自刃。お市の方は三人の娘と落ちのびた。天正一〇（一五八二）年八月に柴田勝家に再縁したが、翌天正一一年に賤ヶ岳《しずがたけ》の合戦で勝家が秀吉に敗れ、居城・北ノ庄《きたのしょう》城（福井城）で勝家とともに死去した。

・**（名不詳）**　越中守山《もりやま》城の神保安芸守氏張《じんぼうあきのかみうじはる》の妻、のち稲葉貞通《さだみち》（一鉄の子）に再縁。越中の神保氏張（一五二八〜九二）は越中守護代・神保氏の支流で、越中国砺波《となみ》郡守山城の城主。天正五（一五七七）年に上杉輝虎《てるとら》（謙信《けんしん》）の越中侵攻に従うが、翌天正六年三月に謙信が死去すると、信長と連携し、天正九（一五八一）年二月に佐々成政が越中の一職《いっしき》支配を任されると、その与力となった。本能寺の変後も成政に従ったが、秀吉に敗れた成政とともに肥後《ひご》に転封される。成政の改易後は家康に従い、下総《しもうさ》国香取《かとり》郡に二〇〇〇石を与えられる。

この他、前述のお犬の方は畿内《きない》を拠点とする細川昭元に再縁しているので、この項に入れるべきであろう。

家臣と再縁

信長は娘を有力家臣に嫁がせたが、信秀の娘で織田家臣に嫁いだのは、柴田勝家に再縁したお市の方、稲葉貞通に再縁した神保未亡人しかいない。ただし、二人とも再縁したのは、信長の死後のことらしい。

稲葉右京亮《うきょうのすけ》貞通（一五四六～一六〇三）は、稲葉一鉄の嫡男として生まれた。「正室は齋藤山城守入道道三《どうさん》が女。継室は織田備後守信秀が女。また前田徳善院玄以《げんい》が女を娶る」（『寛政重修諸家譜』）。長男・稲葉侍従典通《じじゅうのりみち》（一五六六～一六二六）は道三の娘を母に持ち、次男以下は信秀の娘の子であるが、かれらの生年が不明であり、いつ再縁したのかは不明である。

第3節　信長の娘たち

信長の娘の婚姻

信長には一一男一一女がいたといわれている。［表2－3、4］

信長の娘については、渡辺江美子《わたなべえみこ》氏が『寛政重修諸家譜』『群書系図部集』など六つの系図を比較検証した研究があるので、表にまとめた（『織田氏一門』）。

信長の娘の婚家先と信秀の娘のそれを比べると、以下のような特徴がある。

①信長の娘、特に年長と思われる娘は家臣との婚姻が多い。信長の娘の多くは、本能寺の変後に結婚しているので、年長の娘の傾向こそ、信長の意思が反映されているといってもよいだろう。家臣との結婚は信秀の娘にはほとんどみられなかった。

②逆に、信秀の娘では多かった一族との結婚が全くない。

③特に年少と思われる娘は、公家《くげ》との婚姻事例がある。

家臣

信長の娘の多くは、信長の死後に婚姻したが、生前婚姻を結んだ娘の多くは家臣に嫁いだ。

具体的には、蒲生氏郷《がもううじさと》、中川秀政《なかがわひでまさ》、筒井定次《さだつぐ》、前田利長《としなが》である。丹羽長重も信長が生前縁組み

表2－3：信長の息子

順序	『寛政重修諸家譜』での記述	谷口・菊地案	生年	没年	享年
長男	織田　秋田城介　信忠	勘九郎　信忠	1557	1582	26
次男	（北畠）三介　信雄	三介　信雄	1558	1630	73
三男	（神戸）三七郎　信孝	三七郎　信孝	1558	1583	26
四男	羽柴　次　秀勝	源三郎　信房	？	1582	
五男	武田　源三郎　勝長	於次　秀勝	1568？	1585	18
六男	織田　三吉　信秀	三吉　信秀	？	？	
七男	織田　藤十郎　信高	酌　信吉	1573	1615	43
八男	織田　酌　信吉	藤四郎　信貞	1574	1624	51
九男	織田　藤四郎　信貞	藤十郎　信高	1576？	1602	27
一〇男	織田　左京亮　信好	左京亮　信好	？	1609	
一一男	織田　長兵衛　長次	長兵衛　長次	？	1600	

を決めていたという説がある。

・（**名不詳**、一五五八～一六四一）、蒲生飛騨守《ひだのかみ》氏郷（一五五六～九五）の妻。
「法華寺本・坪内本両系図はこの女子を岡崎殿（信《のぶ》康《やす》の妻、五徳《ごとく》）より先にあげているから、おそらく姉妹のなかでは出生が早い一人であったと思われる」（『織田氏一門』）。蒲生氏郷は近江日野《ひの》城主・蒲生右兵衛大夫《うひょうえたいふ》賢秀《かたひで》の嫡子で、永禄一一（一五六八）年に人質として岐阜城に送られた。信長は「蒲生カ子息目付常《めつきつね》ナラス、只者ニテハ有《ある》ヘカラス、我婿ニセン」と評価し、翌永禄一二年に娘を娶《めあわ》せて、日野城に返したという（『織田氏一門』）。

美人の誉れ高く、氏郷の死後、秀吉は側室に召し出そうとしたが、尼となって貞操を守った。そのため、氏郷の遺児・秀行《ひでゆき》は会津若松《あいづわかまつ》九二万石から宇都宮《うつのみや》一八万石に転封させられたという。

・（**名不詳**）、瀧川左近将監《さこんしょうげん》一益《いちます》の妻。

『寛政重修諸家譜』	法華寺本『織田系図』	『系図纂要』『織田系図』	坪内本	『天童藩織田家譜』	生年	没年	享年
②	①	②	○	○	1558?	1641	84
①	②	①	○	○	1559	1636	78
	③				?	?	
③	④	⑥	○	○	1567	1616	50
⑩		⑩		○	1567	?	
④	⑤	③	○	○	1574	1623	50
⑤	⑥	④	○	○	1574	1653	80
⑥養女		⑤養女		○	?	?	
⑦		⑧		○	?	1600	
⑧	⑧	⑦	○	○	?	1643	
⑨	⑦	⑨	○	○	?	1603	
⑪		⑪		○	?	1608	
⑫養女		⑫養女			?	1571	

『群書系図部集』掲載の織田系図（法華寺本）のみ「瀧川左近将監一益室」を掲載している。和田裕弘氏は「信長の娘が一益室という系図は信用しがたい（養女の可能性もあるが）が、信長の妹が一益の子息弥次郎に嫁したという史料や一益の子息を信長が婿養子に迎えたという記録もある」と記している（『織田信長の家臣団』）。

・**秀子**《ひでこ》（?～一六三二）、筒井順慶の養子・筒井伊賀守定次（一五六二～一六一五）の妻。

天正三（一五七五）年二月の『多聞院日記』に「信長ヨリ筒井順慶へ祝言在之《これあり》、塙九郎左衛門尉（原田備中守直政《はらだびっちゅうのかみなおまさ》）送テ来」との記事があるが、筒井家の記録では定次と信長の娘の婚礼は天正六（一五

表2－4:信長の娘

配偶者	区分	娘の名前／備考	『寛永諸家系図伝』
蒲生氏郷	家臣		○
岡崎信康	他国と政略結婚	名は五徳、母は生駒氏	○
瀧川一益?	家臣		
筒井定次	家臣	名は藤	○
中川秀政	家臣	名は鶴	
前田利長	家臣		○
丹羽長重	家臣		○
二条昭実	公家	養女／播磨赤松氏の女	○
万里小路充房	公家		
水野忠胤 のち佐治一成	家臣 家臣	名は振、母は高畠氏	
柴田勝家嫡男? のち豊臣秀吉(側室) のち二条昭実	家臣 家臣 公家	三の丸殿	
徳大寺実久	公家		
武田勝頼	他国と政略結婚	養女／苗木勘太郎の女	

七八）年三月のこととしている。なお、筒井家の記録には、この定次室を「初め中川清秀息（秀政）に嫁し」と記しており、中川秀政の死後、未亡人が筒井定次に再縁したとの説を載せている（『織田氏一門』）。

・鶴《つる》、中川清秀《きよひで》の長男・中川藤兵衛《とうべえ》秀政（一五六九〜九三）の妻。

秀政の父・清秀は荒木村重《あらきむらしげ》の家臣であるが、「清秀が荒木村重征伐に功をあげたところ、『信長公これを賞し、その女を以て秀政に嫁し、壻となす』と伝える（中略）輿入れは天正六年（一五七八）ともいうが不明」（『織田信長総合事典』）。

・永《えい》（一五七四〜一六二三）、前田又左衛門《またざえもん》利家の嫡男・前田利長の妻。

永は天正九（一五八一）年一二月にわず

か八歳で輿入れした。その背景として「この年八月利家は能登一国を与えられた。さらにその子利長を信長の婿として利家の旧領越前府中に配することによって、譜代の直臣前田一族が北国支配の目付的役割をもつことになったと考えられる」（『織田氏一門』）。

・（**名不詳**、一五七四～一六五三）、丹羽五郎左衛門長秀《にわごろうざえもんながひで》の嫡男・丹羽加賀守長重（一五七一～一六三七）の妻。

父・長秀は信長の養女（兄・信広の娘）を妻に迎え、長重はその間に生まれた子だという（一説に実母は野呂氏ともいう）。本能寺の変の翌月の天正一〇（一五八二）年七月に羽柴秀吉の介添えによって輿入れが実現した。秀吉が長秀との関係を強めるためとも、信長の命によって天正八（一五八〇）年に婚礼が決められていたともいう。

・**三の丸殿**《さんのまるどの》（?～一六〇三）、豊臣秀吉の側室。のち関白・二条昭実《にじょうあきざね》（一五五六～一六一九）に再縁。［図2‐2］

和田裕弘氏は、瀧川「一益の娘『於伊地《おいち》』は勝家の子権六に嫁している」とした上で、「天正九年にフロイスが当時の勝家の居城だった越前北庄を訪問した時のことが記されており、それには『信長は彼（勝家の嫡子）に嫁がせるため娘を一人与えた』とあり、勝家嫡男に信長の娘が嫁していることを記している。一益の娘を信長の養女として嫁がせたのだろう」と推察し、さらに「勝家嫡男に嫁した信長の娘は、フロイスが記した『日本史』によると、のちに秀吉の側室となった『三の丸』（秀吉没後、二条昭実に嫁す）のようである」と記してい

図２－２：二条家系図

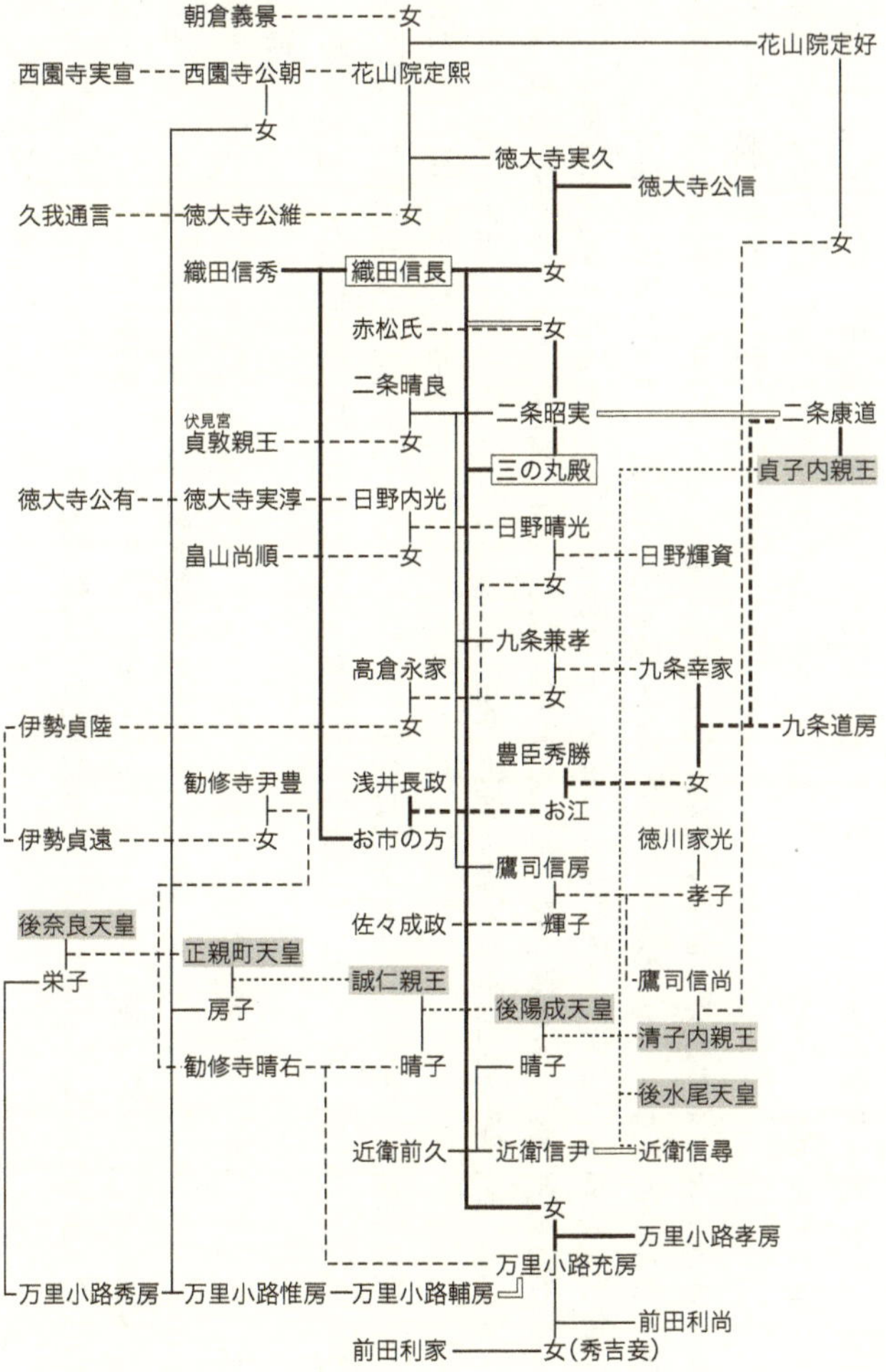

朝倉義景
女
花山院定好
西園寺実宣
西園寺公朝
花山院定熙
女
徳大寺実久
徳大寺公信
久我通言
徳大寺公維
女
女
織田信秀
織田信長
女
赤松氏
女
二条晴良
二条昭実
二条康道
伏見宮
貞敦親王
女
三の丸殿
貞子内親王
徳大寺公有
徳大寺実淳
日野内光
日野晴光
畠山尚順
女
日野輝資
女
九条兼孝
高倉永家
九条幸家
女
伊勢貞陸
女
九条道房
豊臣秀勝
勧修寺尹豊
浅井長政
女
お江
伊勢貞遠
女
お市の方
徳川家光
鷹司信房
孝子
後奈良天皇
佐々成政
輝子
正親町天皇
栄子
誠仁親王
鷹司信尚
房子
後陽成天皇
清子内親王
勧修寺晴右
晴子
晴子
後水尾天皇
近衛前久
近衛信尹
近衛信尋
女
万里小路孝房
万里小路充房
万里小路秀房
万里小路惟房
万里小路輔房
前田利尚
前田利家
女（秀吉妾）

る（『織田信長の家臣団』）。

これに対し、渡辺江美子氏は『織田家雑録』の記事を引用して「滝川一益ノ親族信忠公之御母トナル、コノ乳母ニ信長公ノ御手付テ、姫君一方御出生アリ、此《この》姫君後《のち》ニ大閤秀吉公ノ妾トナリテ、三之丸様ト云《いう》」という説を紹介している（『織田氏一門』）。

・振《ふり》（?～一六四三）、水野市正忠胤《みずのいちのしょうただたね》（?～一六〇九）の妻、佐治与九郎一成（?～一六三四）に再縁。

「生母のお鍋の方が信長の側室となるのが元亀年間（一五七〇～七三）頃であるから、信長死去の時には未だ幼少の身であったろう。（中略）婚儀は、あるいは天正十年代後半以降と思われる」（『織田信長総合事典』）。

水野家は徳川家康の母・於大《おだい》の方の実家で、知多半島北東部の尾張国知多郡小河《おがわ》（愛知県知多郡 東浦町《ひがしうら》緒川《おがわ》）からその北東の三河刈谷《かりや》（愛知県刈谷市）を本拠とする国人領主である。

水野忠胤は、尾張小河城主・水野藤十郎忠重《ただしげ》（徳川家康の叔父）の次男であるが、家督は兄・日向守勝成《ひゅうがのかみかつなり》が継いでおり、信長の娘が嫁ぐようなウィークポイントは見当たらない。渡辺江美子氏は「信長の死後秀吉のはからいによって縁組みがおこなわれたことも考えられる」と指摘している（『織田氏一門』）。

忠胤は関ヶ原の合戦時の大垣城攻めに功があり、三河国内に一万石を賜った。慶長一四（一六〇九）年に桜井松平忠頼《ただより》（家康の甥）を招いた宴会の席で家臣が刃傷事件を起こし、止めようとした忠頼が刺殺されてしまい、切腹を命ぜられた。

佐治一成は、信長の妹・お犬の方と佐治為興（信方）の間に生まれ、はじめ信長の姪・江と婚姻したが離別（江は豊臣秀勝に再縁したのち、徳川秀忠室となる）。渡辺《わたなべ》某の娘を娶り、三度目の妻として振と再縁した。渡辺江美子氏は振が佐治一成と再縁した理由を「織田氏の遠類という関係で再縁のはこびとなったと思われる」（『織田氏一門』）と指摘しているが、知多半島の西沿岸を領する佐治家と水野家には強い婚姻関係があったので、その縁だろう。水野忠胤の伯父《おじ》・水野藤九郎信近《とうくろうのぶちか》（一五二五～六〇）夫人は佐治一成の叔母。同じく伯父・水野藤次郎忠分《ただちか》（一五三七～七八）夫人は一成の姉妹だった。

他国との政略結婚

信長が娘を政略結婚に使った事例は少ない。
・五徳《ごとく》（一五五九～一六三六）、徳川家康の長男・岡崎次郎三郎信康《じろうさぶろうのぶやす》（一五五九～七九）の妻。母は生駒氏（俗に吉乃といわれる）で、信忠・信雄の同母妹にあたる。
五徳は織徳同盟の証として永禄六（一五六三）年三月に婚礼が決められ、永禄一〇（一五六七）年にわずか九歳で輿入れした。天正四（一五七六）年、翌天正五年に女子を生んだが、夫・信夫婦仲は余りよくなかったようで、天正七（一五七九）年に「築山《つきやま》事件」が起こり、夫・信康は切腹。その母・築山殿は殺害された。翌天正八年に実家に戻り、本能寺の変後は兄・織田信雄の庇護を受け、信雄の改易後は母の実家である生駒家の本領・尾張国丹羽郡小折村（愛知県江南市《こうなん》小折町《こおり》）に移住。関ヶ原の合戦後は、家康の四男・松平忠吉《ただよし》、九男・徳川義直《よしなお》が相次いで清須に封ぜられ、その庇護を受けた。慶長一二（一六〇七）年には京都に居住していることが確認され、寛永一三（一六三六）年に死去。

・（**名不詳の妻**、?～一五七一）、武田勝頼の妻。苗木勘太郎の娘。

永禄八（一五六五）年九月、信長は甲斐《かい》の武田晴信《はるのぶ》（信玄《しんげん》）に使者を送って、四男・武田勝頼との縁談を申し入れ、妹と岩村遠山家の一族・苗木勘太郎との間に生まれた娘を養女として、同年一一月に輿入れさせた。永禄一〇（一五六七）年に長男・武田信勝《のぶかつ》を生んだが、産後の肥立ちが悪く元亀二（一五七一）年に死去した。渡辺江美子氏は姪を養女にした理由を、「信長の実子がまだ幼少だったことと、苗木が織田・武田両勢力の接点に近いことによると思われる」（『織田氏一門』）と推察している。

公家

・（**名不詳の養女「さごの方」**）、関白・二条昭実《あきざね》（一五五六～一六一九）の側室。播磨《はりま》の赤松《あかまつ》氏の娘。

信長の娘が公家に嫁いだのは、いずれも信長の死後のことであるが、生前に養女が二条昭実に嫁いでおり、前述の三の丸殿が昭実に再縁している。

「はじめ信長は烏丸光宣《からすまみつのぶ》に嫁がせようとしたが、烏丸がこれをことわり、ひどく信長の不興をかった。そこで関白二条晴良の子大納言昭実に嫁ぐことになったという」（『織田氏一門』）。

・（名不詳、?〜一六〇〇）、権大納言・万里小路充房《までのこうじあつふさ》（一五六五〜一六二九）の妻。

万里小路充房は、権大納言・勧修寺晴右《かじゅうじはれみぎ》（一五二三〜七七）の子に生まれ、内大臣・万里小路輔房《すけふさ》（一五四二〜七三）の養子となった。万里小路家は勧修寺家の支流で、一〇五代・後《ご》奈良《なら》天皇（在位一五二六〜五七）と一〇七代・後陽成《ごようぜい》天皇（在位一五八六〜一六一一）の母親が勧修寺家、一〇六代・正親町《おおぎまち》天皇（在位一五五七〜八六）と誠仁《さねひと》親王（後陽成天皇の父）の母親が万里小路家出身であり、四代・八五年にわたって両家（万里小路家と勧修寺家）が外戚になっていた。

充房の子・万里小路孝房《たかふさ》が文禄《ぶんろく》元（一五九二）年生まれで、「天正十四年（一五八六）には、毛利河内守秀頼の息女が充房室であることが確認されるので」、信長の娘は天正一五年から末年（一五九〇年頃）に輿入れしたものと思われる（『織田信長総合事典』）。

のちに充房は、前田利家の三女で秀吉の側室だった摩阿《まあ》姫《ひめ》（一五七二〜一六〇五）を側室に迎えている。

・（名不詳、?〜一六〇八）、権中納言・徳大寺実久《とくだいじさねひさ》（一五八三〜一六一六）の妻。

徳大寺実久は、左大臣・花山院定煕《かざのいんさだひろ》（一五五八〜一六三四）の子に生まれ、外祖父・徳大寺公維《きんふさ》（一五三七〜八八）の養子となった。

子の徳大寺公信《きんのぶ》が慶長一一（一六〇六）年生まれなので、この娘は江戸幕府の開府（一六〇三年）以降に輿入れしたものと思われる。渡辺江美子氏は「信長の息女のなかで最も出生がおそかったのはこの女子ではなかったか」と推察している（『織田氏一門』）。

第4節　長男・信忠

長男・織田信忠

織田勘九郎《かんくろう》信忠（一五五七～八二）は信長の長男として生まれる。母は生駒氏。幼名は奇妙《きみよう》。通称は勘九郎、出羽介《でわのすけ》、秋田城介《あきたじようのすけ》。諱は初め信重《のぶしげ》、のち信忠と改称する。

元亀三（一五七二）年七月の近江浅井攻めに初陣するが、武功は特段伝わっていない。

天正元（一五七三）年頃に元服し、織田勘九郎信重と名乗る。勘九郎の「勘」の字は、父・信長に離反した叔父の織田勘十郎信勝（一般には信行）と同じ字を使っており、むしろ叔父の名をもじっているようにも見える。信長は弟・信勝の暗殺を悔いていたのかもしれない。この頃、「尾張と美濃の一部に支配権を移譲され（中略）尾張の一部および東美濃の士の軍事統率権を委ねられたのである」（『織田信長家臣人名辞典』）。

天正三（一五七五）年三月、武田勝頼が三河足助口《あすけぐち》に侵攻。信忠は尾張衆を率いて出陣するが、いったん尾張に帰陣。武田軍の部将・秋山伯耆守虎繁《ほうきのかみとらしげ》（一般に信友《のぶとも》）が織田方の美濃岩村城に入ったため、信忠は同城を攻め、一一月二一日に陥落させた。一一月二八日に信長が織田家の家督を信忠に譲り、尾張・美濃の二カ国を与えられる。

翌天正四年八月に松永久秀《まつながひさひで》が離反すると、信忠は久秀の籠もる信貴山《しぎさん》城を攻め落とした。天正一〇（一五八二）年二月の武田攻めの総指揮を任され、武田家を滅亡させた。

同年六月二日、明智光秀が本能寺を取り囲んで信長を殺害。京都妙覚寺《みょうかくじ》に宿営していた信忠は、その報を聞き救援に向かおうとしたが、京都所司代・村井貞勝《むらいさだかつ》に制止される。京都から逃げ落ちることを勧められるが、光秀が用意周到に策を練っているだろうから逃げ切れないと誤解し、二条城に移って防戦するが、支えきれず、切腹した。

信忠の妻

信忠は永禄一〇（一五六七）年一一月、武田晴信（信玄）の娘と婚約したが、その後、織田・武田の仲が壊れたので、結婚には至らなかった。

長男・三法師《さんぼうし》（織田秀信《ひでのぶ》。一五八〇〜一六〇五）、吉（織田秀則《ひでのり》。一五八一〜一六二五）を生んだのは、塩川《しおかわ》伯耆守長満《ながみつ》の娘である。［図2‐3］

塩川は摂津の小領主で、はじめ荒木村重の指揮下にあったが、村重謀叛の後に織田方についた。天正七（一五七九）年に村重が出奔した後、摂津を与えられたのは池田恒興であるが、その長男・池田勝九郎元助《しょうくろうもとすけ》（一五五九？〜八四）の妻も塩川長満の娘である。

元助には二人の男子がおり、長男・池田九郎兵衛由之《くろうべえよしゆき》（一五七七〜一六一八）の母は、伊勢兵庫頭貞良《ひょうごのかみさだよし》の娘で、叔母・濃姫《のうひめ》の養女として元助に嫁いだ。そして、次男・池田勝吉元信《しょうきちもとのぶ》の母が塩川長満の娘なのだ。

おそらく、元助は濃姫の養女を正室に迎えたが、一五七〇年代後半に死去したので、荒木攻めの最中に摂津で塩川の娘を娶り、その姉妹を信忠に紹介したのだろう。

最初の妻が濃姫の養女、二番目の妻が信忠夫人の姉妹。本能寺の変がなかったならば、池田元助は信忠政権の重臣として活躍したに違いない。

信忠の子ども

前述したように、信忠には三法師（織田秀信）、吉（織田秀則）という二人の子どもがいた。長男の三法師とは、清須会議で秀吉に擁立された、あの三法師（以下、秀信と称す）である。

秀信は天正一二（一五八四）年一二月に安土城から近江坂本《さかもと》城の丹羽長秀の下に移された。文禄元（一五九二）年九月に美濃岐阜城主・羽柴小吉秀勝《こきちひでかつ》（秀次《ひでつぐ》の実弟。一五六九〜九二）が病死すると、秀信はその婿となって遺領を継承して岐阜城主となり、一三万三〇〇〇石を与えられる。

秀勝の娘といえば、関白・九条幸家《くじょうゆきいえ》に嫁いだ完子《さだこ》（一五九二〜一六五八）が知られている。

図２－３：織田信忠の婚姻図

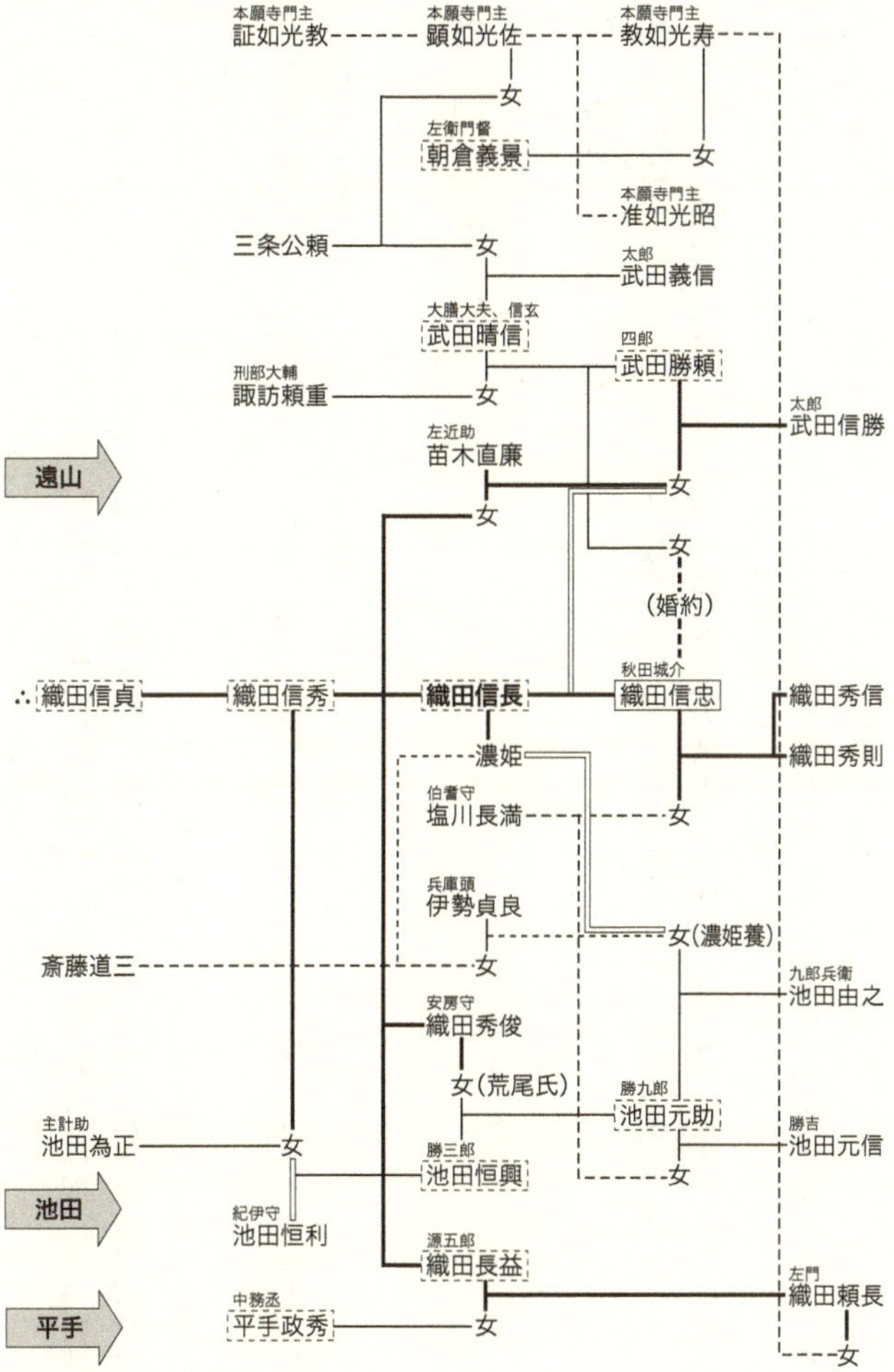

秀勝には他に娘がいたという情報がないので、おそらく完子と婚約したのだろう。

その八年後、慶長五（一六〇〇）年の関ヶ原の合戦の前哨戦《ぜんしょうせん》で、同年八月に秀信は毛利輝《てる》元《もと》・石田三成《みつなり》について、徳川家康についた福嶋正則《ふくしままさのり》、池田輝政《てるまさ》ら三万余の軍勢と木曾川辺りで合戦に及ぶが退却。岐阜城に六〇〇〇余で籠城《ろうじょう》したが、支えきれず、八月二三日に開城を余儀なくされた。

秀信は自刃を覚悟したが、祖父・信長の部下（秀吉）の部下にあたる福嶋正則が助命を懇願して、高野山《こうやさん》追放となった。秀信には嗣子が無く、信長直系の家は絶えた。

第5節　次男・信雄

次男・織田（北畠）信雄

織田三介信雄《のぶを》（一五五八～一六三〇）は信長の次男として生まれる。母は生駒氏。幼名は茶筅《ちゃせん》。通称は三介。伊勢国司・北畠具教《きたばたけとものり》の婿養子となり、諱は初め具豊《ともとよ》。のち信意《のぶもと》、信勝《のぶかつ》を経て信雄と改称する。号は常真《じょうしん》。［図2－4］
永禄一二（一五六九）年、信長が伊勢大河内城《おおこうち》（三重県松阪《まつさか》市大河内町）の北畠家を攻め、同年一〇月に講和した際、信雄はわずか一二歳で北畠家の養嗣子となった。

図2－4：北畠家系図

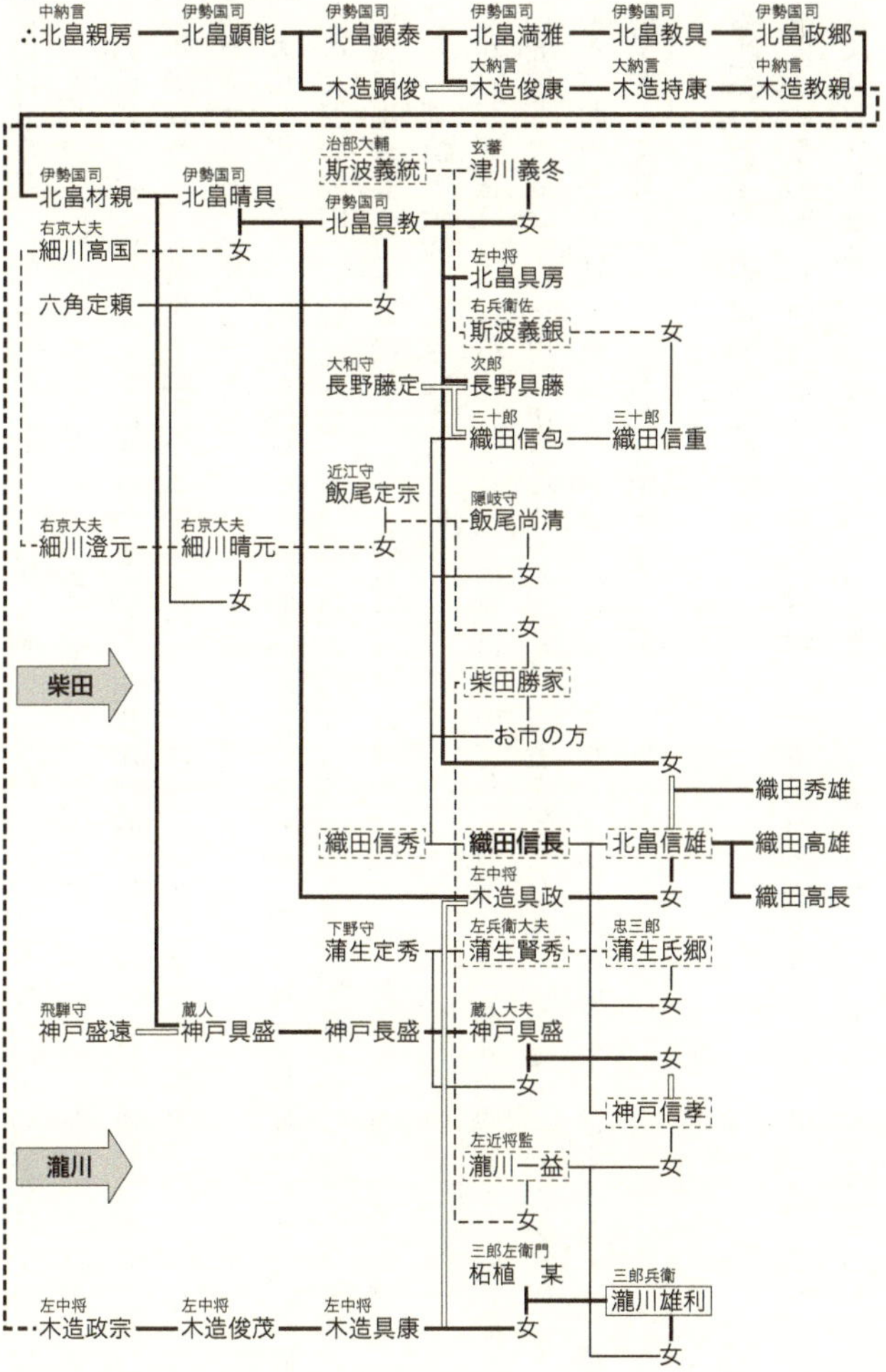

中納言
∴北畠親房
伊勢国司
北畠顕能
伊勢国司
北畠顕泰
木造顕俊
伊勢国司
北畠満雅
大納言
木造俊康
伊勢国司
北畠教具
大納言
木造持康
伊勢国司
北畠政郷
中納言
木造教親
伊勢国司
北畠材親
伊勢国司
北畠晴具
治部大輔
斯波義統
伊勢国司
北畠具教
玄蕃
津川義冬
女
右京大夫
細川高国
女
左中将
北畠具房
六角定頼
女
右兵衛佐
斯波義銀
女
大和守
長野藤定
次郎
長野具藤
三十郎
織田信包
三十郎
織田信重
近江守
飯尾定宗
隠岐守
飯尾尚清
右京大夫
細川澄元
右京大夫
細川晴元
女
女
女
女
柴田
柴田勝家
お市の方
女
織田秀雄
織田信秀
織田信長
北畠信雄
織田高雄
左中将
木造具政
女
織田高長
下野守
蒲生定秀
左兵衛大夫
蒲生賢秀
忠三郎
蒲生氏郷
女
飛騨守
神戸盛遠
蔵人
神戸具盛
神戸長盛
蔵人大夫
神戸具盛
女
女
神戸信孝
瀧川
左近将監
瀧川一益
女
女
三郎左衛門
柘植　某
三郎兵衛
瀧川雄利
左中将
木造政宗
左中将
木造俊茂
左中将
木造具康
女
女

信雄は北畠具教（一五二八〜七六）の娘と婚約したが、当時すでに北畠家の家督は子の具房《ともふさ》（?〜一五八〇）に譲られていたらしい。そこで、谷口克広氏は「具教の婿になって、具房の継嗣を約束されたということであろう」と記し、信雄が具教の娘と実際に婚姻を結んだのも永禄一二年ではなく、『勢州軍記』などから元亀二（一五七一）年のことで、家督を譲られたのは天正三（一五七五）年六月だと述べている（『織田信長家臣人名辞典』）。

同天正三年、実兄・信忠が信長から織田家の家督を譲られ、信雄はその指揮下に入り、有岡《ありおか》城攻めなどの畿内の合戦に参加した。天正七（一五七九）年九月、信雄は七〇〇〇の兵を率いて伊賀に出兵し、敗北を喫した。父・信長に無断の単独行動だったため、きつい叱責《しっせき》を受け、しばらく謹慎を余儀なくされたらしい。

しかし、天正九（一五八一）年九月、信雄は瀧川一益、丹羽長秀、筒井順慶、堀秀政《ほりひでまさ》、織田信包等数万の兵を率いて再び伊賀攻めを決行し、伊賀を平定した。いわゆる「天正伊賀の乱」である。お附きの部将を動員したのは、いうまでもなく、信長の支援・指示によるもので、信長が子どもに甘かったといわれる由縁でもある。

本能寺の変後、織田家家督を継ぐ?

本能寺の変の時、信雄は居城の伊勢松島《まつがしま》城（三重県松阪市松ヶ島町）におり、すぐさま伊賀を経て近江国甲賀《こうか》郡土山《つちやま》（滋賀県甲賀市土山町）まで出陣したが、伊賀の国衆が不穏な動きを見せたため、軍を進めることに躊躇《ちゅうちょ》してしまう（一説には安土城に放火したのは信雄だという）。父・信長の弔《とむら》い合戦に遅れた信雄は、後継者候補の最右翼にいながら、清須会議では幼児（三法師）にその座を奪われ、尾張一国を与えられるにとどまった。

清須会議の後、秀吉は岐阜城の信孝に三法師を預けた。後日、三法師は安土城に移される約束だったが、信孝はその約束を守らず、柴田勝家とともに秀吉との対立を深めていく。羽柴秀吉は対抗上、信雄の擁立へと動いた。

「秀吉は、（天正一〇年）十月二十八日、京都で丹羽・池田と会談し、信雄を織田家の家督に担ぎ出すことにした」のだが、それは名目だけのもので、山本博文《やまもとひろふみ》氏は「『御代』は三法師の名代とも解釈でき」ると評価している（『信長の血統』）。

天正一一（一五八三）年九月になると、秀吉は織田家の上に立ったことを明らかにした。大坂城を築城して旧織田家臣、および織田信雄らに上洛出仕を求めたのだ。

これに対して信雄は上洛せず、翌天正一二年一月に近江三井寺《みいでら》で秀吉と会見。秀吉が織田家に取って代わる態度を感じ、信雄は徳川家康と同盟を組むことで対抗。同年三月に伊勢で合戦が勃発《ぼっぱつ》し、小牧《こまき》・長久手《ながくて》の合戦へと流れ込んだ。局地戦で信雄・家康連合軍は秀吉軍に勝利したが、膠着《こうちゃく》状態に陥り、結局、同年一一月、信雄は秀吉と講和してしまう。

天正一八（一五九〇）年の小田原《おだわら》合戦後、小田原北条家が治めていた関八州に徳川家康が転封となり、信雄はその旧領に転封を命ぜられる。しかし、信雄は尾張・伊勢に留《とど》まりたいと、その命を拒んだため、秀吉の怒りを買い、下野烏山《しもつけからすやま》二万石に大幅減封され、翌天正一九年には出羽秋田に配流《はいる》となる。

文禄元（一五九二）年に秀吉の御咄衆《おはなししゅう》に呼ばれて復帰。

慶長五（一六〇〇）年の関ヶ原の合戦では秘《ひそ》かに家康につき、晩年は従姉妹《いとこ》の淀殿（豊臣秀頼の母）を頼って大坂城にあったが、大坂冬の陣直前の慶長一九（一六一四）年九月に大坂城から退去した。大坂夏の陣では徳川方へつき、大和国宇陀《うだ》郡および上野国甘楽《かんら》・多胡《たご》・碓井《うすい》郡において五万石を賜り、子孫は大名として存続した。

信雄は「のぶかつ」か「のぶお」か

「織田信雄の名を『のぶかつ』と読むか『のぶお』と読むかについては、昔から随筆のネタになるくらい論争がある話なのだが」（『逆説の日本史　11』）、井沢元彦《いざわもとひこ》氏は、信雄の家老・瀧川雄利を引き合いに出して、「私が『のぶかつ』説を採るのは、家老が『かつとし』だからである。『武田信虎→甘利《あまり》虎泰』『武田晴信（信玄）→板垣《いたがき》信形』のように、この『雄』の字は主君からもらったと考えられるからだ」と述べている。

しかし、『寛永諸家系図伝』では瀧川雄利に「かつとし」「おとし」と二通りのふりがなを振っており、『寛政重修諸家譜』では信雄に「のぶを」とふりがなを振っている。また、信雄の子ども・秀雄・高雄・良雄・長雄もそれぞれ「ひでを」「たかを」「よしを」「ながを」としているので、本書では「のぶを」説を採る。

信雄の近臣として偏諱を与えられたと想定される土方雄久《ひじかたおひさ》（一五五三〜一六〇八）、小坂雄吉《おざかおよし》（一五五二？〜九三？）も「雄」の字を「お」と読んでいる。

ちなみに土方家は雄久の子・土方雄氏《かつうじ》（一五八三〜一六三八）以降、「雄」を「かつ」と読ませており、同様に小坂雄吉も曾孫《そうそん》・小坂雄重《かつしげ》（一六六七〜一七二二）以降は「雄」を「かつ」と読ませている。そのため、土方雄久や小坂雄吉、さらに瀧川雄利も「雄」を「かつ」と呼ぶものと誤認したのだろう。

信雄の子どもたち

現在、信長の子孫というと、一般には信雄の子孫を指す。信長の子どもで、江戸時代に大名として永らえたのは、信雄の二人の子どもだけだからだ。

長男・参議《さんぎ》織田秀雄《ひでを》（一五八三〜一六一〇）は秀吉に仕えて越前大野《おおの》城五万石を領すが、慶長五（一六〇〇）年の関ヶ原の合戦では石田方につき所領を没収され、慶長七（一六〇二）年に秀忠に拝謁して三〇〇〇俵を賜った。父に先立って死去し、嗣子もなかった。

次男、および三男・織田市兵衛高雄《たかを》は早世した。

四男・織田因幡守信良《のぶよし》（一五八四〜一六二六）は、父の所領を譲られ、上野小幡《おばた》藩二万石を領した。信良から数えて八代目にあたる織田美濃守信邦《のぶくに》（一七四五〜八三）の時、家老・吉田《よしだ》玄蕃《げんば》が兵法家の山県大弐《やまがただいに》（一七二五〜六七）と江戸城攻略の兵法談義を論じていると讒訴《ざんそ》され、明和《めいわ》四（一七六七）年に山県大弐は処刑、信邦は蟄居《ちつきょ》し、養子・信浮《のぶちか》は出羽高畠《たかはた》藩二万石に転封させられた（明和事件）。さらに天保《てんぽう》元（一八三〇）年に出羽天童《てんどう》藩二万石に移り、幕末を迎えた。

五男・織田出雲守高長《たかなが》（一五九〇〜一六七四）は、はじめ加賀の前田利常《としつね》（利家の子）の許に寄寓《きぐう》していたが、兄・信良が死去した際に、その遺児・百介（のちの織田因幡守信昌《のぶまさ》。一六二五〜五〇）が幼かったため、その後見となって、父の遺領・大和国宇陀郡三万一二〇〇石を譲られ、大和松山《まつやま》藩を治めた。

高長の子の織田山城守長頼《やましろのかみながより》が弟・織田対馬守長政《つしまのかみながまさ》に二〇〇〇石を分知し、孫の織田伊豆守信《いずのかみのぶ》武《たけ》が罪科不明のまま家臣を死刑に処したため、その子・織田近江守信休《のぶやす》は八〇〇〇石を減封された上、丹波柏原《かいばら》藩二万二〇〇〇石に転封された。

信長の子孫は誰の子孫なのか①

先年、某週刊誌で織田信長の直系の子孫・一八代目に当たる織田信孝《のぶたか》氏が連載手記を発表していた。しかし、この信孝氏、実は信長の血を受け継いだ子孫ではない。信孝氏の曾祖父が夫婦養子で、織田家の血筋をまったく受けていないのだ（ご本人も過去の雑誌記事で認めておられる）。［図2－5］

通常、信長の直系の子孫といえば、次男・織田信雄の家系ということになっている。信雄の四男・信良の子孫が出羽《でわ》天童《てんどう》藩二万石、五男・高長《たかなが》の子孫が丹波《たんば》柏原《かいばら》藩二万石の大名となり、信孝氏は高長系の一六代目（つまり、信長から数えて一八代目）になるのだ。

江戸中期にもなると、大名家では藩祖の血筋も絶え、他家から養子を迎えることが珍しくなくなる。信孝氏の曾祖父・織田信親《のぶちか》も、交代寄合《こうたいよりあい》・山崎治正《やまざきはるまさ》の長男として生まれ、末期《まつご》養子として急遽《きゅうきょ》織田家に迎えられたのだ。なぜ山崎治正の子に白羽の矢が立ったかといえば、二代前の織田信敬《のぶのり》の実姉が山崎治正の後妻になっていたからだと推測される。

では、山崎治正とは何者なのか。そして、山崎家とはどんな家系なのか。

山崎家は近江《おうみ》山崎（滋賀県彦根市）を発祥とし、近江半国守護・六角《ろっかく》氏に代々仕え、山崎源《げん》太左衛門《たざえもん》片家《かたいえ》は信長、秀吉の家臣となり、摂津《せっつ》三田《さんだ》に二万三〇〇〇石を与えられた。片家の孫・山崎家治《いえはる》は讃岐《さぬき》丸亀《まるがめ》藩五万石を領し、孫の治頼《はるより》に嗣子なく改易されたが、家治の次男・山崎豊治が備中成羽《びっちゅうなりわ》に五〇〇〇石を分与され、その子孫は交代寄合（参勤交代する旗本）に列した。山崎治正は豊治から数えて一一代目に当たるのだ。

ところが、この山崎治正もまた養子なのである。母親が山崎家の出身で、前当主の甥にあたることから山崎家の養子に迎えられたらしい。山崎治正の実父は平野《ひらの》長興《ながおき》という。

では、平野長興とは何者なのか。そして、平野家とはどんな家系なのか。

平野家の先祖・平野長泰《ながやす》は「賤ヶ岳七本槍《やり》」の一人に数えられた秀吉股肱《ここう》の臣である。

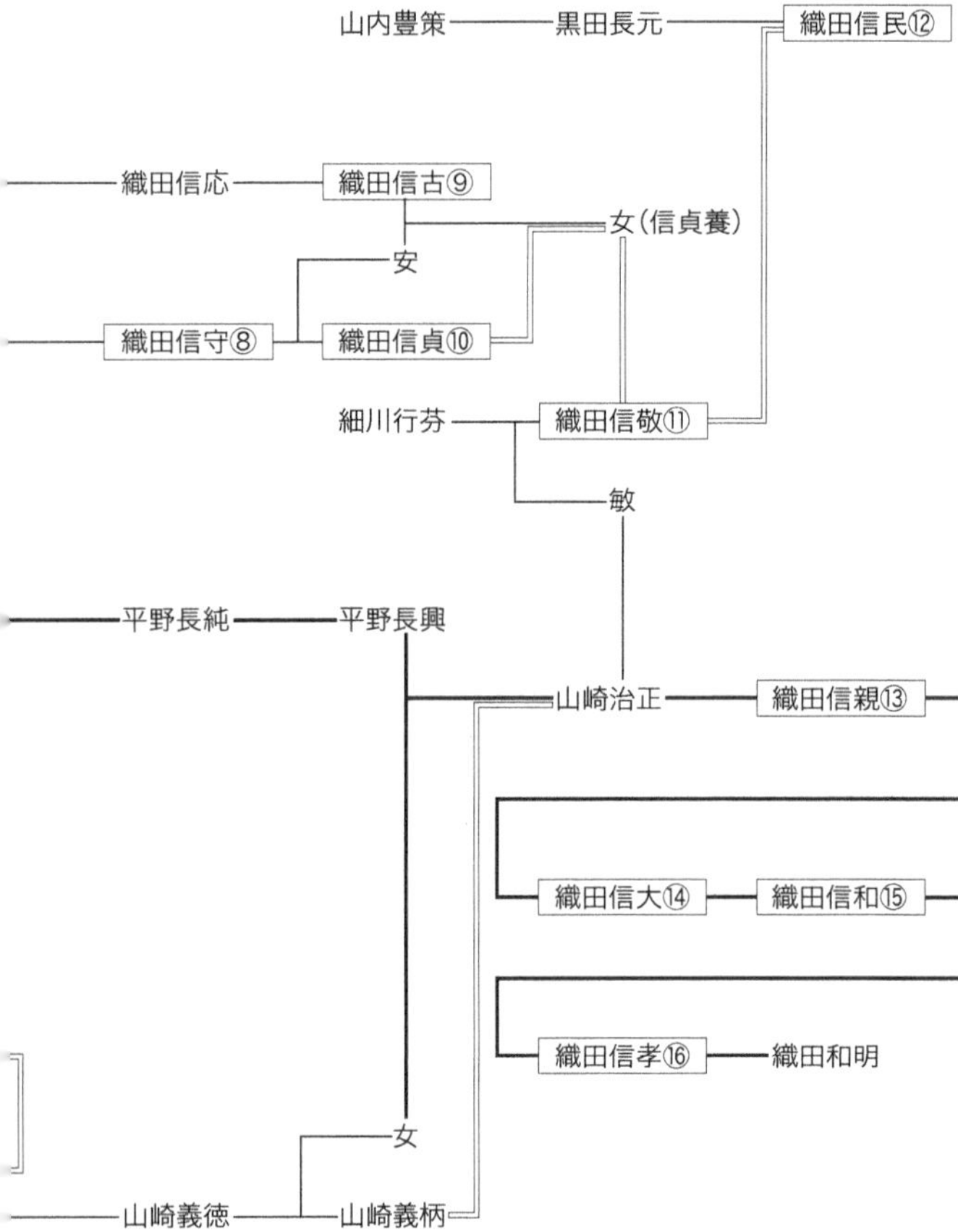
山内豊策
黒田長元
織田信民⑫
織田信応
織田信古⑨
女（信貞養）
安
織田信守⑧
織田信貞⑩
細川行芬
織田信敬⑪
敏
平野長純
平野長興
山崎治正
織田信親⑬
織田信大⑭
織田信和⑮
織田信孝⑯
織田和明
女
山崎義徳
山崎義柄

図２－５：織田信長の子孫／柏原藩

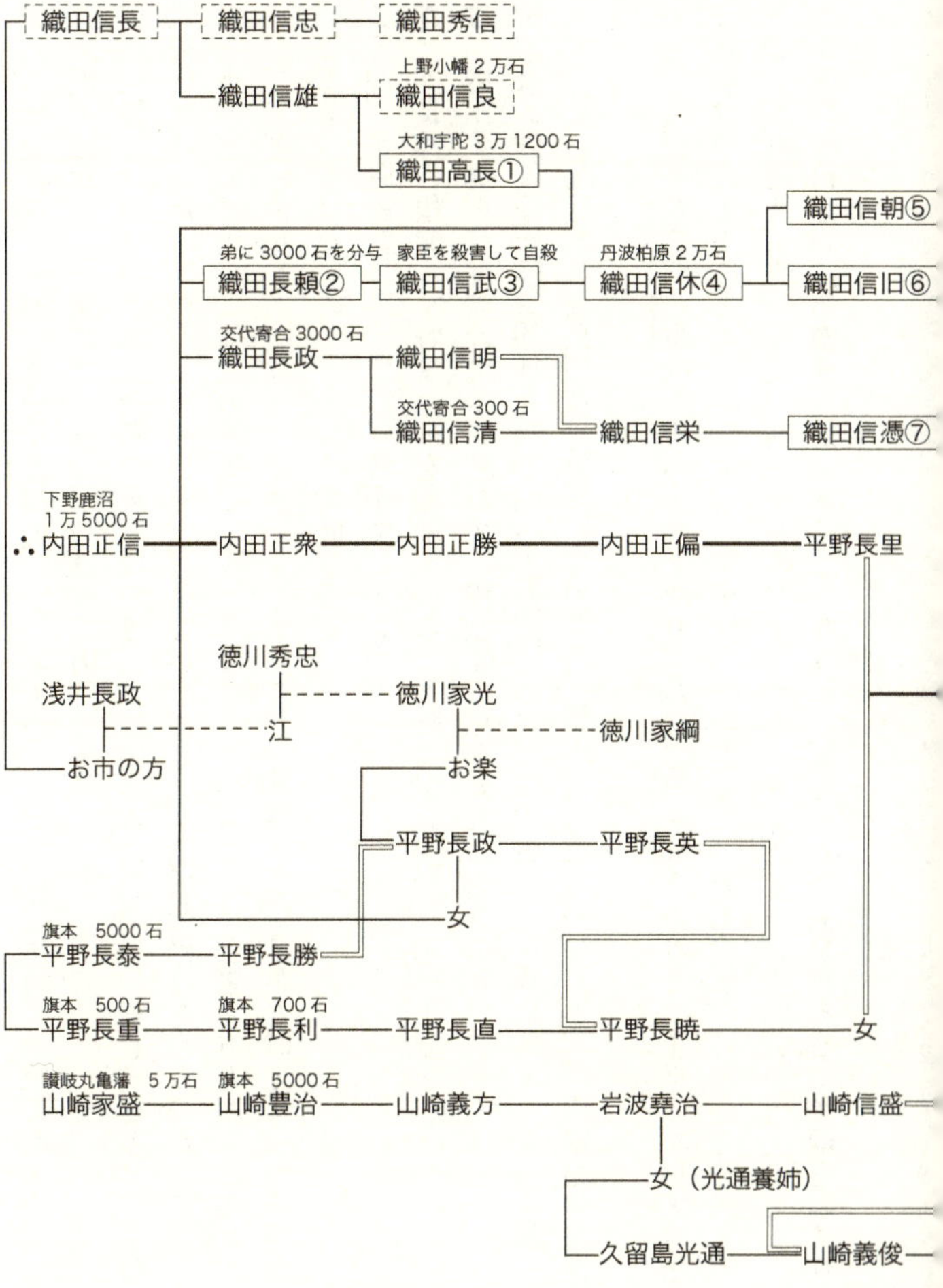

二〇一六年のNHK大河ドラマ『真田丸《さなだ》』で、主人公・真田信繁《のぶしげ》（幸村《ゆきむら》）の喰《く》えない上司として、俳優・近藤芳正《こんどうよしまさ》が演じた、あの平野長泰である。

秀吉の死後、長泰は関ヶ原の合戦で東軍につき、大和《やまと》田原本《たわらもと》に五〇〇〇石を安堵され、子孫は交代寄合に列した。山崎家とは同じ交代寄合ということで、姻戚関係にあったのだろう。

「あんな小人物の子孫が、信長の子孫ということになっているのか」と驚く方もおられるだろう。しかし、先ほどからの流れで、当然、「では、平野長興は本当に長泰の血を受けた子孫なのか。実は養子ではないのか」という疑問が湧く。

ところが、平野長興に限っては、養子ではないのだ。

ただし、長興の祖父・平野長里《ながさと》は婿養子である。平野長里の実父は内田《うちだ》正偏《まさゆき》という。

では、内田正偏とは何者なのか。そして、内田家とはどんな家系なのか。

内田家は遠江《とおとうみ》内田郷を発祥とし、内田平右衛門《へいうえもん》正成《まさなり》は今川義元《よしもと》・氏真《うじざね》に仕えたが、永禄一一（一五六八）年に氏真が武田信玄に駿府《すんぷ》を追われ、懸川《かけがわ》城に逃げのびると、徳川家康の家臣となった。

その子・内田平左衛門正世《まさよ》は秀忠の小姓となり、八〇〇石を与えられる。正世の次男・内田信濃守正信《しなののかみまさのぶ》は家光《いえみつ》の小姓となり、側近として出世。下野鹿沼《しもつけかぬま》に一万五〇〇〇石を与えられ、家光の死後、殉死をとげた。家光は男色を好んでいたから、その相手だったのだろう。

その正信の曾孫が内田信濃守正偏である。ちなみに正偏は夫人に傷を負わせて領地を削られ、下総《しもうさ》小見川《おみがわ》藩一万石に転封され、子孫は代々小見川を領した。

つまり、織田家一八代目・信孝氏の先祖は旧今川家臣の家柄で、家光によって大名に登用された側近・内田正信なのである。実に地味な先祖である。

信長の子孫は誰の子孫なのか②

さて、信長の子孫には高長系（信孝氏）の他に、信良系の流れがあると述べた。織田信良から数えて一五代目にあたるのが、織田信正氏（平成五年没）だ。

しかし、ここでも信正氏の父・織田信恒《のぶつね》が、「相馬《そうま》馬追い」で有名な相馬家（相馬誠胤《ともたね》の長男）から婿養子に迎えられ、父系で見ると織田直系とはいいがたい。ちなみに、相馬家は六代藩主・相馬叙胤《のぶたね》が秋田の佐竹《さたけ》家から婿養子に来ているので、実際は戦国武将・佐竹義重《よししげ》の子孫ということになる。［図2－6］

では、信長の血を引いた家系はないのか、といえば、実は存在している。［図2－7］

信長の弟・織田長益の子孫は、大和芝村藩一万石、大和柳本一万石の二家が大名に列しているが、いずれも織田信雄の子孫を養子に迎えているのだ。ただし、『平成新修　旧華族家系大成』によれば、両家とも現当主に男子はおられない。ここで信長の男子血統は絶えてしまうのかもしれない。

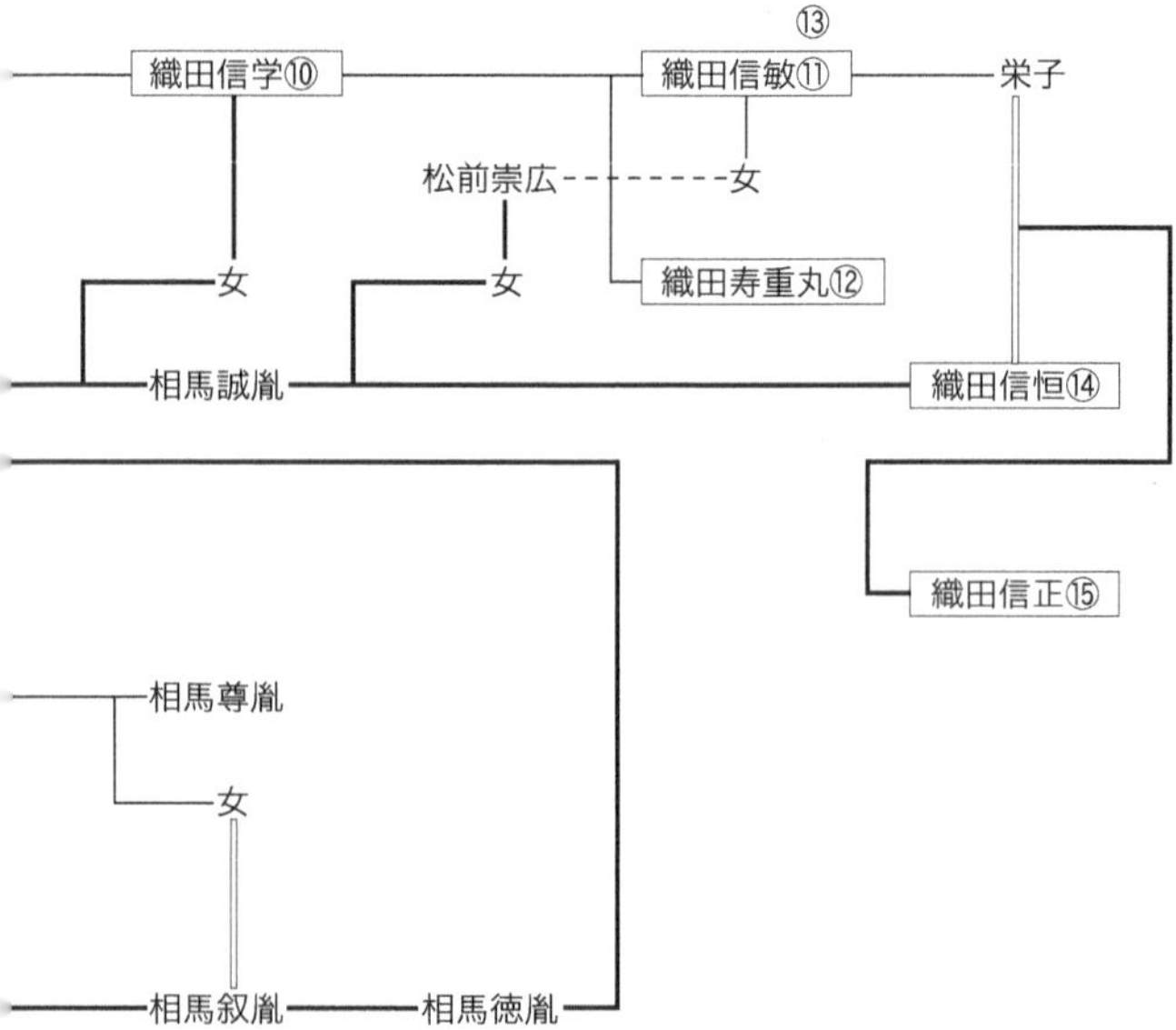
⑬
織田信学⑩
織田信敏⑪
栄子
松前崇広
女
女
女
織田寿重丸⑫
相馬誠胤
織田信恒⑭
織田信正⑮
相馬尊胤
女
相馬叙胤
相馬徳胤

図2－6：織田信長の子孫／天童藩

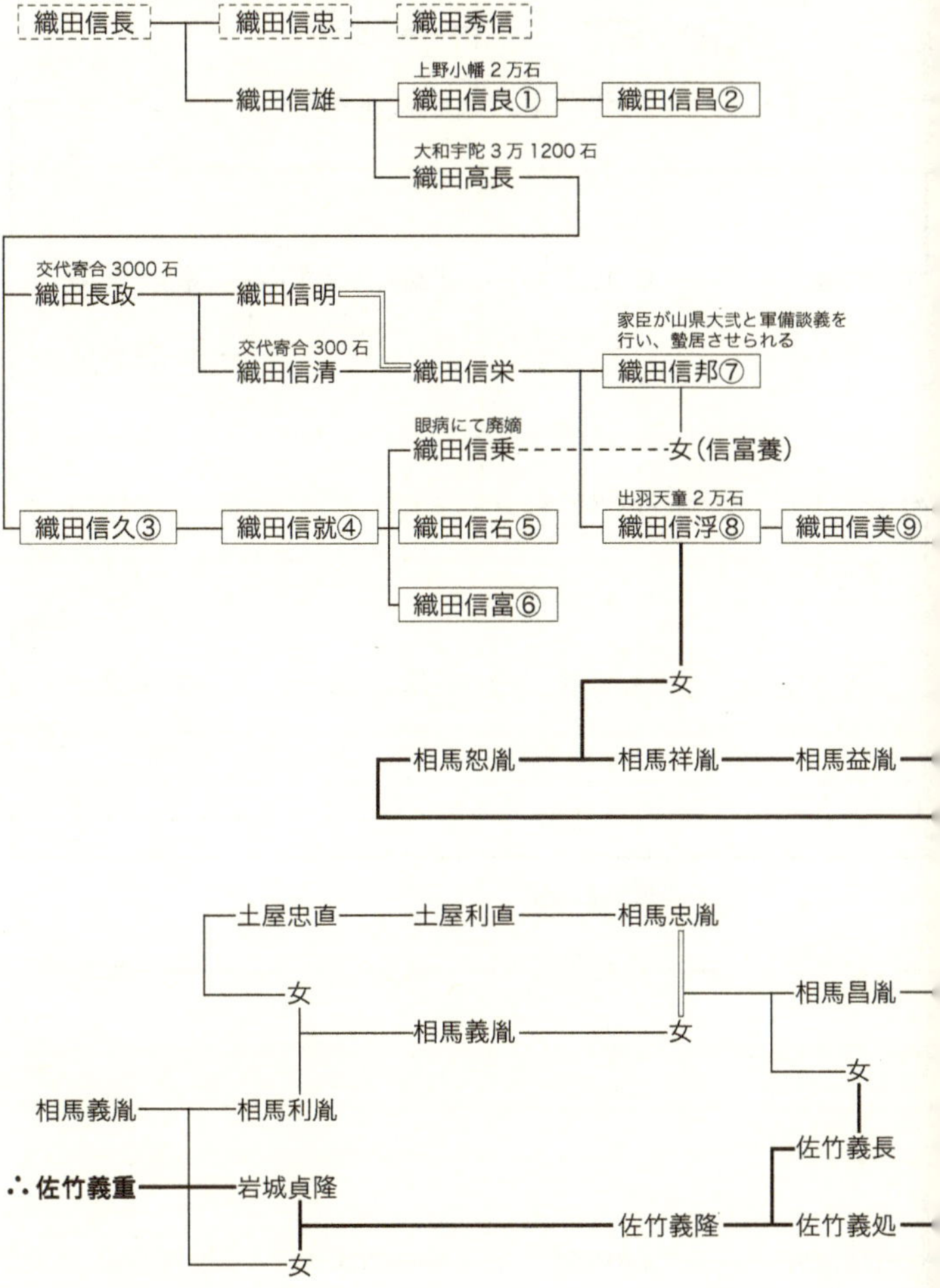

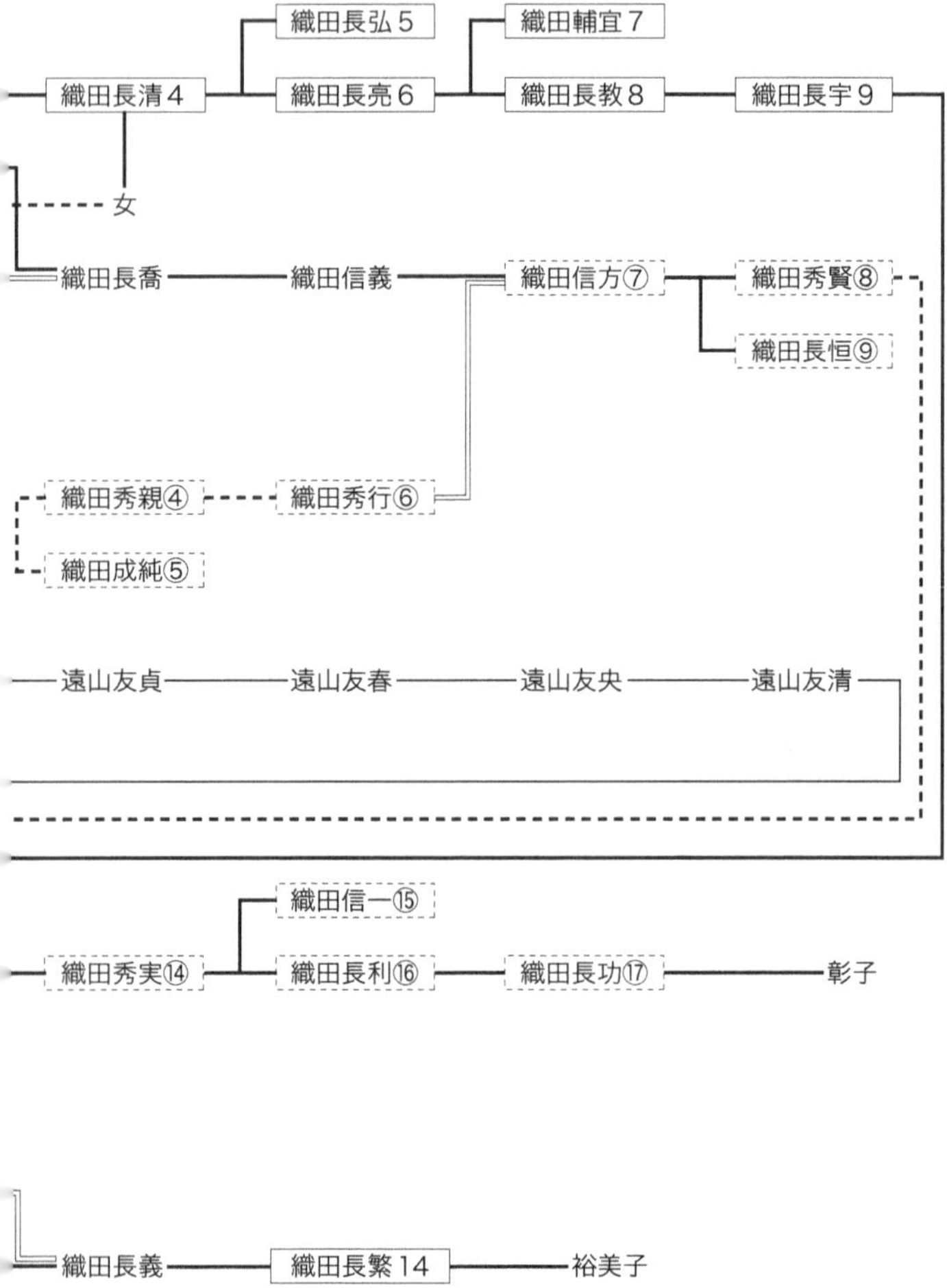

織田長弘５
織田輔宜７
織田長清４
織田長亮６
織田長教８
織田長宇９
女
織田長喬
織田信義
織田信方⑦
織田秀賢⑧
織田長恒⑨
織田秀親④
織田秀行⑥
織田成純⑤
遠山友貞
遠山友春
遠山友央
遠山友清
織田信一⑮
織田秀実⑭
織田長利⑯
織田長功⑰
彰子
織田長義
織田長繁14
裕美子

図2－7：織田長益の子孫

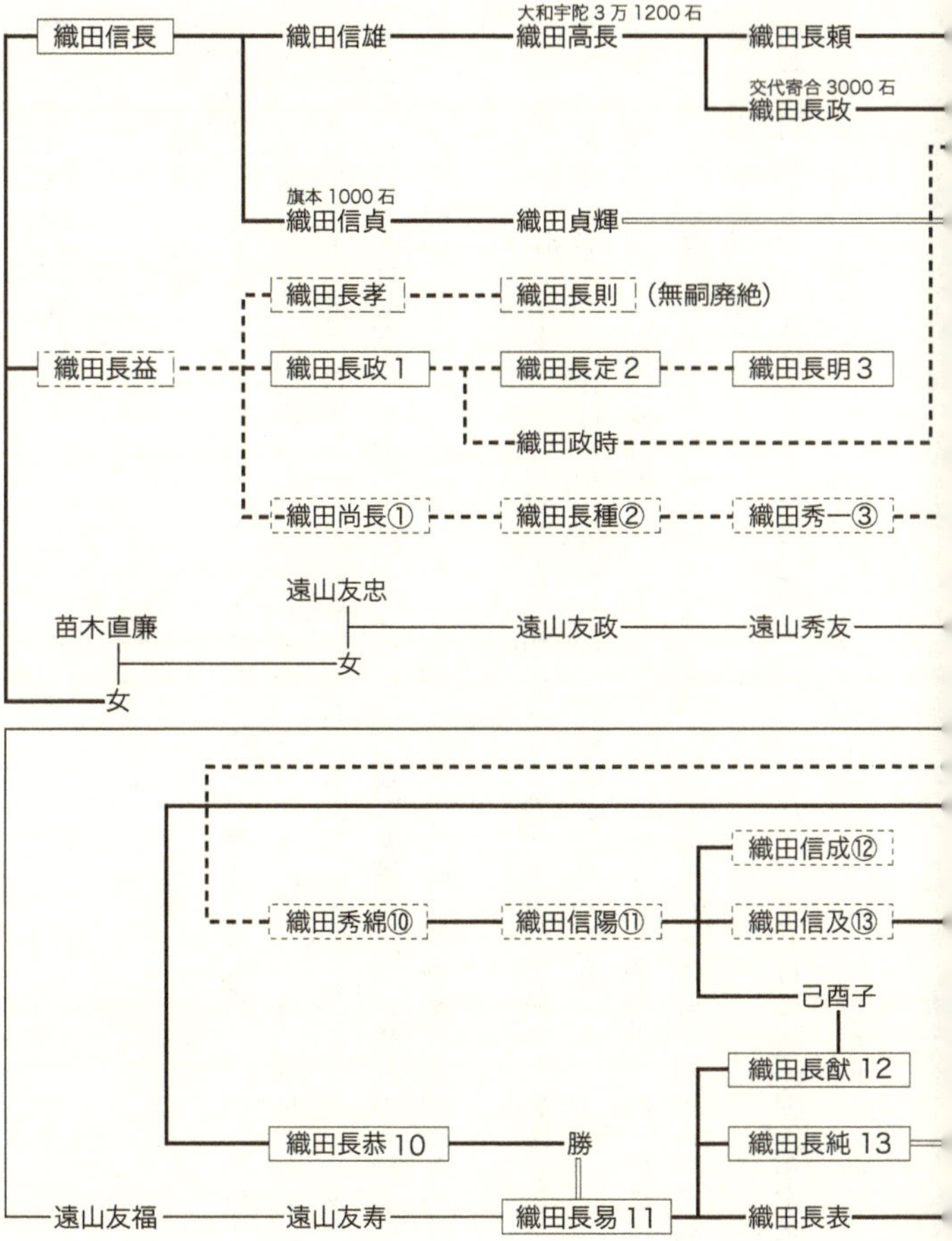
織田信長
織田信雄
大和宇陀3万1200石
織田高長
織田長頼
交代寄合3000石
織田長政
旗本1000石
織田信貞
織田貞輝
織田長孝
織田長則
(無嗣廃絶)
織田長益
織田長政1
織田長定2
織田長明3
織田政時
織田尚長①
織田長種②
織田秀一③
遠山友忠
苗木直廉
遠山友政
遠山秀友
女
女
織田信成⑫
織田秀綿⑩
織田信陽⑪
織田信及⑬
己酉子
織田長猷 12
織田長恭 10
勝
織田長純 13
遠山友福
遠山友寿
織田長易 11
織田長表

第6節　三男以降の息子たち

三男・織田（神戸）信孝

織田三七郎信孝《のぶたか》（一五五八〜八三）は信長の三男として生まれる。母は坂《さか》氏。一説に信雄より二〇日ほど早く生まれたが、母の身分が低かったので、三男にされたという。通称は三七郎。

永禄一一（一五六八）年二月にわずか一一歳で神戸《かんべ》蔵人大夫具盛《くろうどのたいふとももり》（友盛ともいう。？〜一六〇〇）の養子となった。北伊勢攻略で有力国人領主の神戸家、長野《ながの》家等が降伏。和睦の条件が信長の近親を当主ないし継嗣として送り込むことだったからだ。この時、長野家の養子になったのが、叔父・信包である。

元亀元（一五七〇）年頃から養父・神戸具盛と不和になり、翌元亀二年に具盛が幽閉され、信孝が神戸家の当主となった。所領は伊勢のうち河曲《かわわ》・鈴鹿《すずか》の二郡だったという。

信孝は遊軍として、信長・信忠の指揮下で、天正三（一五七五）年八月の越前一向一揆の平定、天正五（一五七七）年二月の雑賀《さいが》攻め、翌天正六年六月の播磨神吉《かんき》城攻め、同年一一月の有岡《ありおか》城（荒木村重）攻め等に従った。

信孝は信長に対して度々四国征伐を申し出、天正一〇（一五八二）年五月に四国国分《くにわけ》が定められ、三好山城守康長の養子になって、四国に攻め入る算段となった。

ところが、同年六月二日に本能寺の変が起こり、四国への渡海を目前に控えた信孝軍は四散してしまう。信孝は兄弟の中でも比較的優秀といわれたが、清須会議で三法師（秀信）が擁立され、信孝は美濃岐阜城を分与されるにとどまった。

信孝は勝家とともに秀吉と対立。勝家は清須会議で北近江を得て、要衝の長浜《ながはま》城に養子の柴田勝豊《かつとよ》を置いた。冬が到来し、大雪で勝家が越前北ノ庄城から身動きが取れないことを見計って、天正一〇年一二月、秀吉は勝豊を調略、次いで岐阜城を包囲して、信孝を降伏させた。

天正一一（一五八三）年三月、勝家が挙兵。四月に北近江で賤ヶ岳の合戦が起き、勝家は敗北。北ノ庄城に戻り籠城したが、秀吉軍の総攻撃を受けて自刃した。信孝も五月二日に切腹させられた。

四男・津田信房（武田勝長）　犬山城の留守番

津田源三郎信房《のぶふさ》（一般には武田勝長《かつなが》。?〜一五八二）は信長の五男といわれるが、谷口克広氏は「比較的信憑性の高い『惟任《これとう》謀叛記』には秀勝のことを『相公（信長）の第五男』とある」ことなどから信房を四男と推測している（『尾張・織田一族』）。信房は秀勝より早く他家の養子になっているので、秀勝より年長とする説に従いたい。幼名は坊《ぼう》、御坊丸。通称は源三郎。

信長の叔母（岩村殿）は美濃岩村城の遠山家に嫁いだが、城主の遠山景任《かげとう》（岩村殿の子ども）は嗣子がいないまま、元亀三（一五七二）年一一月に死去してしまった。折しも甲斐の武田晴信（信玄）が足利義昭と連携して西上作戦を企図し、その部将・秋山伯耆守《ほうきのかみ》虎繁《とらしげ》（一般には信友）が東濃に侵攻しはじめていた。信長は庶兄・織田信広を岩村城に差し向け、信房を遠山景任の養嗣子としたが、同年一一月に秋山は岩村城を陥落させ、信房を人質として甲斐に送還する。

　天正六（一五七八）年に越後《えちご》の上杉輝虎（謙信）が死去すると、養嗣子・上杉景勝《かげかつ》は武田勝頼と同盟した。これを受けて、北条家は武田家と断交し、織田・徳川連合と同盟する。

　その結果、武田家は東の北条、西の織田・徳川に挟まれる格好となった。翌天正七年に武田勝頼は外交方針を転換し、信長と和睦交渉をはじめた。しかし、信長がなかなか交渉の席に着かないので、勝頼は人質・信房を織田家に返還することで局面の打開を図った。

「『甲陽軍鑑』によれば、天正九年に武田信豊・長坂光堅《みつかた》・跡部勝資《かつすけ》・麟岳和尚らが勝頼に、御坊丸（信房）を武田信豊（信玄の弟・武田信繁《のぶしげ》の子で、勝頼の従兄弟）の婿にするとの約束を取り付けて、いったん信長の元に送還し、その後改めて武田家に迎えるように進言したという。（中略）ところが、御坊丸の送還は、天正八年のことで、しかもそれは武田・織田両氏の仲介役であった佐竹義重の強い要望によるものであった」（『織田氏一門』）。

　織田家に戻された信房は犬山城主になった。

『群書系図部集』所収の織田系図によれば、この時、信房は「成池田信輝壻《むこ》」（池田恒興の女婿になった）といい、『系図纂要』では「養子」になったと記している。おそらく婿養子としたのだろう（ただし、池田家系図では恒興の娘に信房夫人がいたこと、信房を養子に迎えたことのいずれも記載がない）。

当時、恒興は犬山城主だったが、摂津で荒木残党の掃討作戦を主導し、鎮圧後に摂津を与えられていた。信長は恒興を摂津に移し、信房を恒興の婿養子にして犬山城主に据えたのだ。

天正九（一五八一）年一一月、信房は安土に赴き、父・信長と九年ぶりに再会した。翌天正一〇年二月の甲斐武田攻めに兄・信忠軍として参加。本能寺の変で、信忠とともに二条城にて討ち死にした。

五男・羽柴秀勝　長浜城の留守番

羽柴《はしば》於次秀勝《おつぎひでかつ》（一五六八？～八五）は信長の四男といわれるが、信房の項で述べた通り、五男のようである。幼名は次《つぎ》（もしくは於次）。諱は秀勝。

秀勝は天正五（一五七七）年頃に羽柴秀吉（一五三七～九八）の養子になった。当時、秀吉は姫路《ひめじ》城に入って中国経略を進めていたが、秀勝は近江長浜城にしばらく留まっていたらしい。

天正九（一五八一）年八月、秀吉が鳥取《とっとり》城攻めの最中、秀勝は単独で長浜八幡宮に制札を発給している。「以後、秀勝の文書は、天正十年（一五八二）三月一日付、舎那院宛ての文書から、翌十一年三月十五日付山本甚兵衛宛の文書まで、その内、無年号の文書も含めて八通が確認されており、秀吉の留守を預かり、長浜支配を行っていたことを物語っている」(『織田家の人びと』)。

つまり、信長は、近江長浜城主の秀吉を播磨に移し、秀勝を秀吉の養子にして長浜城主に据えたのであろう。

遠方に派遣する有力部将に、信長の子どもを養子に送り込んで、居城の留守をさせる。この構図は池田恒興―信房にも見た事例である。

しかし、秀勝は天正一一年までずっと長浜に在城していたわけではなかった。天正一〇年「三月八日秀勝は、織田信長の命令によって、中国経略軍に合流することとなる。そして一七日には『具足初め』に、備前児島(現岡山県倉敷市児島)の某城を攻撃、戦功をあげたという」(傍点引用者。『織田氏一門』)。そして、初陣以降、養父・秀吉の軍に加わり、備中高松《たかまつ》城の水攻め、山崎の合戦にも参加している。

なぜ、信長は、長浜城の留守番・秀勝を中国に差し向けたのか。

実はその前年に長浜城が「売却済み」になっていたのだ。

堀秀政が「『寛政重修諸家譜』に、天正九年九月八日、近江長浜城主になった。という記載がある。(中略)天正九年九月の段階で堀に下したのはまだ約束にすぎず、翌年あたりに長浜城と近江の知行を渡す、という形である」(『信長の親衛隊』)。

つまり、堀秀政に長浜城を与えるので、秀勝が留守番をしている必要がなくなった。だから、中国に派兵されたのだろう。そして、秀勝が留守番をしていたのは、堀に長浜城を与えるための布石だったと思うのだ。

谷口克広氏は「信長の最晩年、近江を中心とした近国を直接掌握するという計画があったのではないかと思う。『近国掌握構想』とでも呼ぼうか」と述べている（『信長の親衛隊』）。

そのためには、有力部将に与えていた尾張・近江の居城を然《しか》るべき時期に取り上げなければならない。信長は自らの子をかれらの養子にして居城に置き、一定期間、かれらの影響力を取り除いた後、円滑に取り上げようとしたのではないか。

秀勝が秀吉の養子になった経緯には、秀吉と信長がそれぞれ要請したという説がある。すなわち、「おそらく、秀吉は石松丸秀勝を失った直後くらいから、信長に対し、『お子のうち一人を養子にいただきたい』と申し出ていたのであろう」（『織田家の人びと』）とする秀吉要請説と、「信長が、実子のない秀吉の跡継ぎとして送り込んだ」（『尾張・織田一族』）とする信長下命説がある。池田恒興―信房の事例を考えると、後者の方が正しいと思われる。

本能寺の変後の秀勝　秀吉の便利な手駒

秀吉が三法師（信忠の嫡子・秀信）を推したため、すっかり忘れ去られているが、清須会議で柴田勝家が一番警戒したのは、秀勝を信長の後継者に推すことだったのではないか。

一方、秀吉は信孝の家臣に「御次（秀勝）も、ご存じのように、十五、六歳におなりになって、初陣も果たしたので、主君に仰いだとしても人に笑われることはないでしょうが、私の養子にしているので、八幡大菩薩《はちまんだいぼさつ》、愛宕明神《あたごみょうじん》に誓って、誰が薦めたとしても主君にはしないと、きっぱりと思い切りました」(『信長の血脈』)と語っている。

公平無私を装ってはいるが、むしろ秀勝を主君の遺児と遇していないように思える。事実、秀吉は秀勝を将棋の駒のように使っている。

清須会議の後、柴田勝家が長浜を通って北ノ庄城に戻ることを警戒したため、秀吉は秀勝を勝家の人質として差し出している(長浜を通り過ぎた木之本《きのもと》付近で解放される)。

そして、秀吉は自らが信長の後継者になったことを世に宣伝するため、京都大徳寺《だいとくじ》で信長の葬儀を執り行った。その際、秀勝を通じて信雄・信孝に参加を打診し、両者が不参加を決め込むと、秀勝に棺桶《かんおけ》の後轅《あとながえ》(後《うしろ》の長柄)を持たせた。都合のよい時だけ、秀勝を信長の子として使っているのだ。

天正一二(一五八四)年一二月、秀勝は毛利輝元の養女と婚姻したが、翌天正一三年一二月に死去した。享年一八。

子孫が旗本になった七男・織田信高

織田左衛門佐《さえもんのすけ》信高《のぶたか》(一五七六?〜一六〇二)は信長の七男といわれるが、実際はもっと年少のようだ。天正一〇(一五八二)年で七歳だったので、逆算すると天正四(一五七六)年生まれになるが、弟・信貞《のぶさだ》より年下になってしまうので疑わしいと『寛政重修諸家譜』は考察している。おそらく六男・信秀の幼名が大洞《おおほら》、信高の幼名が小洞《こほら》なので、七男と誤認されたのであろう。

母は高畠《たかはた》氏・お鍋《なべ》の方。幼名は小洞。通称は藤十郎、左衛門佐。妻は佐々成政の娘。

天正一〇（一五八二）年六月、本能寺の変の際には美濃におり、大垣城主・氏家《うじいえ》久左衛門行広《ゆきひろ》（卜全《ぼくぜん》の子）に養われ、下野国宇都宮で蟄居していたという。

天正一九（一五九一）年に秀吉に招かれ、近江国神崎《かんざき》郡のうちに一六〇〇石を賜り、のち加増され、二〇〇〇石を領す。関ヶ原の合戦では弟・信貞と相談して徳川方につき、子孫は旗本に列した。

スケート選手・織田信成は信長の子孫なのか

フィギュアスケートの選手・織田信成《のぶなり》氏は、その名が示すように、織田信長の子孫（信長の七男・織田信高系統）を名乗っている。［図２－８］

信成氏の父親が公表した家系図によれば、初代・信高から九代の信真までを掲げ、信真から信成氏の祖父までを省略している。その間は個人情報の関係で伏せているとのことだ。

なぜ、信真まで掲げているのかといえば、信高の子孫を図書館などで調べれば、そこまではたどり着けるからだ。そのため、筆者は信用していない。

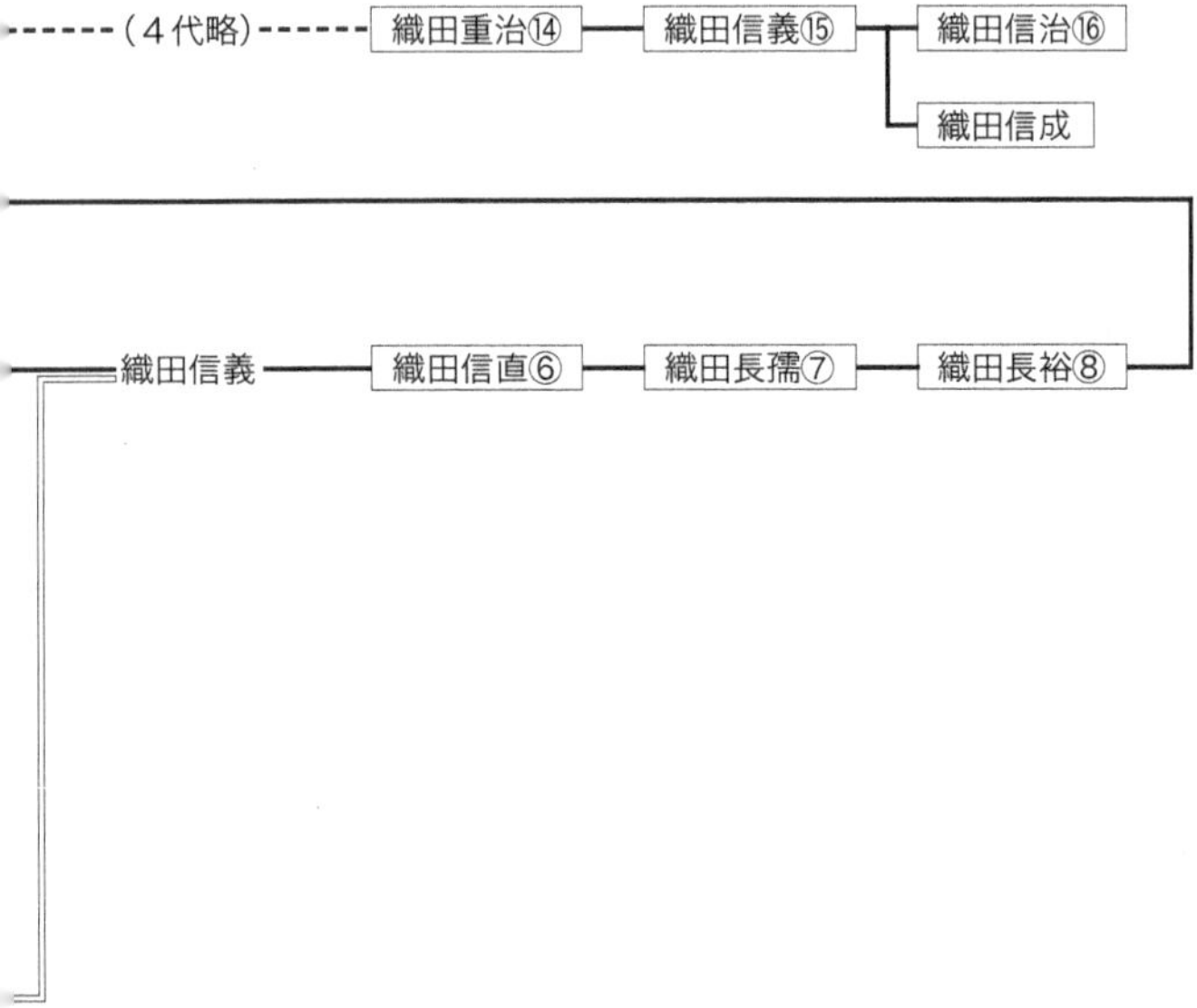

（４代略）
織田重治⑭
織田信義⑮
織田信治⑯
織田信成
織田信義
織田信直⑥
織田長孺⑦
織田長裕⑧

図2－8：プロスケーター・織田信成の系図？

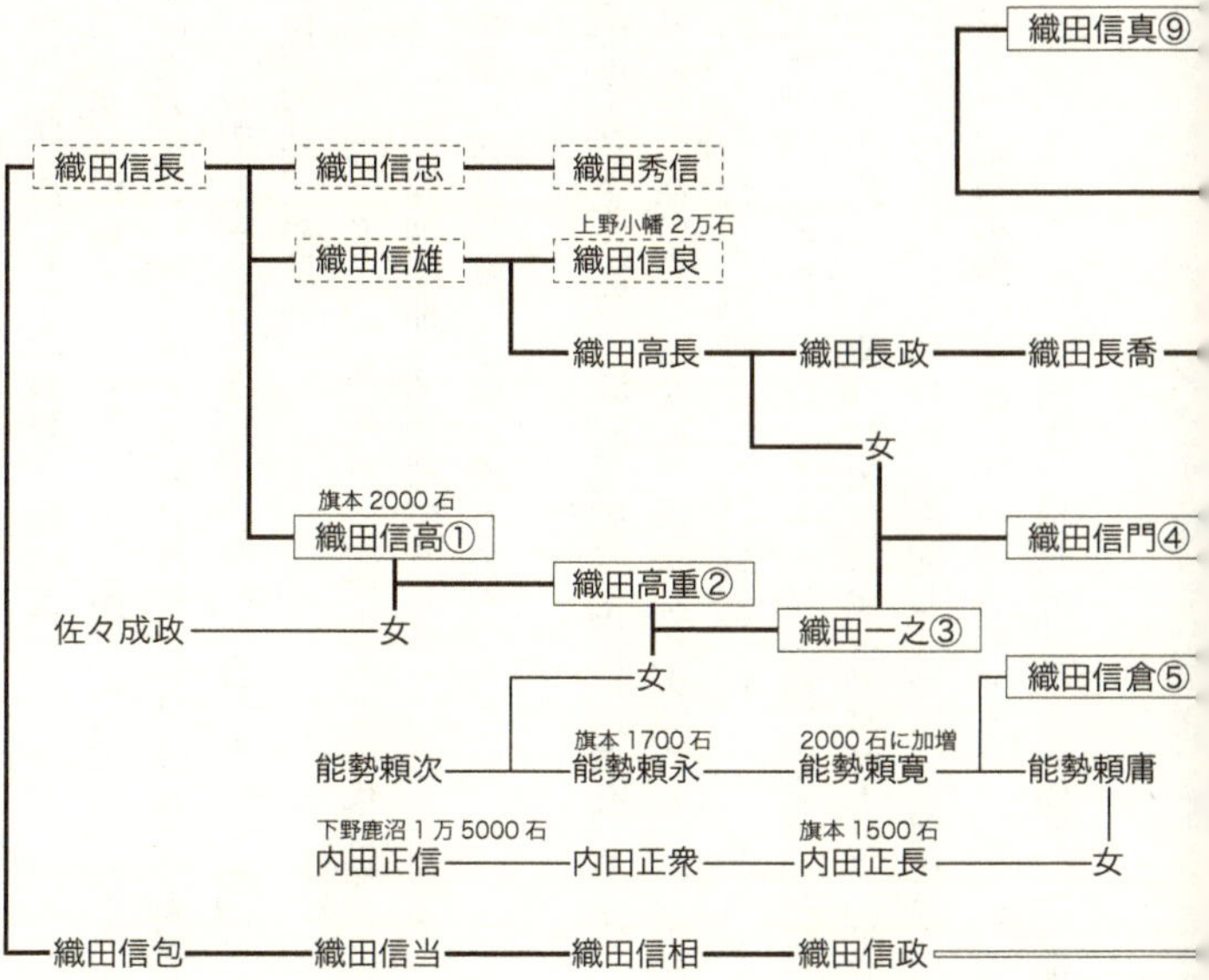

子孫が旗本になった九男・織田信貞

織田雅楽助《うたのすけ》信貞（一五七四〜一六二四）は信長の九男といわれる。母は土方《ひじかた》氏とも青山《あおやま》氏ともいわれる。『寛政重修諸家譜』では、母を土方雄久《おひさ》（一五五三〜一六〇八）の娘と記しているが、年齢的に合わない。青山氏が正しいのかもしれない。幼名は人《ひと》。通称は藤四郎、雅楽助。

天正一〇（一五八二）年六月、本能寺の変の後は埴原《はにわら》加賀守長久《ながひさ》に養われ、その後、秀吉に属して、近江国神崎郡・蒲生《がもう》郡のうちに一〇〇〇石を賜った。関ヶ原の合戦では兄・信高と相談して徳川方につき、子孫は旗本に列した。

その他の息子たち・織田信秀、信吉、信好、長次

信長のその他の息子たちは、ほとんど実績らしい実績がない。

・**織田三吉《さんきち》信秀《のぶひで》**（生没年不詳）は信長の六男として生まれる。幼名は大洞《おおほら》。通称は三吉（もしくは三吉郎）。妻は稲葉貞通の娘。

小和田哲男《おわだてつお》氏は「名乗りは祖父と全く同じである。信長が命名にあたって、なぜ父と同じ名前にしたのかはわからない」と記している（『織田家の人びと』）。

おそらく信秀の諱を決めたのは秀吉だろう。本能寺の変の時、すぐ上の兄・秀勝はまだ一五歳くらいだったので、信秀は信長の死後に元服した可能性が高い。

徳川家康の四男・松平忠吉、五男・武田信吉はともに秀吉が「吉」の字を与えたといわれている。同様に信長の八男といわれている織田信吉《のぶよし》も秀吉の偏諱を受けた可能性が高い。その兄・信秀にも秀吉が「秀」の字を与えたと考えれば、分かりやすい。

そう考えると信秀以降の兄弟順は、信秀、信高、信吉、信貞……ではなく、信秀、信吉、信貞、信高……とした方が合点がいく。ちなみに信貞という名は、六男に信長の父と同じ名前を付けてしまったので、信長の祖父と同じ名前を付けたのだろう。秀吉ならやりかねない。

・**織田武蔵守信吉《のぶよし》**（一五七三～一六一五）は信長の八男といわれる。母は高畠氏・お鍋の方。幼名は酌《しやく》（母がお鍋なので、鍋に付ける酌子《しやくし》というシャレらしい）。通称は武蔵守。同母兄・信高とは異なり、関ヶ原の合戦で毛利・石田方に属したため、所領を没収された。

・**織田左京亮《さきようのすけ》信好《のぶよし》**（?～一六〇九）は信長の一〇男といわれる。幼名は長《ちよう》。通称は左京亮。

・**織田長兵衛《ちようべえ》長次《ながつぐ》**（?～一六〇〇）は信長の一一男といわれる。幼名は縁《えん》。通称は長兵衛。関ヶ原の合戦では兄・信吉と相談して毛利・石田方につき、討死した。

第7節　連枝衆

連枝衆とは

徳川家康には「十四松平」と呼ばれた分家があった。江戸幕府の大名は親藩・譜代・外様《とざま》に大別されたが、彼らの子孫は譜代大名であって、親藩大名には分類されなかった。親藩大名にえらばれたのは、家康の異母弟（久松《ひさまつ》松平家）、子どもたち（御三家、越前松平家）とその支流だけだった。

信長には兄弟・子息をはじめとして数多くの一族がいた。

では、信長自身は、どこまでを狭義の「一門衆」と考えていたのだろうか。

仮に信長が幕府をつくったら、どこまでが親藩大名に取り立てられたのだろうか。

そのヒントになるものが、天正九（一五八一）年二月に実施された馬揃えにおける「御連枝《れんし》の御衆」である。

「連枝」とは一族を表す語なので、天正九年時点で信長が「一門衆」と考えていたのは、そのメンバーであろう。「御連枝の御衆」は一二人が列記されている。

①中将信忠卿、馬乗八十騎、美濃衆、尾張衆。一五五七生まれ

②北畠信雄卿、馬乗三十騎、伊勢衆。一五五八生まれ

③織田上野守信包《のぶかね》、馬乗十騎。一五四三生まれ
④同　三七信孝、馬乗十騎。一五五八生まれ
⑤同　七兵衛信澄、馬乗十騎。一五五八生まれ
⑥同　源五（長益《ながます》）。一五四七生まれ
⑦同　又十郎（長利）
⑧同　勘七郎（信弌《のぶすけ》）
⑨同　中根（信照）
⑩同　竹千代（信氏《のぶうじ》）
⑪同　周防《すおう》
⑫同　孫十郎

信長の子息・兄弟

まず、当然ではあるが、信長の長男①信忠、次男②信雄、三男④信孝が選ばれている。四男・信房（一般には勝長）は武田家の養子、五男・秀勝は羽柴秀吉の養子になっていたためか、それとも遠国にいたためか参加していない。

六男・信秀以下が参加していないのは、まだ幼かったためだろう。生年が確かな八男・織田信吉は天正元（一五七三）年生まれで、数えの九歳である。

次いで、信長の兄弟であるが、天正九年時点で生存していたのは③信包、⑨中根信照、⑥長益、⑦長利だけで、四人とも連枝衆に数えられている。

子息と兄弟以外の連枝衆

残るは⑤七兵衛信澄、⑧勘七郎、⑩竹千代、⑪周防、⑫孫十郎の五人である。

このうち、⑤織田七兵衛信澄が信勝の子、信長の甥ということが容易にわかる。

他の四人について『織田信長家臣人名辞典』では、⑩竹千代を織田信氏に比定しているが、⑫孫十郎を信長の叔父・織田孫十郎「信次と同じ孫十郎なので、その子と思われる」と記し、⑧勘七郎は「信長との血縁関係については不明」、⑪周防は「信長との関係についてはわからない」と記している。［図2-9］

注目すべきは『織田信長総合事典』で大橋重長と信秀の娘の間に生まれたと推測される「勘七郎信弌は、天正九年（一五八二）二月の馬揃には『御連枝衆』の一員として馬上する」と指摘していることである。不明の⑧勘七郎が、信長の甥・織田（津田）勘七郎信弌だということがわかる。

⑩織田竹千代信氏も母親が信秀の娘（小田井殿）なので、信長の子どもでも兄弟でもない五人の連枝衆のうち、⑤七兵衛信澄、⑧勘七郎信弌、⑩竹千代信氏の三人が信長の甥ということになる。

図２－９：連枝衆

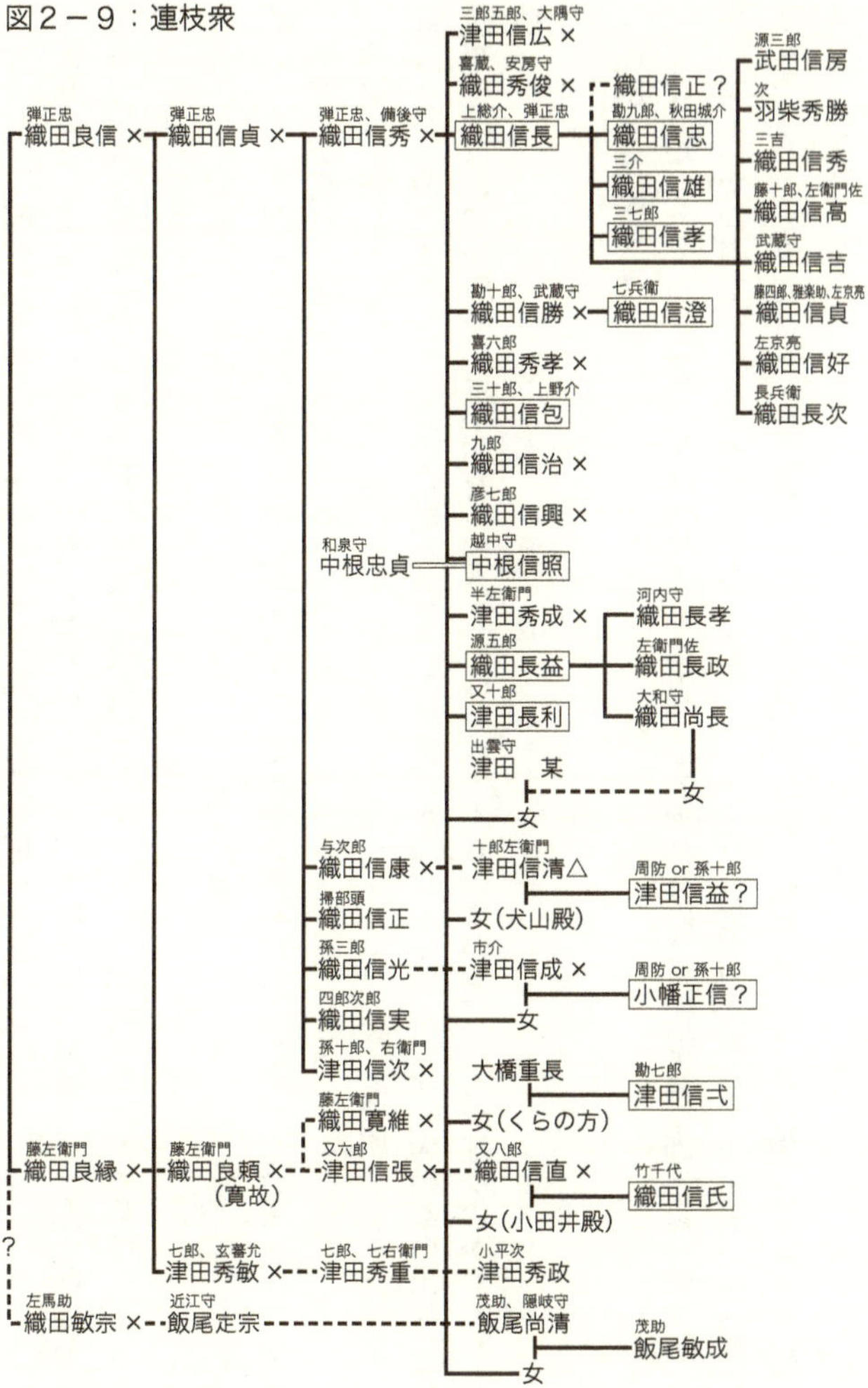
弾正忠
織田良信 ×
弾正忠
織田信貞 ×
弾正忠、備後守
織田信秀 ×
三郎五郎、大隅守
津田信広 ×
喜蔵、安房守
織田秀俊 ×
織田信正？
上総介、弾正忠
織田信長
勘九郎、秋田城介
織田信忠
三介
織田信雄
三七郎
織田信孝
源三郎
武田信房
次
羽柴秀勝
三吉
織田信秀
藤十郎、左衛門佐
織田信高
武蔵守
織田信吉
藤四郎、雅楽助、左京亮
織田信貞
左京亮
織田信好
長兵衛
織田長次
勘十郎、武蔵守
織田信勝 ×
七兵衛
織田信澄
喜六郎
織田秀孝 ×
三十郎、上野介
織田信包
九郎
織田信治 ×
彦七郎
織田信興 ×
和泉守
中根忠貞
越中守
中根信照
半左衛門
津田秀成 ×
河内守
織田長孝
源五郎
織田長益
左衛門佐
織田長政
又十郎
津田長利
大和守
織田尚長
出雲守
津田　某
女
女
与次郎
織田信康 ×
十郎左衛門
津田信清△
周防 or 孫十郎
津田信益？
掃部頭
織田信正
女（犬山殿）
孫三郎
織田信光
市介
津田信成 ×
周防 or 孫十郎
小幡正信？
四郎次郎
織田信実
女
孫十郎、右衛門
津田信次 ×
大橋重長
勘七郎
津田信弌
藤左衛門
織田寛維 ×
女（くらの方）
藤左衛門
織田良縁 ×
藤左衛門
織田良頼 ×
（寛故）
又六郎
津田信張 ×
又八郎
織田信直 ×
竹千代
織田信氏
女（小田井殿）
?
七郎、玄蕃允
津田秀敏 ×
七郎、七右衛門
津田秀重
小平次
津田秀政
左馬助
織田敏宗 ×
近江守
飯尾定宗
茂助、隠岐守
飯尾尚清
茂助
飯尾敏成
女

つまり、不明の⑪周防、⑫孫十郎も信長の甥である可能性が高い。

候補者としては、信長の姉（犬山殿）と犬山城主の織田十郎左衛門信清の子・源十郎信益《げんじゅうろうのぶます》、信長の姉妹と織田（津田）市介信成の子・源三郎正信《げんざぶろうまさのぶ》がいる。このいずれかが⑪周防、⑫孫十郎ではないのか。

ただし、『織田信長家臣人名辞典』によれば、池田本『信長公記』では信益を源二《げんじ》郎《ろう》と記し、天正「九年二月二十八日、馬揃えの記事中にも、連枝衆の最後に追筆で載せられており」信益の可能性が高いと示唆している。

連枝衆に列した信長の甥は、津田勘七郎信弌を除き、いずれも父親が織田（もしくは津田）姓である。換言するなら、大橋家出身の信弌の特異さが際立っている。なぜ大橋家の出身で連枝衆に選ばれているのかは不明だが、あるいは母親・くらの方が信長の同母姉なのかもしれない。

織田と津田の差

意外に知られていないが、江戸時代に「徳川」を名乗れたのは、将軍家、御三家、御三卿《きょう》の当主および次期当主だけだった（江戸時代初期には、これ以外に駿河大納言忠長《ただなが》、甲府《こうふ》・館林《たてばやし》徳川家があった）。たとえば、八代将軍・徳川吉宗は、紀伊《きい》徳川家を継ぐまでは松平姓（松平主税《ちから》頼《より》方《かた》）を名乗っていた。

織田家では分家が津田姓を名乗っていた。では、その範囲に明確な線引きはあったのか。信長の子息は、養子に行った者以外は、原則として織田姓を使っているようだ。甥は原則として津田姓で、織田姓を使っているのは、織田七兵衛信澄（一五五五〜八二）、織田角蔵信氏《かくぞうのぶうじ》（?〜一五八四）の二人のみ。もっとも信氏は津田姓の使用が未見というだけで、実際のところはわからない。信澄は、信長の同母弟・信勝の子で、『信長公記』の記述を見ていくと、はじめ津田姓で書かれているが、天正七（一五七九）年以降は織田姓で記述されている。

信長の兄弟では、上洛前に死別した者、養子に行った者以外を列記すると、以下のようになる（弟・九郎信治は不明）。

・庶兄　津田大隅守信広
・同母弟　織田上野介信包
・弟　織田彦七郎信興
・弟　津田半左衛門秀成
・弟　織田源五郎長益
・弟　津田又十郎長利

正直なところ、何を判断基準として、織田姓と津田姓を使い分けているのかは不明である。兄弟には原則として津田姓を名乗らせ、お気に入りの弟には織田姓を許したのかもしれない。

第3章　勝幡譜代

第1節　「勝幡譜代」とは

父祖代々の家臣

信長の家系・勝幡《しょばた》織田家が清須織田家から分家してから、父・信秀が天文七（一五三八）年に那古野城へ移転するまでに仕えた家臣を本書では「勝幡譜代」と呼んでいる。

勝幡に城を築いたのは、信長の祖父・織田弾正忠信貞《だんじょうのちゅうのぶさだ》といわれている。勝幡は木曾川流域の商業都市・津島（愛知県津島市）の北東に位置しており、勝幡に城を築いた目的は津島の支配を狙ってのものだろう。

これに対し、大永年間（一五二一〜二八）に津島の在地領主・**津島衆**が、信貞の介入を拒み、大規模な反乱を起こしたが、結局、信貞に鎮圧され、その麾下《きか》に入ったという。この津島衆こそ「勝幡譜代」の代表であろう。

その他に、信秀の事実上の筆頭家老であり、信長の傅役《もりやく》でもある**平手政秀**、信長の乳兄弟である**池田恒興**も「勝幡譜代」であるに違いない。ちなみに、平手・池田家は同族という説があり、両家とも尾張国愛知郡荒子《あらこ》村（名古屋市中川区荒子町）を本拠としていたという伝承を持つ。

荒子といえば、前田利家の生誕地としても有名である。利家自身は小領主の庶子として、那古野城主の信長に仕えた「那古野譜代」に分類されるべきと考えられるが、実家の**前田家**は「勝幡譜代」なのだろう。

また、前田家と姻戚《いんせき》関係があるといわれる**瀧川一益**は、近江国甲賀《こうか》郡（滋賀県甲賀市）出身といわれているが、筆者は尾張出身と考えており、本章で附記しておきたい。

津島衆・南朝遺臣の末裔

「勝幡譜代」は、津島衆と荒子近辺の武士（本書では荒子衆と呼ぶ）に大別される。

津島衆には俗に「津島四家」「津島七党」「津島四苗《みよう》」と呼ばれた有力者一五家があった（「津島四家」と「津島七党」を併せて「津島四家七苗字《みようじ》」と呼ぶこともある）。

より具体的にいえば、「津島四家」の大橋、岡本《おかもと》、山川《やまかわ》、恒河《つねかわ》、「津島七党」の堀田《ほつた》、平野、服部《はつとり》、鈴木《すずき》、真野《まの》、光賀《みつが》、河村、「津島四苗」の宇津宮《うつのみや》、宇佐美《うさみ》、開田《かいだ》、野々村《ののむら》を指す。

かれらの先祖は、南朝・後醍醐《ごだいご》天皇（一二八八〜一三三九）の血筋を引く皇族に従って津島にやってきたという。

すなわち、「浪合記《なみあいき》」という史書に、後醍醐天皇の孫・尹良《ただなが》親王（一三六四？〜一四二四）に

「吉野ヨリ供奉《ぐぶ》ノ武士、大橋修理大夫定元・岡本左近将監高家・山川民部少輔重祐（或ハ朝祐）・恒河左京大夫信矩、此《この》四人ヲ新田家ノ四家ト云《いう》。吉野ヨリ供奉ノ公家ノ庶流、堀田尾張守正重・平野主水正業忠《なりただ》・服部伊賀守宗統・鈴木右京亮重政・真野式部少輔道資・光賀大膳亮為長・河村相模守秀清・此七人ヲ七名字ト号ス。（中略）

永享七（一四三五）年十二月廿九日、良王（尹良親王の子）尾州津島へ入御。四家七名字・宇佐美・開田・野々村・宇津ノ宮、十五人御供ナリ」とある。

ただ、残念ながら、「浪合記」という史書は信憑性《しんぴょう》が低く、どこまでが真実かは不詳である（尹良親王の実在自体が疑問視されている）。しかしながら、津島衆が特異な歴史的背景を持ち、それゆえに堅い結束力を誇っていたことは充分に想像しうる。

津島衆は『信長公記』に首巻と巻十五のみ掲載

「津島四家」「津島七党」「津島四苗」の計一五家は、織田家臣団の中でも古株に属すると思われるが、かれらはどのような活躍を見せたのであろうか。

『信長公記』で一五家の出身者と思われる人物の記事を拾ってみたのだが、首巻と巻十五にしか掲載されていなかった。［表3－1］

すなわち、首巻では、「六人衆と云《い》ふ事」にて、信長の側に仕える六人衆に弓の堀田孫七《まごしち》、鑓《やり》の堀田左内《さない》がいたこと。

備考
「津嶋恒河久蔵」が敵将・日比野下野守を討ち取った。
「堀田道空」は斎藤道三側の介添え役として、信長との面談で尽力。
津嶋では「堀田道空」宅の庭で、信長は踊りを催した。
「弓三張の人数」に「堀田孫七」が掲げられた。
「鑓三本人数」に「堀田左内」が掲げられた。
信忠の使者として「平野勘右衛門」が、信長に木曽義昌内応を伝えた。
「平野勘右衛門」が二条城で信忠とともに討ち死に
「平野新左衛門」が二条城で信忠とともに討ち死に
「服部小藤太」が二条城の信忠軍として明智勢と合戦
「服部小藤太」が二条城で信忠とともに討ち死に
「服部六兵衛」が二条城の信忠軍として明智勢と合戦
「服部六兵衛」が二条城で信忠とともに討ち死に
「服部小平太」が今川義元に掛かり合って、膝を斬られ倒れ伏した。
「津嶋の服部平左衛門」が敵将・長井甲斐守を討ち取った。
「津嶋河村久五郎」が敵将・神戸将監を討ち取った。
野々村三十郎、野々村主水、野々村又右衛門が記載されているが、津嶋衆ではなく、美濃出身らしい。

表3－1：津島衆

区分	名　字	page	巻	題
四家	大　橋			
	岡　本			
	山　川			
	恒　川	74	巻首	もりべ合戦の事
七党	堀　田	26	巻首	山城道三と信長御参会の事
		47	巻首	おどり御張行の事
		50	巻首	六人衆と云ふ事
		50	巻首	六人衆と云ふ事
	平　野	378	巻一五	木曾義昌忠節の事
		420	巻一五	中将信忠卿、二条にて歴々御生害の事
		420	巻一五	中将信忠卿、二条にて歴々御生害の事
	服　部	418	巻一五	中将信忠卿、二条にて歴々御生害の事
		420	巻一五	中将信忠卿、二条にて歴々御生害の事
		418	巻一五	中将信忠卿、二条にて歴々御生害の事
		420	巻一五	中将信忠卿、二条にて歴々御生害の事
		56	巻首	今川義元討死の事
		74	巻首	もりべ合戦の事
	鈴　木			
	真　野			
	光　賀			
	河　村	74	巻首	もりべ合戦の事
四苗	宇津宮			
	宇佐美			
	開　田			
	野々村			

※「page」は角川文庫『信長公記』での掲載ページ。

「今川義元討死の事」にて、服部小平太《こへいた》が今川義元を討ち取る際に功名をあげたこと。

「もりべ合戦の事」にて津嶋の恒河久蔵《つねかわきゅうぞう》、服部平左衛門《へいざえもん》、河村久五郎《きゅうごろう》が敵将を討ち取ったこと。

「おどり御張行《ちょうぎょう》の事」にて、信長が堀田道空《どうくう》宅の庭で踊りを催したこと。「山城道三と信長御参会の事」にて、堀田道空が斎藤道三側の介添え役として、信長との面談に尽力したことが記されている。

また、巻十五では、「木曾義昌忠節の事」にて、平野勘右衛門《かんえもん》が信忠の使者として、信長に木曾義昌《よしまさ》内応を伝えたこと。

「中将信忠卿、二条にて歴々御生害の事」にて、平野勘右衛門、平野新左衛門《しんざえもん》、服部小藤太《ことうた》、服部六兵衛《ろくべえ》が、二条城の信忠軍として明智勢と合戦し、討死したことを掲載するのみである。

つまり、信長の近臣という位置付けで、まだ家臣が少なかった初期の合戦では功名をあげたが、部将としては大成せず、信忠の家臣に編入され、二条城で討死した。それくらいの小さな取り扱いでしかなかったようだ。

ちなみに、羽柴秀吉は津島と縁が深く、正室・寧《ね》の養家である浅野家も津島衆の可能性がある。秀吉が津島衆を大名に登用することは少なかったが、大坂城の門番衆には津島衆が多く採用され、近臣として信用していたことがうかがわれる。

図３−０：勝幡譜代の婚姻関係

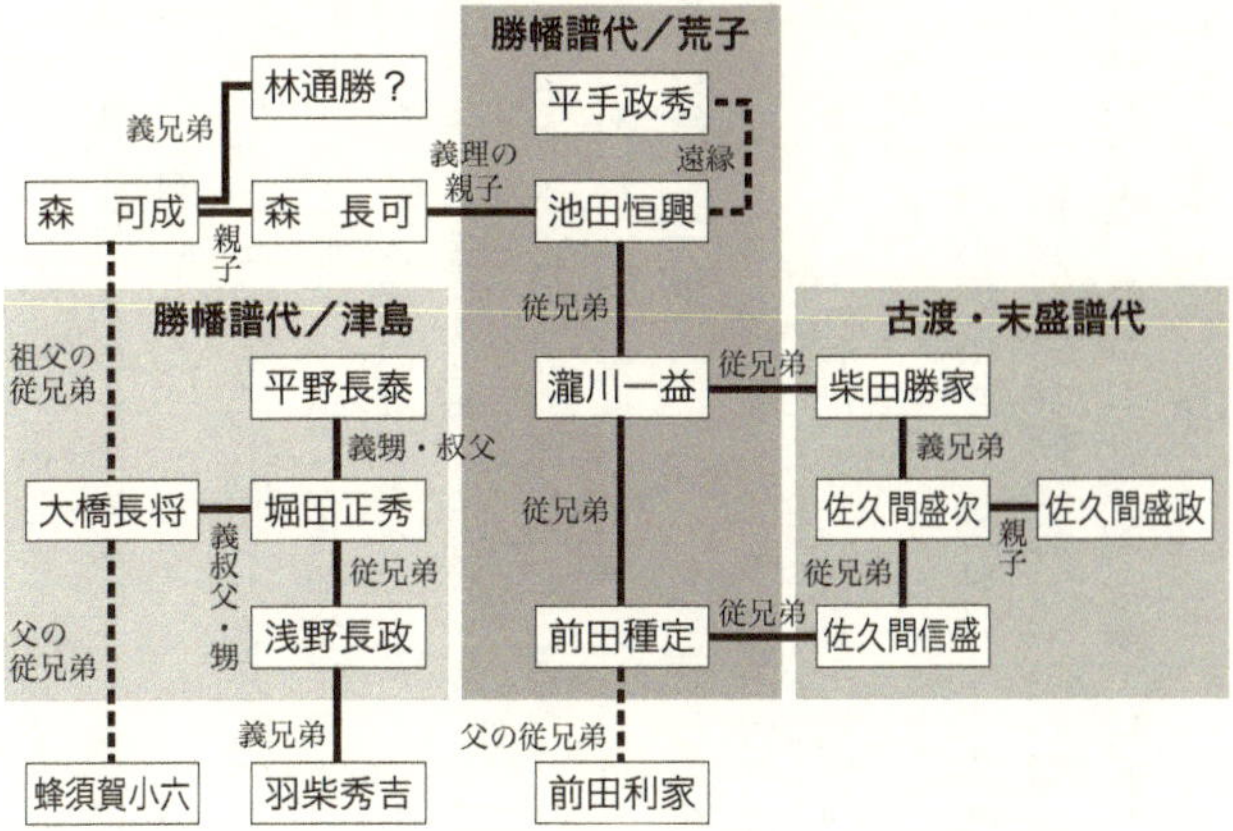

荒子衆はむしろ古渡・末盛譜代に近い

「勝幡譜代」は津島衆と荒子衆から構成されていたが、両者間にはほとんど姻戚関係がなく、むしろ荒子衆と「古渡・末盛譜代」に姻戚関係が認められる。〔図３−０〕

すなわち、前田与《よ》一郎《いちろう》種定《たねさだ》と佐久間信盛が義兄弟、瀧川一益と柴田勝家も義兄弟である。

おそらく、信長の父・信秀が、勝幡から（那古野を経由して）古渡・末盛に拠点を移したため、「勝幡譜代」と「古渡・末盛譜代」の間での婚姻を促し、関係強化に努めたからであろう。

第2節　津島衆・大橋家

津島衆の筆頭

津島衆の筆頭は「津島四家」の大橋家である。

大橋家は、「肥後国（熊本県）大橋発祥の桓武平氏の氏があり、『尾張志』によれば、九州の守護大橋肥後守貞能《さだよし》が平家滅亡のときに尾張国熱田に潜居したという」（『愛知県姓氏歴史人物大辞典』）［図3－1］。

『尾張群書系図部集』所収の大橋系図によれば、貞能の父を家貞《いえさだ》としており、平清盛の家人で、伊賀を本拠とする平家貞・貞能父子のことを指しているらしい。肥後発祥という言い伝えは、肥後守から来る誤伝であろう。また、この系図によると、貞能の子・通貞《みちさだ》が三河国額田《ぬかた》郡大橋に住んで、大橋を名乗ったのだという（三河に大橋という地名はないので、大橋家には三河守を名乗る人物が多いことから来る誤伝であろう）。

ともあれ、鎌倉末期の正慶《しょうきょう》元（一三三二）年、大橋三河守貞高《さだたか》（定高ともいう）が奴野《ぬのや》城（愛知県津島市天王通）を築いて、津島を本拠としたらしい。

先述の津島衆の反乱に対し、織田信貞は津島の寺社や民家を焼き払った後、娘・おくらを大橋家に嫁がせ、「津島四家」「津島七党」と和議を結んだ。大橋家が津島衆の筆頭であることを示す逸話であろう。

ただし、「大橋家譜」によれば、大永四（一五二四）年「時ニ織田家ト和睦有リ。而《しか》シテ同年十一月、信長公息女御蔵《くら》御方、実ハ備後守信秀ノ女《むすめ》、嫡大橋清兵衛重長ニ入輿《にゅうよ》ス。母ハ林佐渡守通村ノ女。是《こ》レヨリ津嶋一輩、信長公ノ麾下ニ属ス」（『津島市史』）と記し、信貞ではなく信長の事績としている。

図３－１：大橋家系図

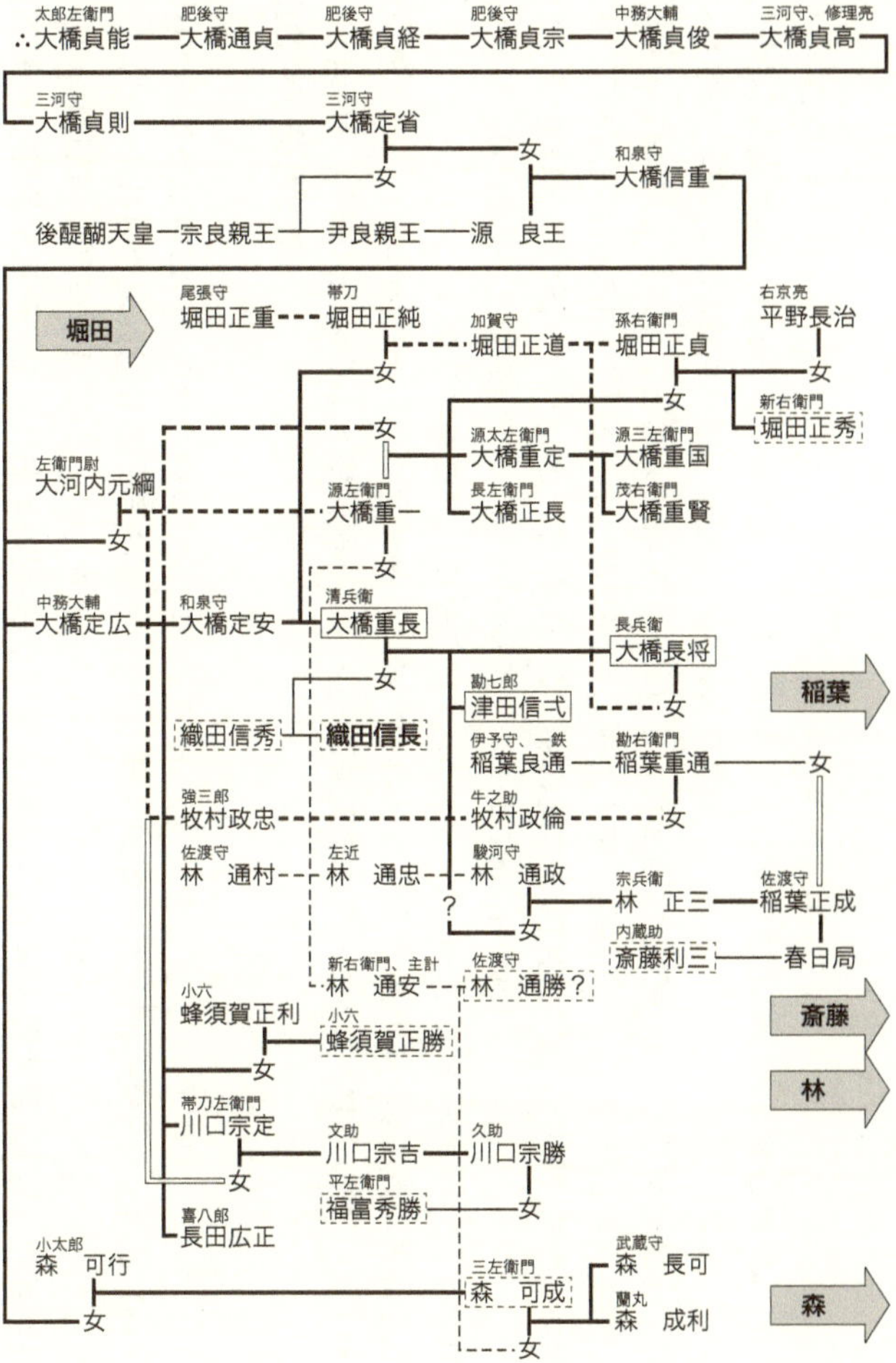

太郎左衛門 大橋貞能
肥後守 大橋通貞
肥後守 大橋貞経
肥後守 大橋貞宗
中務大輔 大橋貞俊
三河守、修理亮 大橋貞高
三河守 大橋貞則
三河守 大橋定省
女
女
和泉守 大橋信重
後醍醐天皇
宗良親王
尹良親王
源　良王
尾張守 堀田正重
帯刀 堀田正純
堀田
加賀守 堀田正道
孫右衛門 堀田正貞
右京亮 平野長治
女
女
女
新右衛門 堀田正秀
女
左衛門尉 大河内元綱
源太左衛門 大橋重定
源三左衛門 大橋重国
源左衛門 大橋重一
長左衛門 大橋正長
茂右衛門 大橋重賢
女
女
中務大輔 大橋定広
和泉守 大橋定安
清兵衛 大橋重長
長兵衛 大橋長将
女
勘七郎 津田信弌
女
稲葉
織田信秀
織田信長
伊予守、一鉄 稲葉良通
勘右衛門 稲葉重通
女
強三郎 牧村政忠
牛之助 牧村政倫
女
佐渡守 林　通村
左近 林　通忠
駿河守 林　通政
宗兵衛 林　正三
佐渡守 稲葉正成
?
女
内蔵助 斎藤利三
春日局
新右衛門、主計 林　通安
佐渡守 林　通勝？
小六 蜂須賀正利
小六 蜂須賀正勝
斎藤
女
林
帯刀左衛門 川口宗定
文助 川口宗吉
久助 川口宗勝
女
平左衛門 福富秀勝
女
喜八郎 長田広正
小太郎 森　可行
武蔵守 森　長可
三左衛門 森　可成
蘭丸 森　成利
女
女
森

織田家との姻戚関係からか、**大橋清兵衛重長**《せいべえしげなが》（？〜一五六五）の子・勘七郎信弌《のぶすけ》（一五五五？〜八二）は織田姓を名乗っている。もっとも、信秀は没年から逆算すると永正《えいしょう》九（一五一二）年生まれで、その娘が大永四年に婚姻を結ぶとは通常考えられない。信弌の生年から考えると、後年に信秀の娘が婚姻したと考えるのが妥当であろう。

華麗なる姻戚関係

『尾張群書系図部集』所収の「大橋家譜」に、大橋清兵衛重長の「母ハ林《はやし》佐渡守通村《みちむら》ノ女」との記述がある。この林通村とは、巷間《こうかん》伝えられている林家の系図によれば、林佐渡守秀貞の祖父にあたる。つまり、重長は林秀貞の従兄弟《いとこ》にあたるのだ（もっとも、後述するように、林佐渡守の系図は信憑性が低く、佐渡守とは別流の林家系図だと筆者は考えている）。

また、羽柴秀吉の右腕として有名な蜂須賀小六正勝《はちすかころくまさかつ》は重長の従兄弟、森三左衛門可成《さんざえもんよしなり》（森蘭《らん》丸《まる》の父）は重長の父の従兄弟にあたる。徳川家康の祖父・松平清康を重長の従兄弟とする説もある。さらに重長の叔父《おじ》・長田喜八郎広正《おさだきはちろうひろまさ》（白次《あきつぐ》）は、三河国碧海郡大浜《あおみおおはま》の長田家の養子となり、その孫・永井伝八郎直勝《でんぱちろうなおかつ》は徳川家家臣で、大名に列した。

大橋家は婚姻を通じて尾張のみならず、美濃の森家、西三河の長田家にまで勢力を拡げていたことを物語っている。

織田部将としては活躍せず、子孫も不詳

津島衆の筆頭で、かつ織田家との姻戚関係もある大橋家ではあるが、『信長公記』には掲載されていない。

重長の子・**大橋長兵衛《ちょうべえ》長将《ながまさ》**（長持《ながもち》とも）は、「美濃多芸《たぎ》郡高畠《たかはた》に在所を持ち、信長に仕える（大橋文書）『甫庵』には馬廻とある。（中略。元亀年間には）信長馬廻の立場ながら、この当時は秀吉に加勢して江北で活躍しており、横山《よこやま》在城だけでなく、宮部の砦で浅井軍と戦っている姿も『甫庵』に見られる」（『織田信長家臣人名辞典』）。

美濃国多芸郡高畠《たかばた》（岐阜県養老《ようろう》郡養老町）は大垣市の南側に隣接する。大橋家は美濃斎藤家からも扶持《ふち》をもらっていたと伝えられ、尾張の西岸のみならず、美濃にも勢力範囲を拡げていたようだ。

ただし、長将の子孫の行方は定かでない。支流の大橋茂右衛門《もうえもん》重賢《しげかた》は「滝川一益、次いで福島正則に仕う。正則改易後、松平出羽守直政に仕え、家老職を勤む」（『尾張群書系図部集』）。茂右衛門については「福島正則に仕えて武功多く、のち池田家に仕えて子孫は備前岡山にあるという」説もある（『愛知県姓氏歴史人物大辞典』）。

第3節　津島衆・堀田家

のちに大出世するも利家の与力止まり

津島衆の中で、後世、もっとも出世したのは、堀田家であろう。

信長に仕えた**堀田新右衛門正秀**《しんえもんまさひで》（?～一六〇六）の曾孫《そうそん》・**堀田筑前守正俊**《ちくぜんのかみまさとし》（一六三四～八四）は、五代将軍・徳川綱吉《つなよし》（一六四六～一七〇九）の擁立に功があって江戸幕府の大老格となり、子孫は下総佐倉《さくら》藩一一万石を領した。

しかし、正秀自身は「天正十年六月前田利家に属し」と記され、前田利家の与力でしかなかったようだ（『寛政重修諸家譜』）。

堀田家は、紀貫之《きのつらゆき》で有名な紀氏の子孫と称している。［図3－2］

『寛政重修諸家譜』によれば、堀田家の先祖・紀行高《きのゆきたか》は、鎌倉幕府八代将軍・久明親王《ひさあきら》（一二七六～一三二八）が京都から下向する際（一二八九年）に罪を得て、尾張国中島郡に配流され、同地を領する大橋肥後守貞豊《さだとよ》の女婿となり、中島郡堀田村（愛知県稲沢市堀田町）を与えられたという（ただし、大橋家の系図では貞豊なる人物は見当たらない。世代的には大橋肥後守貞宗《さだむね》のことと思われる）。

堀田家の歴代当主はいずれも津島衆と婚姻関係を結んでいる。

図3－2：堀田家系図

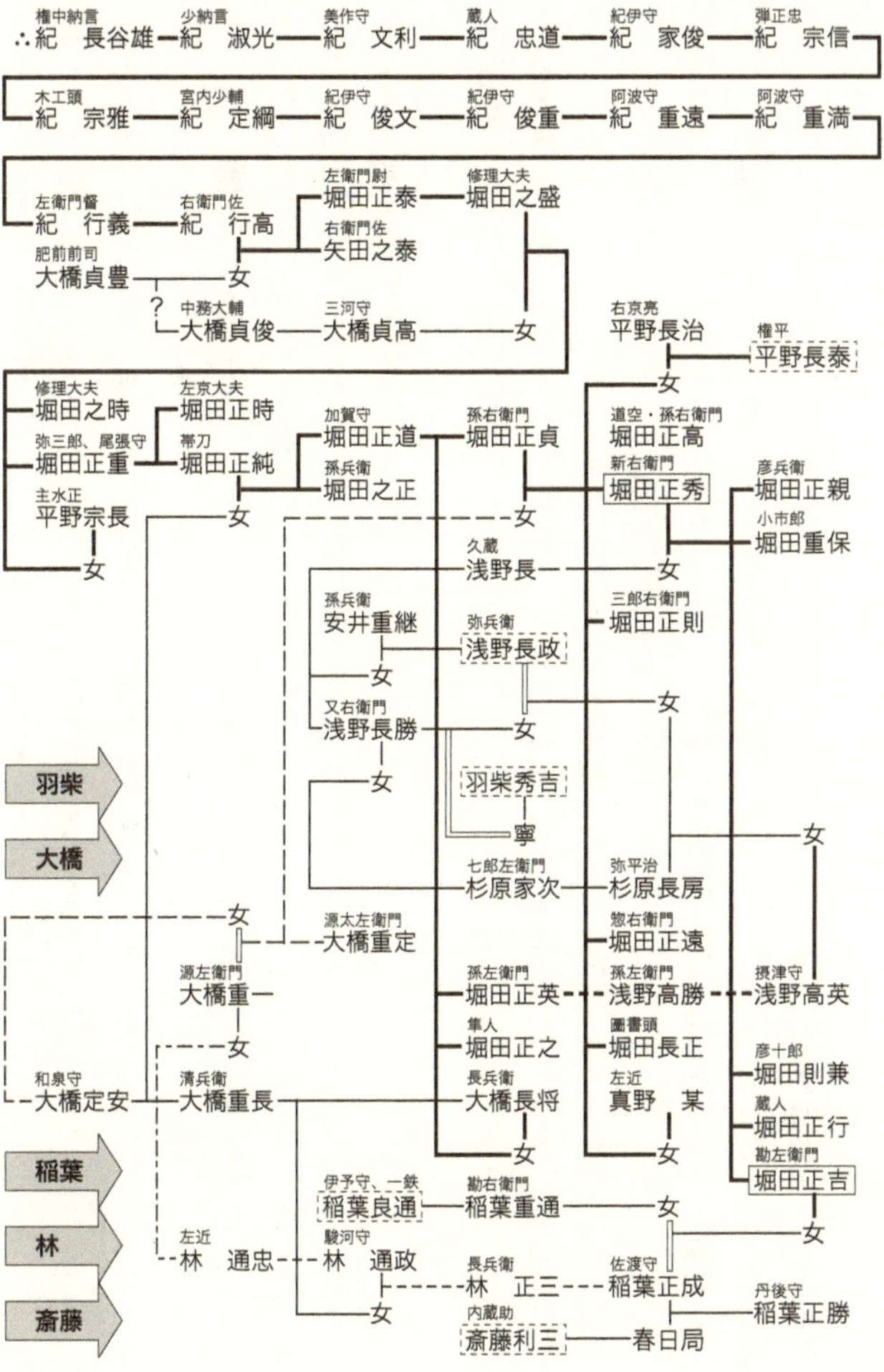

権中納言
∴紀　長谷雄
少納言
紀　淑光
美作守
紀　文利
蔵人
紀　忠道
紀伊守
紀　家俊
弾正忠
紀　宗信
木工頭
紀　宗雅
宮内少輔
紀　定綱
紀伊守
紀　俊文
紀伊守
紀　俊重
阿波守
紀　重遠
阿波守
紀　重満
左衛門督
紀　行義
右衛門佐
紀　行高
左衛門尉
堀田正泰
修理大夫
堀田之盛
右衛門佐
矢田之泰
肥前前司
大橋貞豊
女
?
中務大輔
大橋貞俊
三河守
大橋貞高
女
右京亮
平野長治
権平
平野長泰
女
修理大夫
堀田之時
左京大夫
堀田正時
加賀守
堀田正道
孫右衛門
堀田正貞
道空・孫右衛門
堀田正高
弥三郎、尾張守
堀田正重
帯刀
堀田正純
孫兵衛
堀田之正
新右衛門
堀田正秀
彦兵衛
堀田正親
主水正
平野宗長
女
女
小市郎
堀田重保
女
久蔵
浅野長
女
三郎右衛門
堀田正則
孫兵衛
安井重継
弥兵衛
浅野長政
女
女
又右衛門
浅野長勝
女
女
羽柴秀吉
寧
女
羽柴
大橋
七郎左衛門
杉原家次
弥平治
杉原長房
女
源太左衛門
大橋重定
惣右衛門
堀田正遠
源左衛門
大橋重一
孫左衛門
堀田正英
孫左衛門
浅野高勝
摂津守
浅野高英
女
隼人
堀田正之
圖書頭
堀田長正
彦十郎
堀田則兼
和泉守
大橋定安
清兵衛
大橋重長
長兵衛
大橋長将
左近
真野　某
蔵人
堀田正行
女
女
勘左衛門
堀田正吉
稲葉
伊予守、一鉄
稲葉良通
勘右衛門
稲葉重通
女
女
林
左近
林　通忠
駿河守
林　通政
長兵衛
林　正三
佐渡守
稲葉正成
丹後守
稲葉正勝
女
斎藤
内蔵助
斎藤利三
春日局

・行高の孫・堀田弥三郎之盛《やさぶろうゆきもり》（?～一三七二）の妻が大橋貞宗の曽孫
・之盛の子・堀田弥三郎正重《まさしげ》（?～一三〇七）の妻が恒川久三郎信景《きゅうざぶろうのぶかげ》の娘
・正重の子・堀田弥三郎正純《まさずみ》（?～一四七四）の妻が大橋和泉守貞安（定安《さだやす》）の娘
・正純の子・堀田弥三郎正道《まさみち》（?～一五二七）の妻が服部平左衛門《へいざえもん》某の娘
・正道の子・堀田孫右衛門正貞《まささだ》（?～一五八七）の妻が大河内《おおこうち》（大橋）源左衛門重一《げんざえもんしげかず》の娘

また、堀田正秀の姉妹が、津島衆の平野右京進長治《うきょうのしんながはる》、真野左近《さこん》、堀田右馬允《うまのじょう》、堀田将監《しょうげん》、堀田新太郎《しんたろう》、堀田内蔵助《くらのすけ》に嫁ぎ、正秀の娘が河村孫吉《まごきち》、堀田左平太《さへいた》、鈴木孫九郎《まごくろう》に嫁いでおり、かれらも津島衆と考えられる。

堀田道空　斎藤道三の家老？

堀田家と強い姻戚関係にある大橋家がそうであったように、堀田家もまた美濃に勢力を伸ばしていた。天文二二（一五五三）年四月に信長が斎藤道三と濃尾国境で会見した際、道三側の介添え役として尽力したのが、一族の堀田道空《どうくう》である。

『甫庵《ほあん》信長記』によれば、そもそも天文一八（一五四九）年の織田信秀と斎藤道三の講和は、斎藤側の「春日丹後守堀田道空方より、平手中務大輔（政秀）へ、和睦の扱を致す」ことにはじまったという。つまり、その際に成立した信長と濃姫《のうひめ》の縁談にも、堀田道空が奔走した可能性が高い。

『戦国大名家臣団事典』（西国編）によれば、春日丹後は「実名は不詳。竜興の家老という」。堀田道空も「斎藤家の家老という」記述しかなく、素っ気ない限りである。『信長公記』の首巻の「おどり御張行の事」では、信長が堀田道空宅の庭で踊りを催しており、斎藤家と織田家に均等な関係を維持していたような印象を受ける。

浅野家から稲葉家へ拡がる姻戚関係

正秀の代まで堀田家の婚姻関係は津島衆を相手にしたものが主体だった。ところが、正秀の子・**堀田勘左衛門正吉《まさよし》**（一五七一〜一六二九）の代に婚姻関係が一転する。

正吉の妻は、美濃出身の稲葉佐渡守正成《まさなり》の娘であり、正吉の孫・堀田正俊が、稲葉正成の後妻・春日局《かすがのつぼね》（徳川家光の乳母。一五七九〜一六四三）の養子になったことで、正俊は幕府で出世するきっかけをつかむのだ。

堀田正吉は、「はじめ織田右府（信長）につかへ、後浅野長政に属し、豊臣太閤筑紫《ちくし》及び東国征伐のとき、これに従ひしばしば戦功あり。文禄元年より小早川隆景に仕ふ。慶長二年七月筑前《ちくぜん》中納言（小早川《こばやかわ》）秀秋《ひであき》にしたがひ（中略）秀秋卒してのち、故ありてその家を退去」した（『寛政重修諸家譜』）。

正吉が浅野長政《ながまさ》に属していた理由は、正吉の母が浅野久蔵長一《きゅうぞうながかず》の娘であることに由来する。『尾張群書系図部集』では、久蔵を浅野長政の養父・浅野「長勝の兄の又蔵《またぞう》長忠（のこと）

カ」と推測している。

浅野家は尾張国丹羽郡浅野村（愛知県一宮市浅野）の発祥で、長政も同村の出身といわれているが、『尾張群書系図部集』掲載の「御家御系図」では養父の長勝《ながかつ》、およびその父・長詮《ながあき》を「津島に住す」と記しており、『太閤素性記』も浅野家を「津島ノ住」としている。浅野家もまた津島衆に属していた可能性が高い。

浅野長勝の養女が北政所《きたのまんどころ》（寧。秀吉の正室）で、小早川秀秋は北政所の甥《おい》（実兄の子）なので、正吉と秀秋は広義の親戚ということになる。稲葉正成は秀秋の家老を務めていたので、その縁で堀田正吉との婚姻が成立したのだろう。

ちなみに、秀吉自身も「堀田氏を『久しき友人』と呼んでいたこと。幼い頃、その堀田一族で津島神社の神官・堀田板東大夫の家に奉公していたこと」があったという（『秀吉神話をくつがえす』）。堀田一族は秀吉の側近くに仕え、大坂冬・夏の陣では数人が大坂城に立て籠《こ》もっている。

第４節　傅役・平手政秀

信秀・信長の家老

那古野城の「二長《にのおとな》」平手中務丞政秀《ひらてなかつかさのじょうまさひで》（一四九二～一五五三）は織田信秀がもっとも信頼を寄せた家老であり、信長の傅役でもある。

天文一二（一五四三）年五月に信秀が皇居修繕に巨費を献上すると、政秀は信秀の使者として上洛《じょうらく》し、石山本願寺《いしやまほんがんじ》にも訪れている。「言継卿記」では、山科言継《やましなときつぐ》が飛鳥井雅綱《あすかいまさつな》とともに平手邸を訪れ、その豪華さに驚いている。財力のある勝幡織田家の事実上の筆頭家老だから、かなり富裕だったようだ。

天文一七（一五四八）年、清須織田家と勝幡織田家が対立すると、その和議の斡旋《あっせん》に奔走。美濃斎藤家との和議を成功させ、信長と濃姫《のうひめ》（奇蝶、斎藤道三の娘）との婚姻を成立させた。

天文二二（一五五三）年閏《うるう》一月に自刃。諫死《かんし》とも、子息と信長が不和になったためともいわれているが、筆者は美濃斎藤家との和議を成功させ、清須織田家の遺恨を買ったためだと考えている（『織田家臣団の謎』）。

徳川家と同祖？

平手家の系図としては、『尾張群書系図部集』所収の「平手・野口氏系図」があるが、この系図は信憑性が低いと極めて評判が悪い。

その「平手・野口氏系図」によれば、平手氏の先祖は世良田右京亮有親《せらだうきょうのすけありちか》だという。有親は三河松平家（徳川将軍家）の祖・松平太郎左衛門親氏《たろうざえもんちかうじ》の父とされる人物で、徳川家康の遠い先祖に当たるが、実在していたか確証はない。［図３－３］

津島衆の来歴を語っていた「浪合記」には、有親の祖父といわれる世良田大炊助政義《おおいのすけまさよし》が登場する。好意的に解釈するならば、津島衆の先祖と同じく、平手家の先祖も尹良親王を供奉《ぐぶ》して尾張に流れ着いたというストーリーにしたのかもしれない。

なお、「平手・野口氏系図」では、上野国《こうずけ》（群馬県）生まれの有親が尾張国愛知郡一柳《ひとつやなぎの》庄荒子村《しょうあらこ》（名古屋市中川区荒子町）に来て、その子・平手五郎左衛門尉義英《ごろうざえもんのじょうよしふさ》（一四三一～八六）が尾張国愛知郡平天《ひらて》城主となって平手を称したと記述しているが、それがどこなのかも不詳である（名古屋市緑区に平手南、平手北があるが、その発祥は一六五三年に開かれた平手新田《しんでん》に由来するらしい）。ここでも信憑性が低い。

義英はその後、春日井郡小木《こき》村（愛知県小牧市小木）に移り住み、その子・平手五郎左衛門尉英秀《ふさひで》（一四五一～一五〇〇）が小木城主および志賀《しが》（名古屋市北区平手町）城主となり、その孫を政秀とする。

図３－３：平手家・池田家系図

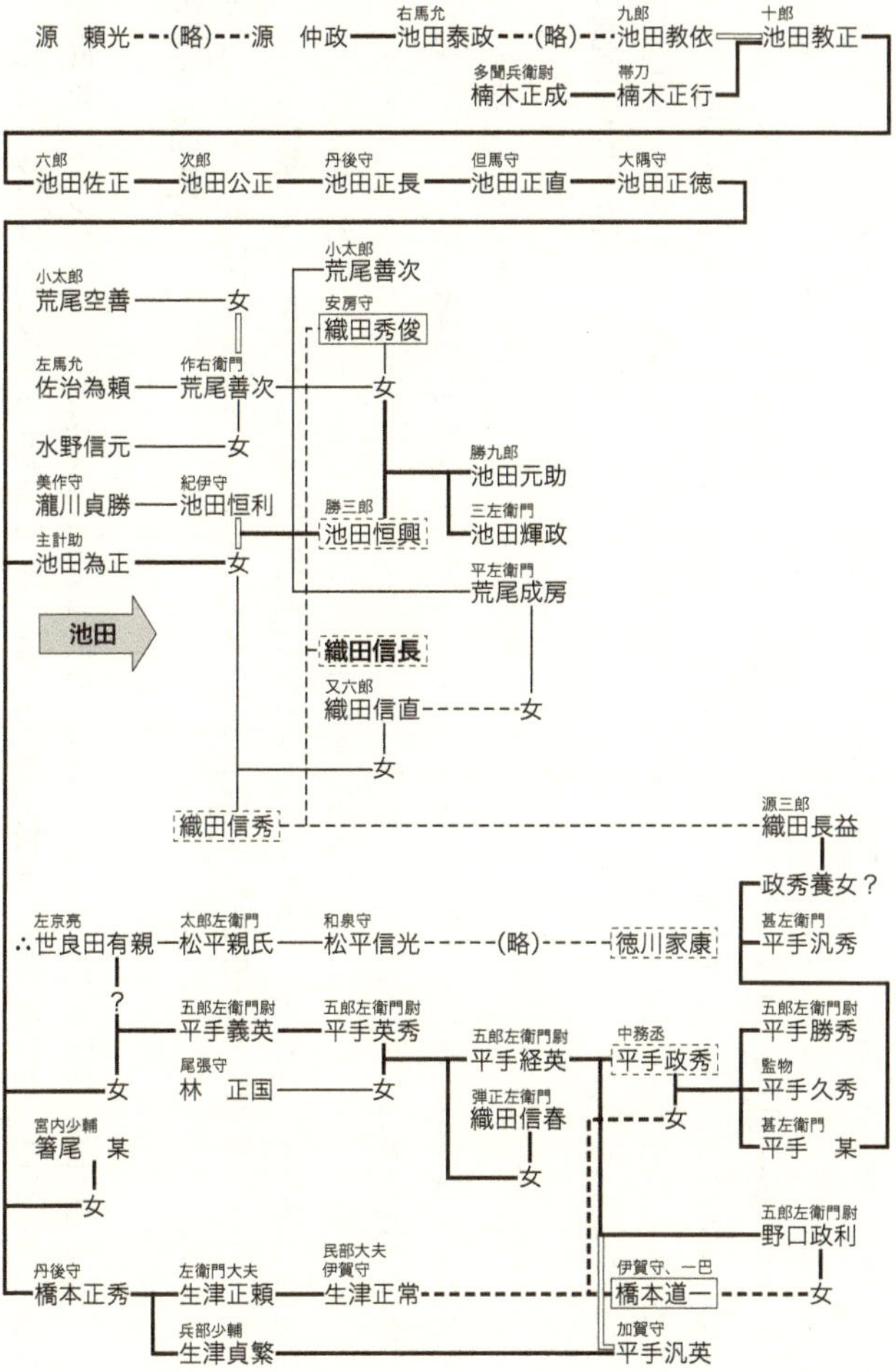

たしかに、政秀は志賀城主であるが、それは信秀が那古野城攻略に成功し、その北方にある志賀城を与えられたからであろう。祖父の代から志賀城だったという伝承は信じがたい。

池田家と同祖？

また、「平手・野口氏系図」では、義英の母を池田大隅守正徳《おおすみのかみまさのり》の娘としている。

一方、池田家では、正徳を池田勝三郎恒興の曾祖父としている。つまり、平手政秀の祖父が池田恒興の又従兄弟になってしまい、まったく時代が合わない。

このように「平手・野口氏系図」はほとんど信用に足らないものなのだが、平手家の先祖が荒子村に居住し、池田恒興と血縁関係があったことをわざわざ記しているからには、それに近い事実があったのかもしれない。

政秀の子どもたち

『信長公記』によれば、政秀には三人の男子がいた。すなわち、「一男五郎右衛門、二男監物、三男甚左衛門とて兄弟三人これあり」と記している。また、「言継卿記」によれば政秀には少なくとも二人の男子が有り、長男が平手助次郎勝秀《すけじろうかつひで》、次男の名は不明だが当時七歳（一五二七年生まれ）だったという。

三方原《みかたがはら》の合戦に援軍として参加し、討死した**平手甚左衛門汎秀**《じんざえもんひろひで》（一五五三？～七二）は、『信長公記』で記された三男「平手甚左衛門」だと考えられている。

汎秀は「政秀の三男とも、孫ともいう。没年時十九歳という説もあり（陳善録）、孫というのが正しいかも知れない」と指摘されている（『織田信長家臣人名辞典』）。

おそらく、政秀の三男・甚左衛門の子が汎秀なのだろう。父の通称・甚左衛門を世襲したので、混乱してしまったのではないか。

一方、「平手・野口氏系図」では、政秀の子に久秀（別名・宗政《むねまさ》、幼名・狛千代丸《こまちよまる》、通称・五郎左衛門、監物《けんもつ》、久左衛門《きゅうざえもん》、加賀守）のみを載せ、久秀の子を汎秀（別名・季胤《すえたね》、幼名・秀千代丸、通称・五郎左衛門、甚左衛門尉、監物）として、汎秀が実は政秀の孫であり、政秀の養子になったという体裁を取っている。また、政秀の弟に野口政利（通称・五郎左衛門、五郎右衛門《ごろうえもん》）を掲げ、「兄政秀の子とす」と記し、あたかも政秀が弟・政利を養子にしたように記述している。

政秀の姻戚関係

「平手・野口氏系図」によれば、政秀の妻は、鉄砲の名人で知られる橋本一巴《はしもといっぱ》の姉妹で、遠縁にあたるという。また、孫・汎秀の母を加藤清正《かとうきよまさ》の姉としている。加藤清正の生まれは不詳だが、極めて低い階層の出身であることは疑いなく、勝幡織田家の家老・平手家との縁談は、さすがに無理がある。

なお、政秀の叔母《おば》を「楽田《がくでん》村城主、織田弾正左衛門《だんじょうざえもん》信春妻」と記しているが、この信春が誰を指しているかが定かでない。

また、『寛政重修諸家譜』では、信長の弟で、茶人としても著名な織田有楽斎長益《うらくさいながます》（一五四七～一六二一）の妻を「平手中務小輔政秀の女」としている。政秀の次男が一五二七年生まれだと、世代的に難しい気がする。おそらく、汎秀の姉が政秀の養女になったのだろう。

第5節　乳兄弟・池田恒興

信長の乳兄弟

池田勝三郎恒興（一五三六～八四）は、信長の乳兄弟（乳母の子）として、幼時から信秀に仕えた。通称は勝三郎、一説に紀伊守。諱《いみな》は恒興。諱を信輝《のぶてる》とする書もあるが、信長と次男・輝政から創った偽名であろう。法名は勝入《しょうにゅう》（斎）。

『寛政重修諸家譜』によれば、星崎城攻めで功名を表し、弘治元年四月（天文二一年八月の誤り）の萱津《かやづ》合戦で一番首を挙げ、弘治三年（永禄元年の誤り）の信勝暗殺にも実行部隊として活躍。浮野《うきの》・桶狭間の合戦でも軍功があったという。

永禄五（一五六二）年五月の軽海《かるみ》合戦で佐々成政とともに敵将・稲葉又右衛門《またえもん》を討ち取り、「『池田家譜』によれば、永禄九年に木田城に移り、荒尾谷三千貫を領有したという。（中略）

元亀元年、犬山城とその周辺の地一万貫を与えられた、と『池田家譜』『池田家履歴略記』にある」(『織田信長家臣人名辞典』)。

姉川の合戦、槙島《まきのしま》城攻めに従うが、天正二(一五七四)年頃、織田信忠が一軍を任されるようになると、河尻秀隆《かわじりひでたか》とともに副将格としてその指揮下に加わり、東美濃方面の武田軍の抑えとなる。

天正六(一五七八)年一一月に摂津有岡城の荒木村重が謀叛《むほん》を起こすと、天正八(一五八〇)年、恒興は花隈《はなくま》城を陥落させ、摂津を与えられる。天正一〇(一五八二)年五月、羽柴秀吉の中国遠征の援軍を命じられるが、本能寺の変で一転、山崎の合戦に参戦する。清須会議では、柴田勝家・丹羽長秀・羽柴秀吉とともに「宿老」待遇で参加、秀吉を支持し、大坂・尼《あま》崎《がさき》・兵庫の一二万石を得る。

賤ヶ岳の合戦には参加しなかったが、柴田勝家の旧領のうち、美濃を与えられ、大垣城に入り、嫡子・池田元助《もとすけ》を岐阜城に置く。天正一二(一五八四)年四月、小牧・長久手の合戦で秀吉に与《くみ》し、徳川軍に対する奇襲を提案するが、家康に見抜かれて逆襲に遭い、討ち死にした。享年四九。

池田家の系図

池田家の系図もはっきりしない。[図3-4]

池田家の公式見解としては、「池田右馬允奉政《うまのじようともまさ》が末孫、摂津国の住人九郎教依《のりより》楠正行《くすのきまさつら》が遺《い》腹《ふく》の子を養ひて十郎教正《のりまさ》と名づく。（中略）それより数代相継《あいつい》て摂津国に居住す。恒利《つねとし》はその後胤《こういん》なり」という（『寛政重修諸家譜』）。そして、恒利の子を恒興としている。

池田奉政は通常、泰政《やすまさ》と呼ばれ、源《みなもとの》頼光《よりみつ》の高孫（孫の孫）で源《みなもとの》頼政《よりまさ》の弟にあたる。池田家といえば泰政の家系が著名なので、その流れを汲《く》むといいながら、楠木正行《くすのきまさつら》（正成《まさしげ》の子）の遺児を養子に迎えて、血縁の上では楠木正成の子孫という。いいとこ取りである。

摂津の池田家といえば、荒木村重の旧主・**池田筑後守勝正《かつまさ》**がいる。

勝正は信長に仕え、元亀元（一五七〇）年六月に同族内紛争により出奔している。その後、摂津は池田家の重臣・荒木村重が治めた。村重は謀叛を起こし有岡城に立て籠もったが、観念して天正七（一五七九）年九月に逃亡した。

池田恒興がその後処理《あと》を任された。投降した荒木遺臣は恒興の与力とされ、抵抗する残党は一掃された。その後、恒興は信長から摂津を与えられている。

近畿《きんき》の池田一族は「正」の字を諱に持つ者が多く、その一族から恒興が系図を譲り受け、池田泰政や楠木正成の末裔《まつえい》を称するようになったのではないか。

瀧川一益の従兄弟？

『寛政重修諸家譜』によれば、恒興の父・池田紀伊守恒利は「万松院《ばんしょういん》義晴（室町幕府一二代将

図3－4：池田家系図

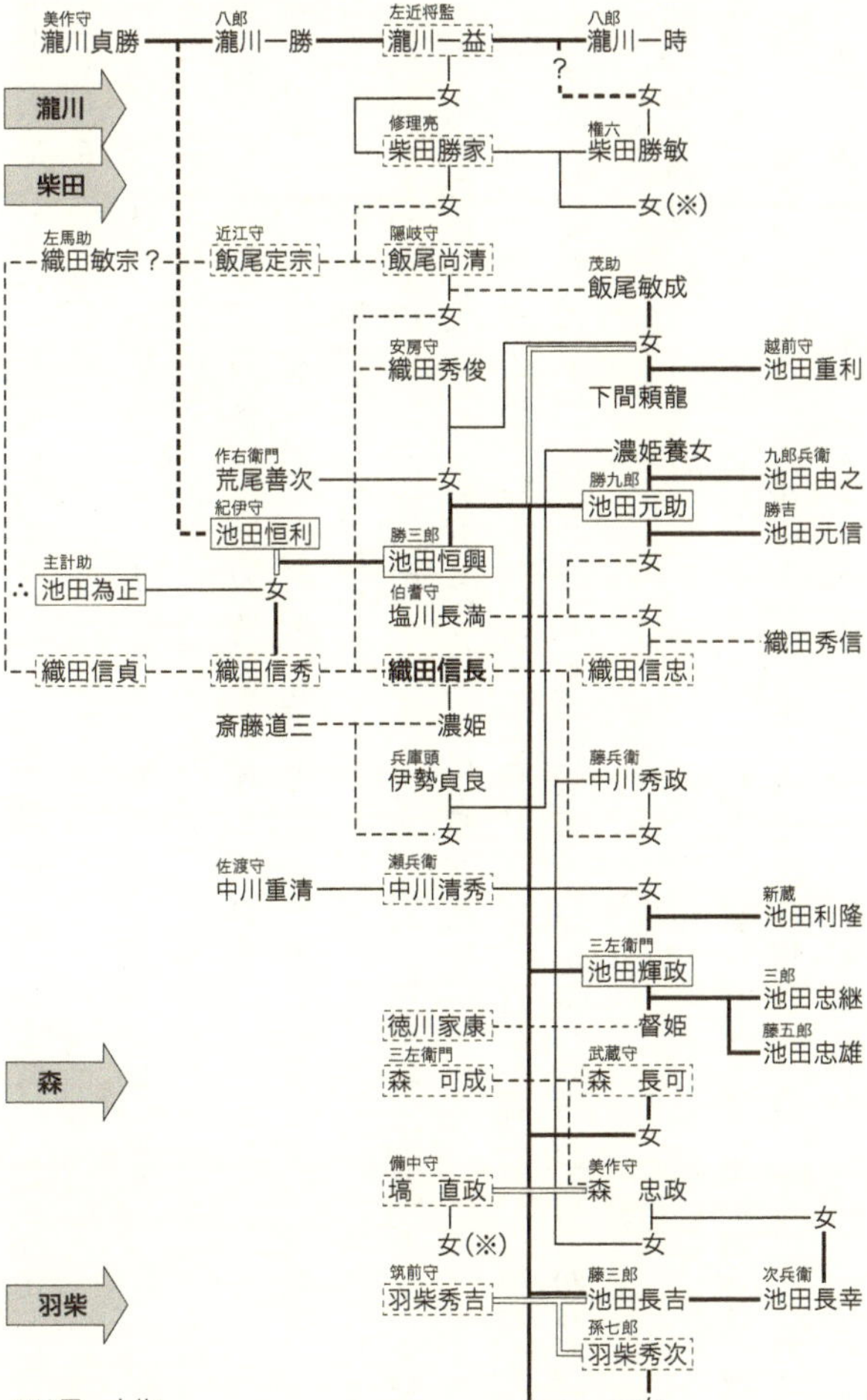

※は同一人物。

軍・足利義晴《よしはる》）につかへ　のち尾張国にうつり、近江国池田某の女を娶《めと》る。これ織田右府《うふ》（信長）の乳母たり」と記されている。

つまり、父の代まで足利幕府に仕えていたというのだが、にわかに信じがたい。

また、恒利は近江の瀧川美作守貞勝《みまさかのかみさだかつ》の次男で、池田家の婿養子になったという説がある。この説を信じれば、池田恒興は瀧川一益の従兄弟ということになる。

和田裕弘氏は、瀧川一益について「信長の乳兄弟である池田恒興（勝三郎）とは縁戚（一説には従兄弟）であり、恒興を通じても信長とのつながりが見られる。恒興は、滝川勝三郎と名乗った時期があったという。池田家の出自も諸説あるが、津島の堀田氏と縁戚であり、一益も津島衆とのつながりがあった」と記している（『織田信長の家臣団』）。

筆者は、瀧川一益と池田恒興が従兄弟という説を信じている。近江の瀧川家の居城近くに池田村（滋賀県甲賀市甲南町池田）があるので、池田家もまた近江出身だと考えているからだ。

恒興の本貫地

尾張における池田家の本拠地は荒子村らしい。『尾張群書系図部集』所収の「池田氏系図」によれば、恒利の父（養父？）の池田主計助為正《かずえのすけためまさ》（池田丹後守正秀《まさひで》とする説もある）が「幼時尾州荒尾村に来たり」と記し、恒利も「荒子村に居住す」と記されている。

これに対し、谷口克広氏は、池田恒興の「尾張内の所領については不明だが、海東郡一色《いっしき》村の左介という者が、与力として付属していた、と『公記』にあり、恒興の所領も海東郡にあったものと推測される」と記している（『織田信長家臣人名辞典』）。

一色村《いっしき》（愛知県稲沢市片原一色町《かたはらいしき》）には、信長の鉄砲の師といわれる橋本伊賀守道一《いがのかみみちかず》（道求一巴《いっぱ》、平手政秀の義兄弟）の居城・一色城《いっしき》がある。この橋本一巴も、系図では池田恒興の一族（従兄弟の子）とされている。

妻の実家は知多郡の有力者

恒興の妻は、**荒尾作右衛門善次《よしつぐ》**（一五〇八～九〇）の娘で、織田安房守秀俊（信長の異母兄弟。?～一五五六）の元妻である。

荒尾家は知多郡北部を代表する国人領主であり、『東海市史《とうかい》　通史編』では鎌倉・室町時代の記述を荒尾家中心に記述している。現在の市町村規模の領地を治めていた有力者ということだ。

もっとも、結婚した時、義父の善次が荒尾を名乗っていたかは定かでない。

『東海市史　通史編』によれば、「弘治二年（一五五六）九月、木田城主荒尾空善が死亡し、信長の命令で大野の佐治氏より男子が迎えられ、荒尾善次となっている」という。

織田秀俊の死去は弘治二年六月なので、その三ヶ月後に善次が荒尾家の家督を継ぎ、その一連の流れとして、秀俊の元妻と恒興が再婚したと考えられる。

この項の冒頭で述べたように、『池田家譜』によれば、永禄九（一五六六）年に恒興は木田城（愛知県東海市大田町《おおたまち》）に移っており、事実上の荒尾家の当主として迎えられた可能性が高い。

当然、荒尾一族は恒興の与力となり、恒興の動員兵力を格段に高めたと思われる。なお、「天正の頃、荒尾成房（善次の次男）が池田信輝（恒興）に仕え、三千貫の地を賜り、与力八十騎の長となった」（『三百藩家臣人名事典』）との伝承もあるが、定かでない。

信長は、乳兄弟の恒興を有力国人領主の娘婿にすることで、家中での登用を容易にしたのであろう。

妻の連れ子から飯尾家、柴田勝家へ繋がる閨閥

秀俊の元妻には連れ子がいた。彼女は恒興の養女として飯尾茂助敏成《いいのおもすけとしなり》（?～一五八二）に嫁いだ（『寛政重修諸家譜』）。ただし、『群書系図部集』所収の織田系図では、嫁ぎ先を村井吉兵衛《きちべえ》［長門守貞勝《ながとのかみさだかつ》の子］としている）。

敏成は、織田一族・飯尾近江守定宗《さだむね》（?～一五六〇）の孫、飯尾隠岐守尚清（一五二八～九一）の長男にあたる。

和田裕弘氏によれば、柴田勝家の前妻は定宗の娘（?～一五七六）であり（『織田信長の家臣団』）、勝家は飯尾敏成の義叔父にあたる。さらに敏成の母は信長の姉妹なので、恒興は養女の

嫁ぎ先から織田一族の飯尾家、さらに柴田勝家へと姻戚関係を拡げていったのだ。

織田家との婚姻関係

恒興と織田家の姻戚関係は飯尾家にとどまらない。

実は、恒興の母（信長の乳母）は、信長の異母妹を産んでいるのだ。

事実関係を整理すると、「天文五年（一五三六）に夫の恒利との間に一子勝三郎恒興を産み、その直後に信長の乳母に迎えられ、同七年三月に夫と死別すると、その後に信秀の側室となり、天文二十一年（一五五二）に一女を儲けたのである」（『織田信長総合事典』）。

その娘は小田井織田家の織田又六郎《またろくろう》信直に嫁いでいる。ちなみに恒興の義弟・荒尾平左衛門《へいざえもん》成房《なりふさ》（一五五六～一六三〇）の夫人も信直の娘であるが、年齢的に信秀の娘の子ではないと思われる。

その上、恒興は、嫡男・元助を介して織田家と深い姻戚関係を結んでいる。

恒興の嫡男・**池田勝九郎元助《もとすけ》**（之助ともいわれるが、元助の誤写らしい。一五五九？～八四）は、信長の嫡男・信忠と強い姻戚関係がある。

「元助の妻は伊勢《いせ》貞良《さだよし》の娘だが、貞良室は信長の正室濃姫の妹であり、その娘は濃姫の姪にあたる。濃姫はこの姪を養女としていたが、養徳院《ようとくいん》（信長の乳母。恒興の母）の希望により、元助に娶《めあわ》せた。また、もう一人の妻（後室か）は、塩川長満の娘である。信忠の妻も長満の娘であり、元助と信忠は相婿になる。父親同士が乳兄弟であり、本人同士は相婿という近い関係にあった」（『織田信長の家臣団』）。

さらに、天正九（一五八一）年、信長の子・津田源三郎信房（一般には武田勝長。？〜一五八二）が甲斐武田家の人質から織田家に戻されると、恒興の婿養子として犬山城主に据えられたらしい。

つまり、池田元助は先妻が濃姫の養女、後妻が三法師（織田秀信。一五八〇〜一六〇五）の伯母《お》にあたり、信長の実子・信房を養弟に迎えている。信忠政権が発足した際には、その閨閥《けいばつ》により、宿老の座を約束されたエリートだったのだ。

秀吉との姻戚関係

実は、恒興は秀吉とも姻戚関係がある。

恒興の三男・**池田藤三郎長吉《ながよし》**（一五七〇〜一六一四）が、本能寺の変の前年の天正九（一五八一）年に羽柴秀吉の養子になっているのだ（のち池田に復姓）。

当時、秀吉と恒興は非常に似た境遇に置かれていた。養子に迎えた信長の実子（秀勝、信房）に居城（長浜城、犬山城）を預け、西国（播磨、摂津）に新たな拠点を築きつつあった。秀吉とすれば、次世代のエース・元助を抱える池田家と関係強化を図りたかったのだろう。しかも、新拠点は隣国同士である。

さらに本能寺の変後、秀吉は「中国の大返し」で姫路に戻り、恒興と光秀討伐について会談すると、「豊臣秀次をもつ《っ》て信輝（恒興）が聟とし、二男輝政を太閤（秀吉）の養子となすべしと契約」したという（『寛政重修諸家譜』）。輝政の養子話は立ち消えになったようだが、恒興の次女と秀次の縁談は実現している。

長吉は、秀吉が天下を取ると池田姓に復して一万石の大名に取り立てられる。関ヶ原の合戦では兄・輝政に従って徳川方につき、因幡鳥取藩六万石を与えられた。

長吉の子・池田備中守長幸《ながよし》（一五八七〜一六三二）は大坂夏の陣で武功を表し、元和三（一六一七）年に備中松山《まつやま》藩六万五〇〇〇石に転封となったが、孫・池田出雲守長常《ながつね》（一六〇九〜四一）に男子なく、無嗣廃絶となった。

森可成との姻戚関係

秀吉の必死な抱え込み策が功を奏したのか、清須会議で池田恒興は常に秀吉に味方している。

小牧・長久手の合戦では秀吉軍として徳川軍と戦い、嫡男・元助、および女婿・森武蔵守長《なが》可《よし》とともに討ち死にした（恒興を直接討ち果たした徳川家家臣・永井伝八郎直勝は、森長可の遠縁［又従兄弟の子ども］にあたる）。

女婿・森武蔵守長可《ながよし》（長一《ながかづ》ともいう。一五五八〜八四）は、森三左衛門可成《さんざえもんよしなり》（一五二三〜七〇）の次男に生まれ、父、および長兄・森伝兵衛可隆《でんべえよしたか》（一五五二〜七〇）の討ち死に後に、森家の家督を継いだ。

恒興の長女は、長可が討死した後、秀吉政権の中老・中村式部少輔《しきぶのしょう》一氏《かずうじ》と再婚した。一氏は、瀧川一益の父が住んでいたという近江国甲賀郡多喜《たき》村（滋賀県甲賀市甲賀町滝《たき》）の出身だという。

なお、森可成の末男・森忠政《ただまさ》と、恒興の次男・輝政はともに中川清秀の娘を妻に迎えている。これも偶然ではなく、池田・森家の婚姻関係を深めるためのものであろう。

恒興の子女

池田恒興の閨閥は幅広く、系図には書き切れなかったので、子女すべてを以下に記しておこう。『寛政重修諸家譜』によれば、恒興には四男四女、一養女がある（★は嫡出）。

・長男★池田勝九郎元助（一五五九？～八四）妻は伊勢貞良の娘、塩川長満の娘
・次男★池田三左衛門《さんざえもん》輝政（一五六四～一六一三）妻は中川清秀の娘、徳川家康の娘
・三男★池田藤三郎長吉（一五七〇～一六一四）羽柴秀吉の養子。妻は伊木忠次の娘
・四男★池田橘左衛門《きつざえもん》長政《ながまさ》　妻は加藤嘉明《よしあき》の娘。輝政の家臣となる。
・養女★飯尾敏成の妻、のち本願寺の坊官・下間頼龍《しもつまらいりゅう》に再縁する。
・長女　森　長可の妻、のち中村一氏《かずうじ》（豊臣政権の三中老）に再縁する。
・次女　豊臣秀次の妻

・三女　山崎家盛《いえもり》の妻
・四女　浅野幸長《よしなが》の妻

恒興の子女は、秀吉の有力部将と婚姻を重ねた。四男の池田長政は、賤ヶ岳七本槍《やり》の一人・加藤左馬助《さまのすけ》嘉明の娘と結婚し、四女は浅野左京大夫《さきょうのたいふ》幸長と結婚した。幸長は秀吉の義弟・浅野長政の嗣子である。

ピンとこないのが、三女と結婚した山崎左馬允《さまのじょう》家盛（一五六七～一六一四）であろう。

山崎家は、宇多《うだ》源氏佐々木支流と称し、近江国犬上《いぬかみ》郡山崎村を拠点とした。代々、佐々木氏の嫡流・六角家に仕えていたが、山崎源太左衛門片家《かたいえ》（初名・賢家、堅家とも。一五四七～九一）は永禄六（一五六三）年に起こった六角家の御家騒動（観音寺《かんのんじ》騒動）に不服を唱え、山崎城に帰城。永禄一一（一五六八）年に信長が近江に侵攻すると、これに従った。本能寺の変では光秀に従ったが、すぐさま秀吉に鞍替《くらが》えして山崎城を安堵《あんど》された。

山崎家盛は片家の子であるが、父子ともに特に武功があったわけではなさそうだ。だが、閨閥はすばらしい。

家盛の姉妹は加藤清正の正室となり、弟・百助《ももすけ》は清正の養子になっている（のち山崎家に復籍）。また、もう一人の姉妹が別所《べっしょ》豊後守吉治《よしはる》に嫁いでいるが、吉治は福嶋正則の甥にあたる。正則の姉が、吉治の父・別所重棟《しげむね》の妻だからだ（吉治を、重棟の甥・別所長治《ながはる》の子とする説もある）。

つまり、加藤清正と福嶋正則という秀吉家臣の二枚看板を姻戚に持つ、閨閥エリートだったのだ。恒興（もしくは輝政）はいいところに目を付けたものである。

「西国将軍」と呼ばれた次男・池田輝政

恒興の次男・**池田三左衛門照政**（のち輝政。一五六四～一六一三）は、はじめ摂津の有力部将・中川瀬兵衛《せびょうえ》清秀《きよひで》（一五四二～八三）の娘を妻にしていたが、夫人は病を得て離婚を余儀なくされる。

ここで、気配りの人・秀吉は、輝政の父・恒興を討った徳川家康との仲を取り持つべく、家康の次女・督姫《とくひめ》と輝政の再婚を斡旋した。

そのおかげで、輝政はすっかり徳川家寄りの部将になってしまい、関ヶ原の合戦で大活躍をして豊臣家の没落に一枚加わったのだから世の中わからない。

家康は大いに喜び、美濃か播磨の一国を与えると内命し、輝政は老臣の意見に従って播磨姫路五二万石を賜ったという（ちなみに、家康は、防長の毛利と備前岡山の小早川を、関ヶ原の合戦で功のあった筑前福岡の黒田《くろだ》長政《ながまさ》、安芸広島の福嶋正則、播磨姫路の池田輝政で挟んで、毛利の再挙を阻んでいたようなので、輝政に美濃に行くかとは尋ねなかったのではないか）。

輝政の子女は以下の通り（☆は中川氏の子、★は督姫の子）。

・長男☆池田武蔵守利隆《としたか》　（一五八四～一六一六）播磨姫路藩五二万石

・次男★池田左衛門督《さえもんのかみ》忠継《ただつぐ》（一五九九～一六一五）備前岡山藩三一万七〇〇〇石
・三男★池田宮内少輔《くないのしょう》忠雄《ただお》（一六〇二～三一）兄・忠継の遺領を継ぐ。
・四男★池田石見守《いわみのかみ》輝澄《てるずみ》（一六〇四～六二）播磨山崎藩六万八〇〇〇石。改易
・五男★池田右京大夫《うきょうのたいふ》政綱《まさつな》（一六〇五～三一）播磨赤穂《あこう》藩三万五〇〇〇石。廃絶
・六男★池田右近大夫《うこんのたいふ》輝興《てるおき》（一六一一～四七）播磨赤穂藩三万五〇〇〇石。改易
・七男　池田新八郎《しんぱちろう》輝尹《てるただ》
・八男　池田加賀《かが》政虎《まさとら》　家臣となる。
・九男　池田摂津《せっつ》利政《としまさ》　家臣となる。
・長女　京極《きょうごく》丹後守高広《たかひろ》の妻
・次女　秀忠養女、伊達《だて》陸奥守《むつのかみ》忠宗《ただむね》（政宗《まさむね》長男）の妻

慶長七（一六〇二）年に備前岡山城主・小早川秀秋が嗣子なきまま死去すると、翌慶長八年、輝政の次男・池田忠継がわずか五歳で備前岡山二八万石を与えられた。また、慶長一五（一六一〇）年には三男・池田忠雄が淡路六万石を与えられた。忠継・忠雄は督姫の子で、家康の外孫にあたるからだ。

しかし、二人ともまだ幼児なので、輝政は実質的に播磨、備前、淡路の三ヶ国八六万石を有する大大名として君臨、俗に「西国将軍」と呼ばれるまでの威勢を誇った。なお、天下の名城・姫路城を現在の姿に造り直したのも輝政である。

慶長一八（一六一三）年、輝政が死去すると、家康は輝政の子どもたちに遺領の分配を命じる。長男・池田利隆には宍粟《しそう》、佐用《さよ》、赤穂《あこう》三郡を除く播磨国四二万石、次男・忠継には備前一国ならびに上記の播磨三郡の三八万石、忠雄は従来通り淡路六万石である。

忠継は備前岡山藩主だったが、幼少のため、姫路の父の下で暮らし、代わりに兄・利隆が岡山で「備前監国」していたため、岡山の利隆と姫路の忠継が入れ替わった。

ところが、元和二（一六一六）年に池田利隆が死去すると、その子・池田光政《みつまさ》（一六〇九〜八二）が八歳で姫路藩主を継ぎ、播磨は中国地方の要衝であるから幼主では不都合として、翌元和三年に伯耆鳥取藩三二万石に転封されてしまう。

寛永九（一六三二）年に池田忠雄が死去すると、その子・池田光仲《みつなか》（一六三〇〜九三）が三歳で岡山藩主を継いだが、同じ理由で今度は伯耆鳥取藩三二万石に転封され、代わって池田光政が備前岡山五一万五〇〇〇石に国替えさせられた。

かくして、池田家は岡山藩・鳥取藩とその支藩を抱える大大名となり、恒興の妻の実家・荒尾家も両藩の家老となったのだ。

第6節　荒子城の前田与十郎家

荒子村といえば前田家

勝幡譜代の平手政秀と池田恒興はともに荒子村と深い関わりがあった。

荒子村といえば、のちに加賀百万石の祖となった**前田又左衛門利家**《またざえもんとしいえ》（一五三八～九九）が著名であろう（利家については第5章参照）。

しかし、利家は庶流の庶子だったらしい。

前田家の嫡流は、林佐渡守の与力・**前田与十郎種利**《たねとし》（一五〇九～七二）である。

その庶流に前田蔵人利昌《くろうどとしまさ》（利春《としはる》、家則《いえのり》ともいう。？～一五六〇）がおり、その四男が利家である。

のちに利家の長女が前田甚七郎長種《じんしちろうながたね》（一五五〇～一六一六）に嫁いでいるが、この長種の祖父が種利なのだ。つまり、利家が出世したので、本家の嫡男・長種を女婿に迎え、家臣にしたのだろう。

前田家の系図

前田家の系図もかなり怪しい。［図3－5］

成り上がりの前田家を皮肉って、或《あ》る大名が前田利常（利家の四男。一五九三〜一六五八）に「前田様は大大名ですから、さぞや立派な家系のご出身なんでしょうな」と尋ねたところ、「ええ、今、学者に系図を創《つく》らせています」と答えたという逸話が残っている。

『寛政重修諸家譜』は「寛永《かんえい》系図に曰《いわく》、右大臣菅原道真《すがわらのみちざね》太宰権帥《だざいのごんのそち》に遷《うつ》り、筑紫にありて二子を儲く。兄を前田と称し、弟を原田といふ。その後、前田某《なにがし》尾張に移り住す」と記しているが、まったく信用できない。

前田家は、実際は美濃斎藤家の支流といわれているが、その先祖が「天神信仰」を信じていたため、家紋を菅原道真に所縁《ゆかり》のある梅鉢としたらしい。

「天神信仰」とは、元々は天を祭る信仰だったが、雷神信仰へと変わっていき、道真の死の直後、雷による災害が多かったため、道真を雷神として崇《あが》める信仰になっていった。

前田家では「家紋が梅鉢なら、菅原道真の子孫ということにしておこう」となったらしい。ご丁寧に菅原道真から前田利家まで繋《つな》いだ偽《にせ》系図もあるので、信憑性は極めて低いが掲載してみた。

それなりの閨閥を誇る前田与十郎家

前田与十郎家は、勝幡織田家の中でも大身の家柄だったらしく、それなりの閨閥を誇っている。種利の子・前田与十郎種定《よじゅうろうたねさだ》（？〜一五九八）の夫人は織田玄蕃頭秀敏《げんばのかみひでとし》の娘で、種利の娘は

図３－５：前田与十郎家系図

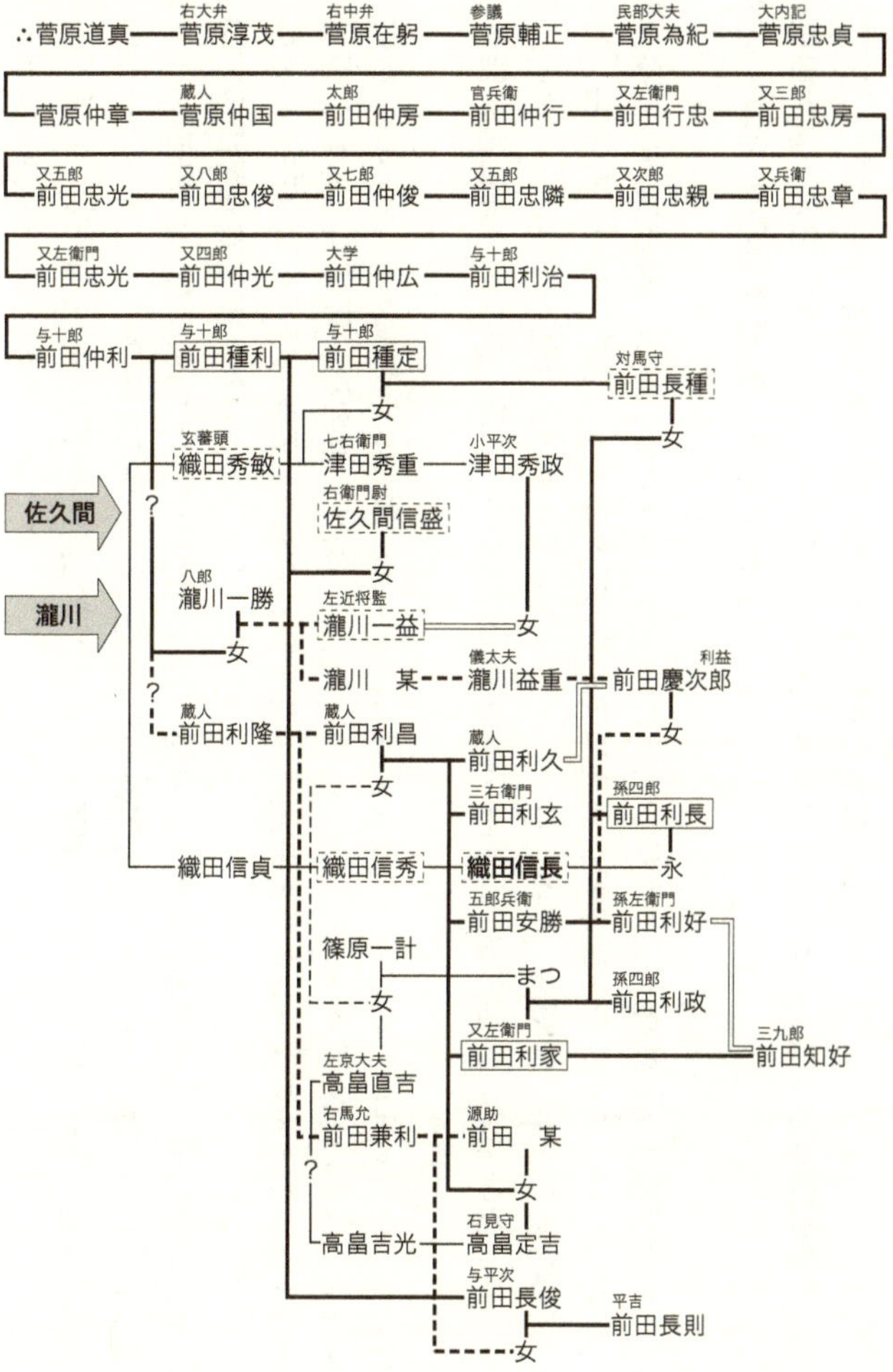

佐久間右衛門尉《うえもんのじょう》信盛夫人と伝えられる。

また、瀧川一益も前田与十郎家と姻戚関係があったと推測される。前田与十郎と瀧川一益は従兄弟であったという。和田裕弘氏も「前田利家の本家筋の前田与十郎（中略）らは一益の甥である」（『織田信長の家臣団』）と記しており、具体的な血縁関係は不詳だが、前田与十郎と瀧川一益には血縁関係があったようだ。

ここで思い出されるのが、前田利家の兄・前田利久《としひさ》が瀧川家から養子を迎えていることである。利久の養子・前田慶次郎利益《けいじろうとします》（利太《とします》）は「大ぶへん（武辺）者」という旗を掲げ、かぶき者として有名で、コミックや小説で取り上げられ、戦国武将を主人公としたゲームなどで人気が高い。

慶次郎は瀧川儀太夫益重《ぎだゆうますしげ》（瀧川一益の甥）の子として生まれ、前田利久の養子となった。その理由として、利久夫人が益重の妹という説が伝えられているが、実際は一益の母親が前田与十郎家の出身なのではないか。そうならば、慶次郎は前田本家の血を引いていることになり、本来、分家の家督を継ぐべきだった利久の養子として、ふさわしい人選だったに違いない。

小牧・長久手の合戦で蟹江城を守る

前田利家は、柴田勝家が越前支配を任された際にその与力となり、本能寺の変後も勝家の組下にいたが、賤ヶ岳の合戦で勝家から離反し、親友の秀吉に属した。

一方、前田与十郎種定とその一族は、織田信雄に属したらしい。

与十郎の子・前田甚七郎長種が前田城（下之《しもの》一色《いっしき》城。名古屋市中川区下之一色町）、弟・前田与《よ》平次《へいじ》定利《さだとし》（?〜一五八四）が下市場《しもいちば》城（愛知県海部《あま》郡蟹江《かにえ》町蟹江《かにえ》新田《しんでん》）、甥の佐久間信栄《のぶまさ》が蟹江《かにえ》城（愛知県海部郡蟹江《かにえ》町蟹江本町《ほんまち》）を守り、佐久間の旧臣・山口長次郎重政《ちょうじろうしげまさ》が大野《おおの》城（愛知県愛西市大野町）を守ったという。

小牧・長久手の合戦では、天正一二（一五八四）年三月に信雄が佐久間信栄、山口重政ら五〇〇〇余の兵で伊勢亀山《かめやま》城を攻めさせると、秀吉は蒲生氏郷、堀秀政、瀧川一益らを伊勢に派遣して反撃。佐久間らは峯《みね》城（三重県亀山市川崎町）に退いたが、修復中の城で防戦するにも不利だったので、さらに尾張に退去した。

六月になると、秀吉方は信雄配下の諸城を相次いで陥落させた。これに対し、信雄は佐久間信栄に伊勢萱生《かよう》（三重県四日市《よっかいち》市萱生町）を所管させ、周辺に砦を築かせた。信栄の留守中、伯父の佐久間左京亮信辰《さきょうのすけのぶとき》を蟹江城の本丸に置き、前田与十郎を二の丸に守らせた。

こうした中、秀吉方の瀧川一益は従兄弟の前田与十郎を懐柔して蟹江城を乗っ取り、与十郎の弟が守る周辺の城も乗っ取ってしまった。

その後、蟹江城周辺の海域で船合戦が展開され、下市場城、前田城が相次いで陥落して前田甚七郎長種は降伏。主戦場が尾張北部に移り、尾張南部の蟹江城への防備が手薄になると、織田・徳川軍は蟹江城奪還の総攻撃をしかけ、七月にいたって瀧川一益は降服。降服の条件として、前田与十郎は自刃を余儀なくされた。

一方、子の前田甚七郎長種は、天正一二年中に分家筋の前田利家に仕えた。一万石を与えられ、能登《のと》の所口《ところぐち》城を預けられた。長種夫人は利家の長女であり、長種は前田一族の長老として重用されていく。利家の子・利長の後見を命じられ、二〇〇〇石を加増され、慶長四(一五九九)年に富山城代に任じられて三〇〇〇石、慶長一〇(一六〇五)年に小松《こまつ》城を任されて五〇〇〇石を加増。都合二万石を領し、子孫は加賀藩家老を務めた。

第7節　瀧川一益は近江出身なのか

伊勢の抑え

瀧川左近将監一益《さこんしょうげんいちます》(一五二五~八六)は近江国甲賀郡(滋賀県甲賀《こうか》市)の生まれといわれ、諸国流浪の果てに信長に仕えたというが定かでない。

永禄年間(一五五八~七〇)には早くも部将に抜擢《ばってき》され、永禄一〇(一五六七)年に北伊勢に派遣された。そして、在地の小領主を与力に附《つ》けられ、以降、信長の伊勢攻略の主軸として活躍した。天正二(一五七四)年九月の長島一向一揆《いっき》殲滅《せんめつ》後に北伊勢五郡を与えられ、長島城に入った。長篠の合戦、本願寺攻め、有岡城攻め、伊賀攻めに従う。

天正一〇（一五八二）年二月の信忠軍の武田攻めに副将格として参加。勝頼自刃後に上野《こうずけ》一国と信濃小県《ちいさがた》・佐久《さく》の二郡を与えられ、関東の抑えを任される（俗に「関東管領」と称される）。

しかし、同年六月の本能寺の変で織田家の信濃・関東支配は瓦解《がかい》し、一益は長島城に敗走。清須会議への参加が予定されていたともいわれるが、間に合わなかった。そのため、一益は信長死後の政権構想から除外され、反秀吉として柴田勝家側につく。伊勢方面で秀吉軍と衝突を繰り返すが、賤ヶ岳の合戦で勝家が敗れると、秀吉への投降を余儀なくされ、晩年はわずか三〇〇〇石に零落した。

甲賀生まれなのか

『寛政重修諸家譜』によれば、瀧川家の先祖は河内国高安《たかやす》に住し、祖父・八郎貞勝《はちろうさだかつ》が「はじめて近江国一宇野《いちうの》城にうつり住す」。そして、父・八郎一勝《いちかつ》が「一宇野の城主となり、のち瀧の城にうつる」という。［図３－６］

一宇野とは、近江国甲賀《こうか》郡一宇野村（滋賀県甲賀市甲賀町櫟野《いちの》）、瀧はその西およそ四・五キロメートルに位置する多喜《たき》村（滋賀県甲賀市甲賀町滝）を指す。

興味深いことに、多喜村の北西およそ一キロメートルに池田村がある。池田恒興の父は瀧川家からの婿養子と伝えられており、池田家の先祖はこの池田村の出身なのではなかろうか。

『寛政重修諸家譜』では、瀧川一益は「幼年より鉄炮に錬鍛す。河内国にをいて一族高安某をころし、去て所々を遊歴し勇名をあらはす《わ》。のち織田右府（信長）斎藤道三を征伐のとき右府に属し」と記しているが、『信長公記』では首巻の「おどり御張行《ちょうぎょう》」で早くも一益が登場している。この記事は弘治三（一五五七）年もしくは天文年間（一五三二〜五五）のことと考えられている。そこから逆算すると、一益は一五五〇年代前半に信長の家臣となった公算が大きい。

ただし、「言継卿記」の天文二年七月一五日の項で、織田家臣と思われる人物に「滝川彦九郎勝景《ろうかつかげ》」、里村紹巴《さとむらじょうは》の「富士見道記《ふじみみちのき》」に「滝川右京進秀景《ひでかげ》」が記されており、織田家には早くから瀧川姓の家臣が存在していた。一益は近江甲賀の出身ではなく、それら家臣の一族と考えた方が適切なのではないか。

妻は勝家の妹、信長の娘説も

瀧川一益の妻は柴田勝家の妹で、一益の娘が勝家の子・柴田権六勝敏《ごんろくかつとし》に嫁いでいるという（『織田信長の家臣団』）。

『群書系図部集』掲載の織田系図では、信長の娘を「瀧川左近将監一益室」としている。これに対し、和田裕弘氏は「信長の娘が一益室という系図は信用しがたい（養女の可能性もあるが）が、信長の妹が一益の子息弥次郎に嫁したという史料や一益の子息を信長が婿養子に迎えたという記録もある」と記している（『織田信長の家臣団』）。

また、『織田家雑録』によれば、信長の娘で、豊臣秀吉の側室となった三の丸殿について

図3－6：瀧川家系図

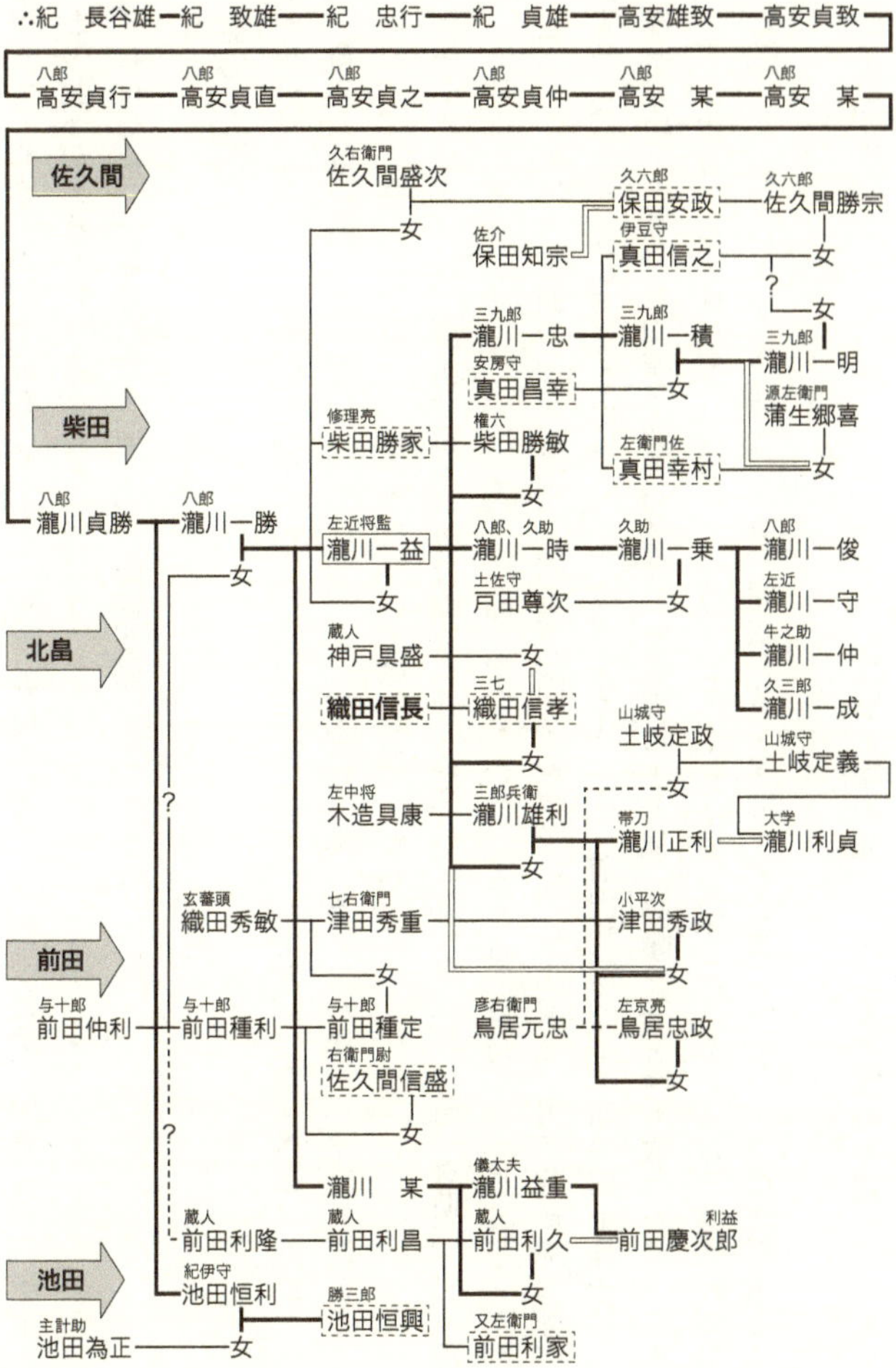
∴紀 長谷雄
紀 致雄
紀 忠行
紀 貞雄
高安雄致
高安貞致
八郎 高安貞行
八郎 高安貞直
八郎 高安貞之
八郎 高安貞仲
八郎 高安 某
八郎 高安 某
佐久間
柴田
北畠
前田
池田
八郎 瀧川貞勝
八郎 瀧川一勝
女
久右衛門 佐久間盛次
女
久六郎 保田安政
久六郎 佐久間勝宗
佐介 保田知宗
伊豆守 真田信之
女
?
女
三九郎 瀧川一忠
三九郎 瀧川一積
三九郎 瀧川一明
安房守 真田昌幸
女
源左衛門 蒲生郷喜
修理亮 柴田勝家
権六 柴田勝敏
左衛門佐 真田幸村
女
女
左近将監 瀧川一益
八郎、久助 瀧川一時
久助 瀧川一乗
八郎 瀧川一俊
女
土佐守 戸田尊次
女
左近 瀧川一守
蔵人 神戸具盛
女
牛之助 瀧川一仲
織田信長
三七 織田信孝
久三郎 瀧川一成
山城守 土岐定政
山城守 土岐定義
女
女
?
左中将 木造具康
三郎兵衛 瀧川雄利
帯刀 瀧川正利
大学 瀧川利貞
女
玄蕃頭 織田秀敏
七右衛門 津田秀重
小平次 津田秀政
女
女
与十郎 前田仲利
与十郎 前田種利
与十郎 前田種定
彦右衛門 鳥居元忠
左京亮 鳥居忠政
右衛門尉 佐久間信盛
女
女
?
瀧川 某
儀太夫 瀧川益重
蔵人 前田利隆
蔵人 前田利昌
蔵人 前田利久
利益 前田慶次郎
女
紀伊守 池田恒利
勝三郎 池田恒興
主計助 池田為正
女
又左衛門 前田利家

「滝川一益ノ親族信忠公之御乳母トナル、コノ乳母ニ信長公ノ御手付テ、姫君一方御出生アリ」との記述があるという（『織田氏一門』）。
いずれにせよ、一益は信長と何らかの血縁関係があったようだ。

一益の子女

『寛政重修諸家譜』によれば、瀧川一益には二男一女（養女）があり、長男・**瀧川三九郎《さんくろう》一忠《かずただ》**、次男・**瀧川八郎《はちろう》一時《いっとき》**（一五六八〜一六〇三）、および養女（実父不詳）が津田小平次《こへいじ》秀政《ひでまさ》の妻と記すのみで、一益、および二子の夫人については記していない。

和田裕弘氏によれば、瀧川一益の「妻は勝家の妹」で、「子息には八郎一時《かずとき》（久助）、三九郎一忠《かずただ》、弥次郎、八麻呂《はちまろ》（御八《おはち》）がいる。（中略）次男といわれる三九郎は丹羽長秀の養子となった」。一方、「娘は、主筋の神戸（織田）信孝、柴田勝家の子息、秋山家慶《いえよし》、雲林院《うじい》兵部少輔《ひょうぶしょうゆう》、津田秀政（信長の又従兄弟）らに嫁し、一門衆を構成した。前田利家の本家筋の前田与十郎、細川藤孝の臣下となった山城・西岡の革島秀存《かわしまひでまさ》、天目山《てんもくざん》で武田勝頼父子を討ち取った滝川益重《ますしげ》、尾張・守山《もりやま》出身で武田征伐後、信濃・小諸城主となった道家《どうけ》正栄《まさひで》（彦八郎）らは一益の甥である」と記す（『織田信長の家臣団』）。正直、親族が多すぎて、どこまでが正しいのかは判然としない。

『寛政重修諸家譜』によれば、長男・瀧川一忠は別に家を興し、瀧川家の家督を継いだのは、次男・瀧川一時だった。

本能寺の変後、一時は父とともに柴田勝家につくが、賤ヶ岳の合戦後は秀吉に属し、下総芝原《しばはら》等二〇〇〇石を与えられた。関ヶ原の合戦では徳川方についたが、加増された記録はなく、活躍できなかったようだ。しかも、一時が死去した時、遺児・瀧川久助一乗《きゅうすけいちのり》（一六〇二～一六五）はわずか二歳だった。そこで、従兄弟の瀧川三九郎一積《かづあつ》（一益の長男・瀧川一忠の子）が一乗の名代として軍役を務めた。

成人した一乗はその恩に報い、一積に一〇〇〇石を分知し、一家を成した。一乗の子孫は加増や分知を経て、九〇〇〇石を領する旗本となった。

真田家との婚姻関係

一方、一積は一〇〇〇石取りの旗本になったのだが、義理の姪《めい》にあたる「真田左衛門佐幸村が女を養女とし、松平（蒲生《がもう》）中務大輔忠知《なかつかさだゆうただとも》が家臣に嫁《とつ》せしことをとがめられて改易」されてしまう（『寛政重修諸家譜』）。その子・瀧川三九郎一明《さんくろうかづあきら》（一六三六～一七一八）が三〇〇俵で再雇《こ》傭《よう》されたため、子孫はかろうじて旗本の座を死守することができた。

さてなぜ、ここで真田幸村が出てくるのかといえば、幸村の父・真田《さなだ》安房守《あわのかみ》昌幸《まさゆき》（一五四七～一六一一）の三女が瀧川一積に嫁いでいるからだ（二〇一六年のNHK大河ドラマ『真田丸』で昌幸の子どもは二男一女として描かれていたが、『寛政重修諸家譜』によれば、実際は五男四女だったらしい）。

『真田丸』で瀧川一益は、草刈正雄《くさかりまさお》演じる真田昌幸にだまされる実直な部将として描かれていた。しかし、実はこの両者、婚姻関係があったのである。ただし、一積の嫡男・瀧川一明が一七世紀の生まれなので、本能寺の変直後、真田昌幸が一益をだました頃には、まだ婚姻関係が成立していなかったようだ。

ちなみに、瀧川一明の妻は「真田伊豆守幸道《ゆきみち》が叔母」という。幸道は信之《のぶゆき》の孫にあたるので、単純に考えれば、信之の娘だと思われる。

擬制的同族

瀧川一益は織田家臣の有力部将に瀧川姓を与えて親族待遇とした。瀧川三郎兵衛雄利《おとし》、および瀧川彦次郎忠征《ひこじろうただゆき》が有名である。

瀧川三郎兵衛雄利（一五四三〜一六一〇）は旧姓を木造《こづくり》といい、伊勢の名門・北畠一族の支流にあたる。父は木造具康《ともやす》とも具政《ともまさ》（具康の養子）ともいう。

『寛政重修諸家譜』では具康の娘を「柘植《つげ》三郎兵衛某が妻」としているが、木造家の家臣でのちに瀧川一益の重臣となった柘植三郎左衛門《さぶろうざえもん》（?〜一五七九）の誤りと思われる。瀧川雄利は通称名を三郎兵衛というので、柘植三郎左衛門と瀧川三郎兵衛の事績が混同され、具康の子と誤伝された可能性がある。また、瀧川姓を与えられた契機につき、『寛政重修諸家譜』では

「瀧川一益、わが姪《をい》（＝甥）なりと称して織田右府（信長）に告《つげ》」たからとしているが、実際には一益の女婿らしい。

雄利は織田信雄に仕え、偏諱《へんき》を与えられて「雄利」と名乗った。それ以前は「友足」「友忠」「一盛」「勝政」「雄親」と頻繁に諱を替えていたらしい（『羽柴を名乗った人々』）。天正一八（一五九〇）年に信雄が配流されると、雄利は秀吉に仕えて羽柴姓を賜り、伊勢神戸《かんべ》二万石を領した。慶長五（一六〇〇）年の関ヶ原の合戦で毛利・石田方について改易された後、秀忠に仕えて常陸新治《ひたちにいはり》に二万石を賜ったが、子の瀧川壱岐守正利《いきのかみまさとし》が病に倒れ、嗣子がないことから一万八〇〇〇石を返納して婿養子を迎え、子孫は旗本二〇〇〇石となった。幕末に鳥羽《とば》・伏見《ふしみ》の戦いで幕軍を指揮した大目付・瀧川播磨守具挙《ともたか》はその子孫である。

瀧川彦次郎忠征（一五五八～一六三五）は旧姓を木全《きまた》といい、父・木全又左衛門忠澄《ただすみ》（一五三四～一六二〇）ははじめ浅井新八郎に仕えていたが、のち瀧川一益の家老となり、忠征は「瀧川一益につかへ、のちしば〳〵忠功あるにより家号をあたへられ瀧川を称す」という（『寛政重修諸家譜』）。

忠征は一益が没落した後、秀吉に仕え、慶長五（一六〇〇）年の関ヶ原の合戦では、毛利・石田方についたが、赦《ゆる》されて晩年は尾張徳川家に仕えた。長男・瀧川佐兵衛法直《さひょうえのりなお》の子孫は旗本二〇〇〇石に取り立てられ、次男・瀧川豊前時成《ぶぜんときなり》、三男・瀧川又左衛門忠尚《またざえもんただなお》の子孫は尾張藩士となった。

第４章　古渡・末盛譜代

第１節　「古渡・末盛譜代」とは

信秀が懐柔した有力国人・土豪

信長の父・織田信秀は、天文一五（一五四六）年頃に信長を那古野城に残して古渡城《ふるわたりじょう》（名古屋市中区古渡町）へ移転し、さらに天文一八（一五四九）年頃に末盛城《すえもりじょう》（名古屋市千種区城山町）へと移った。信秀が古渡城・末盛城に移転した後に仕えた家臣、もしくは与力として附《つ》けられた愛知郡東部の国人・土豪を、本書では「古渡・末盛譜代」と呼んでいる。

信秀の死後、「古渡・末盛譜代」は、末盛城主・織田勘十郎信勝の家臣、もしくは与力とされ、信勝の死後、信長家臣団に加えられた。

『信長公記』では、父・信秀の葬儀で、信勝に付き従った家臣を以下にあげている。

・**柴田権六《ごんろく》（勝家）**　愛知郡下社《しもやしろ》村（名古屋市名東区《めいとう》一社《いっしゃ》）
・**佐久間大学《だいがく》（盛重《もりしげ》）**　愛知郡御器所《ごきそ》村（名古屋市昭和区《しょうわ》御器所）
・佐久間次右衛門　愛知郡御器所村

・長谷川（橋介《きょうすけ》）
・山田（弥太郎《やたろう》）

ここにはあげられていないが、佐久間一族の支流・**佐久間右衛門尉信盛**《うえもんのじょうのぶもり》も「古渡・末盛譜代」に属すると思われる。

また、林佐渡守・美作守《みまさかのかみ》兄弟と柴田勝家が、信勝擁立を目論《もくろ》んで信長と稲生《いのう》で合戦を起こした際に林・柴田連合軍で討ち死にしたものとして以下をあげている（ただし、林佐渡守の与力であれば、信勝の家臣ではなく、信長の家臣ということになる）。

・鎌田助丞《かまたすけのじょう》、宮野《みやの》左京進《さきょうのしん》、山口又次郎《またじろう》、橋本十蔵《じゅうぞう》、角田新五《つのだしんご》、大脇虎蔵《おおわきとらぞう》、神戸平四郎《かんべへいしろう》

二人の方面軍司令官を出す

天正三（一五七五）年八月、信長は三万の軍勢を率いて越前一向一揆《いっき》を殲滅《せんめつ》すると、柴田勝家、および前田利家・佐々成政・不破光治《ふわみつはる》らを置いて、かれらに越前支配を任せた。

信長が重臣を地方に派遣して当該地域の攻略・支配を任せる、いわゆる方面軍司令官と呼ばれるものである（『信長軍の司令官』では北陸方面軍の成立を翌天正四年としている）。

一方、近畿《きんき》方面では、天正四年五月に本願寺攻略の主将・原田直政《はらだなおまさ》（旧姓・塙《はなわ》）が討ち死にすると、それまで本願寺勢を侮っていた信長は方針を転換し、大軍を動員して包囲戦をはじめ、「柴田と並ぶ最有力部将の佐久間信盛を司令官とした」（『信長軍の司令官』）。

つまり、天正四年頃、織田家臣団の有力部将は、一に柴田、二に佐久間という序列で、その両名が「古渡・末盛譜代」だったのだ。

第２節　佐久間信盛

愛知郡でも屈指の名門

『新修　名古屋市史　２』では、室町時代における名古屋市内の有力武士として、①那古野《なごや》の今川氏、②熱田の千秋《せんしゅう》氏、③御器所《ごきそ》の佐久間氏の三家をあげている。

信長家臣の佐久間右衛門尉信盛《うえもんのじょうのぶもり》（一五二七？～八一）、佐久間玄蕃允盛政《げんばのじょうもりまさ》（一五五四～八三）はこの佐久間一族である。

建治《けんじ》元（一二七五）年に鎌倉幕府の政所《まんどころ》が作成したリストに、すでに尾張の御家人・佐久間二郎兵衛入道の名が見え、寛正二～三（一四六一～二）年に御器所の佐久間美作守《みまさかのかみ》が熱田神宮の地下人《ちげにん》とトラブルを起こした記録があるという（『新修　名古屋市史　２』）。また、永禄七（一五六四）年の御器所八所大明神《はっしょだいみょうじん》修理棟札《むなふだ》に、佐久間美作守家勝《みまさかのかみいえかつ》、佐久間右衛門尉信盛、余《よ》語久兵衛《ごきゅうべえ》勝盛《かつもり》の名が見える。

なお、佐久間信盛とともに棟札に名を連ねた余語勝盛は、佐久間信盛の与力といわれる。

「余語氏は、天野・加藤・近藤・鈴木・早川・松浦・水野・村瀬氏と共に、川原神社（名古屋市昭和区川名本町）九族と称された（松浦雁声『寺史太平寺』）。この九族は御器所を中心に分布する佐久間一族の家臣団と推定される」（『尾張群書系図部集』）。

つまり、佐久間家は鎌倉幕府の御家人の系譜を引き、独自に家臣団を抱え、愛知郡でも屈指の国人領主だったということだ。

元亀四（一五七三）年、朝倉軍追撃に失敗した家臣を怒鳴りつける信長に対して、佐久間信盛が弁明し、不興を買ったことでも有名だが、尾張時代には織田家と遜色《そんしょく》のない（むしろそれ以上の）有力者の家柄だったのだ。

しかも、佐久間一族は若き日の信長軍の主力を成していた可能性がある。一見、増長しているとも思える信盛の言動は、性格から来るものではなく、佐久間一族の誇りから来るものだったのであろう。

『寛政譜』に見る佐久間家

『寛政重修諸家譜』によれば、佐久間家は「三浦駿河守義村《よしむら》が三男太郎家村《いえむら》、安房国佐久間邑《むら》を領するにより家号とす」るという。なお、佐久間家村の養子・新兵衛尉朝盛《しんひょうえのじょうとももり》は、和田義盛《よしもり》の子で、和田合戦で安房国に逃亡し、承久《じょうきゅう》の乱では後鳥羽《ごとば》上皇方について敗北。越後国奥山《おくやま》村へ逃亡し、さらに尾張国愛知郡御器所《ごきそ》村に移り住んだというが、定かではない。

朝盛の子・佐久間与六《よろく》家盛の一一代目の子孫が佐久間与六盛道《もりみち》で、その子に与六盛明《もりあき》、弥太《やた》郎盛経《ろうもりつね》、左衛門尉信晴《さえもんのじょうのぶはる》（?～一五四八）、久六郎盛重《きゅうろくろうもりしげ》がいた。

佐久間家の本家は、代々「美作守」「与六（郎）」を襲名し、先述の佐久間美作守家勝は与六盛明の子らしい。［図4－1］

信晴の子が佐久間信盛、盛重の孫が佐久間盛政だという（ただし、盛政の子孫が江戸幕府に呈上した系譜では、与六盛道を与六盛通《もりみち》とし、その長男を久六盛重として与六盛明と同一人物としているようだ）。

末盛城附きの宿老から信長家臣へ

佐久間家の拠点・愛知郡御器所村は、信秀が晩年を過ごした古渡城の東ほぼ二キロメートル、末盛城の南西ほぼ四キロメートルに位置する（信盛の居城・山崎城［名古屋市南区呼続元町《よびつぎもとまち》］は御器所の南ほぼ三・五キロメートル）。

佐久間家が信秀と関係を持ったのは、信秀が古渡城に移り住んだ天文一五（一五四六）年頃であろう。それ以前、佐久間家は清須織田家の指揮下にあったのかもしれないが、少なくとも勝幡織田家（信秀・信長の家系）の家臣ではなかったはずだ。清須織田家の下で、佐久間家が信秀の与力になっていたというのが最も無難なところだと思われる。

信秀死後、那古野城は信長、末盛城は信勝に譲られ、佐久間一族は信勝附きとなった。『信長公記』では信秀の葬儀に「御舎弟勘十郎（信勝）公、家臣柴田権六（勝家）・佐久間大学（盛重）・佐久間次右衛門・長谷川・山田以下御供なり」との記述がある。

佐久間大学助盛重（?〜一五六〇）は、佐久間弥太郎盛経の子で、信盛の従兄弟《いとこ》にあたるらしい。「佐久間次右衛門は『佐久間正統略系譜』などに治右衛門とある盛重の二男・重明と思われる」（『戦国佐久間一族』）。

ところが、弘治二（一五五六）年八月の稲生合戦（信長と林佐渡守・柴田勝家連合軍との戦い）では、盛重が信長方として名塚砦《なづかとりで》を守っている。

『信長公記』によれば、その前年の弘治元年、佐久間信盛が守山城主に織田秀俊（信長の異母兄弟）を据えるように信長に進言した記述が見え、信長が清須城に入った天文二三（一五五四）年頃、佐久間一族を宿老に据えたと考えられる。

永禄三（一五六〇）年五月の桶狭間の合戦では、佐久間盛重が丸根砦《まるね》、佐久間信盛・信直《のぶなお》兄弟が善照寺砦《ぜんしょうじ》を守った。当時の信長家臣団において、二つの砦を守備できる兵力を持つものは、織田一族と佐久間一族しかいなかった。佐久間一族は若き日の信長を支える主力部隊だったのである。

実は傍流だった佐久間信盛

桶狭間の合戦で盛重が討死を遂げると、**佐久間信盛**が佐久間一族のリーダーになったらしい。

図４－１：佐久間信盛系図

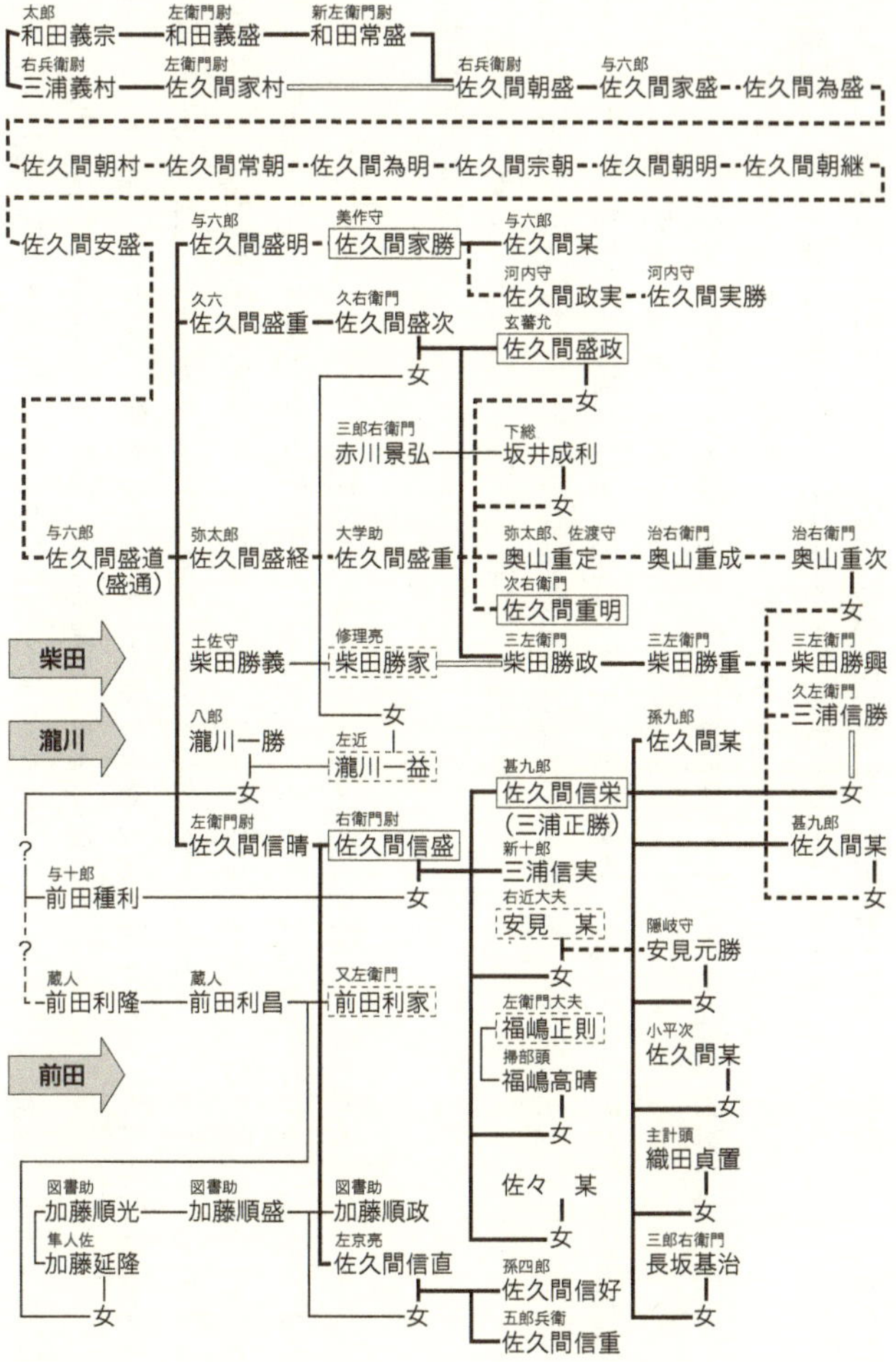

太郎
和田義宗
左衛門尉
和田義盛
新左衛門尉
和田常盛
右兵衛尉
三浦義村
左衛門尉
佐久間家村
右兵衛尉
佐久間朝盛
与六郎
佐久間家盛
佐久間為盛
佐久間朝村
佐久間常朝
佐久間為明
佐久間宗朝
佐久間朝明
佐久間朝継
佐久間安盛
与六郎
佐久間盛明
美作守
佐久間家勝
与六郎
佐久間某
河内守
佐久間政実
河内守
佐久間実勝
久六
佐久間盛重
久右衛門
佐久間盛次
玄蕃允
佐久間盛政
女
女
三郎右衛門
赤川景弘
下総
坂井成利
女
与六郎
佐久間盛道
（盛通）
弥太郎
佐久間盛経
大学助
佐久間盛重
弥太郎、佐渡守
奥山重定
治右衛門
奥山重成
治右衛門
奥山重次
次右衛門
佐久間重明
女
柴田
土佐守
柴田勝義
修理亮
柴田勝家
三左衛門
柴田勝政
三左衛門
柴田勝重
三左衛門
柴田勝興
久左衛門
三浦信勝
女
瀧川
八郎
瀧川一勝
左近
瀧川一益
孫九郎
佐久間某
女
甚九郎
佐久間信栄
（三浦正勝）
女
左衛門尉
佐久間信晴
右衛門尉
佐久間信盛
新十郎
三浦信実
甚九郎
佐久間某
？
与十郎
前田種利
女
女
右近大夫
安見　某
？
隠岐守
安見元勝
女
蔵人
前田利隆
蔵人
前田利昌
又左衛門
前田利家
女
左衛門大夫
福嶋正則
小平次
佐久間某
前田
掃部頭
福嶋高晴
女
女
主計頭
織田貞置
図書助
加藤順光
図書助
加藤順盛
図書助
加藤順政
佐々　某
女
女
隼人佐
加藤延隆
左京亮
佐久間信直
三郎右衛門
長坂基治
孫四郎
佐久間信好
女
女
女
五郎兵衛
佐久間信重

信盛は三河方面の侵攻を任され、信長が義昭を奉じて上洛《じょうらく》し、元亀元（一五七〇）年五月に近江の分封支配をはじめると、佐久間信盛は永原《ながはら》城の城主となった。

そして、天正四（一五七六）年五月に信盛は本願寺攻めの総大将として、天王寺砦《てんのうじ》に置かれ、七カ国（尾張、三河、近江、大和、河内、和泉、紀伊）の与力を附けられた。しかし、消極的な戦いぶりから、信長の不興を買い、天正八（一五八〇）年八月、本願寺との和睦《わぼく》が成立すると、佐久間信盛とその子・**佐久間甚九郎信栄**《じんくろうのぶまさ》（一五五六〜一六三一）は信長から一九ヶ条からなる折檻状《せっかん》を突きつけられ、高野山へ追放された。翌天正九年七月、信盛は死去した。

信盛の姻戚関係

佐久間信盛の妻は、荒子《あらこ》村の前田与十郎種利の娘である。

種利は前田利家の本家筋にあたり、勝幡織田家の有力な家臣であった公算が大きい。

信秀（もしくは信長）が勝幡時代からの有力家臣・前田家と、古渡・末盛時代に関係を持った有力国人・佐久間家の婚姻を仲介したものと考えられる。

ちなみに、信盛の弟・佐久間左京亮信直（一般には信辰《のぶとき》。一五三八〜九九）の妻は、熱田の有力商人・加藤図書助順盛《ずしよのすけよりもり》（一五一四〜八八）の娘である。

佐久間家は荒子・熱田の有力者との婚姻を通じており、さすがと思わせる。

その一方、信長家臣団内にはほとんど姻戚《いんせき》関係がない。和田裕弘氏は「佐久間氏は大族だったが、信盛には有力な親族衆が少ないこともあり、信長が追放に踏み切ることができた要因の一つかもしれない」（『織田信長の家臣団』）と推測している。有力な親族がいなかったことは事実だが、それを以《もつ》て追放云々《うんぬん》は過大評価だろう。

嫡男・信栄はノブマサか？

信盛の長男・佐久間甚九郎信栄は『寛政重修諸家譜』では「正勝《まさかつ》」と記されているが、「正勝」と署名した古文書はない（＝誤伝の可能性が高い）。

また、一般に「信栄」と書いて「のぶひで」と呼ばれるが、確たる根拠があるのかは不明である。「栄」を「ひで」と読むのは一四代将軍・足利義栄《よしひで》くらいで、通常は「よし」「しげ」と読む場合が多い。

『蟹江町史』では、蟹江町の旧家鈴木氏の伝承で、信栄を「信正」と記述していることから、「信栄の『栄』は名乗りではシゲ・テル・ハル・ヨシ・ナカ・ナガ・ヒデ・タカ・マサと読み、『信栄』を『ノブマサ』と読みうるのであって、正確な読みが口頭伝承され、後世に字を当てたとき、ノブマサをもっとも一般的な『信正』と当てたのではなかろうかとも想像される」と記している。けだし卓見であろう。

天正八（一五八〇）年八月、信栄は父・信盛とともに高野山に追放され、不干斎定栄《ふかんさいじょうえい》と名乗った。

翌天正九年七月に父・信盛が没すると、信長は佐久間父子を哀れみ、信栄は天正一〇（一五八二）年一月に赦免されて織田信忠附きとされた。

信雄の家臣の中でも、佐久間信栄は名門ゆえか重用された。戦略上の重要拠点である蟹江《かにえ》城に置かれ、天正一二（一五八四）年の小牧・長久手の合戦では、五〇〇〇余の兵を率いる一軍の将として秀吉方の伊勢亀山城を攻撃。のちに秀吉の猛攻に遭い、伊勢の諸城が落とされると、信雄の命により伊勢萱生《かよう》（三重県四日市市萱生町）周辺に砦を築いた。ところが、信栄の留守中、蟹江城を守っていた前田与十郎が、従兄弟の瀧川一益に懐柔され、蟹江城が乗っ取られてしまう。帰る場を失った信栄は行方をくらましたという。

『寛政重修諸家譜』によれば、秀吉が信雄と和睦する際の条件に信栄の自刃があったという。信雄が信栄を庇《かば》って和睦が難しくなったので、信栄は出家して不干斎と名乗り、三河笹原《ささはら》（愛知県豊田《とよた》市篠原《ささばら》町）に出奔したというが、あの織田信雄が部下を庇って和睦に応じないというのは信じがたく、真相は不明である。

ただし、笹原は高橋庄《たかはしのしょう》に属し、永禄年間（一五五八〜七〇）に父・信盛が三河侵攻の主戦場とした土地である。佐久間家の所領があった可能性は高く、同地に隠棲したのは真実だろう。

三年後に信栄は赦免され、秀吉に仕えるが、「身分は秀吉御咄の衆。年齢的には三十歳前後の若さだが、すでに隠居扱いだったらしい」（『織田信長家臣人名辞典』）。

信栄の子孫

慶長五（一六〇〇）年の関ヶ原の合戦では、信栄の養子で実弟・佐久間新十郎信実《しんじゅうろうのぶざね》（一五七三～一六二〇）が徳川家康に従い、上総《かずさ》茨葉に一〇〇〇石を与えられた。子孫は加増され、一三〇〇石を領した。

その後、信栄は徳川秀忠の御咄衆《おはなししゅう》となって養子・信実とは別に、武蔵国児玉《こだま》郡・横見《よこみ》郡のうちに三〇〇〇石を与えられた（合戦に参陣するより、将軍の話し相手の方が三倍も高禄）。

信栄は二人の養子を迎え、佐久間久左衛門信勝（?～一六三七）に二〇〇〇石、佐久間五郎《ごろう》兵衛《べえ》信重《のぶしげ》（一五八七～一六五四）に一〇〇〇石を譲った。

信勝は、柴田三左衛門勝重《かつしげ》（柴田勝家の養孫）の次男で、嗣子が無く廃絶となった。

信重は、信盛の弟・佐久間左京亮信辰《のぶとき》（実は信直）の次男で、子孫は八〇〇石を領する旗本となった。

信盛の子女

『寛政重修諸家譜』によれば、佐久間信盛には三男三女がある。

・長男　佐久間甚九郎正勝《まさかつ》（一五五六～一六三一）実名は信栄
・次男　佐久間　兵衛介《ひょうえのすけ》　某《なにがし》（生没年不詳）
・三男　佐久間新十郎信実（一五七三～一六二〇）

・長女　安見《やすみ》右近大夫某の妻
・次女　福嶋掃部頭《かもんのかみ》正頼《まさより》（高晴《たかはる》。福嶋正則の弟）の妻
・三女　佐々氏の妻

三人の息子がいかなる家系から妻を迎えたかは定かでない。

長女が嫁いだ安見右近大夫を、河内の部将・安見右近大夫直政《なおまさ》（?～一五七一）と見る向きもあるが、谷口克広氏は「妻は佐久間信盛の娘と『重修譜』にあるが誤りだろう」と指摘している（『織田信長家臣人名辞典』）。

三女が嫁いだ佐々氏は、佐々成政の一族と考えられるが、詳細は不明である。

次女が嫁いだ福嶋正頼は、一般に高晴（孝治。一五七三～一六三三）といわれ、福嶋正則（一五六一～一六二四）の弟である。

信盛が死去した時、高晴はわずか九歳なので、信盛の死後、秀吉が天下を取ってから縁談が成立したものと考えられる。天正一二（一五八四）年、小牧・長久手の合戦の和睦の時か、その三年後に信栄が赦免された時に福嶋高晴との縁談が整ったのだろう。

第3節　佐久間盛政

「鬼玄蕃」盛政

佐久間信盛の父・信晴には三人の兄弟がいた。長兄・与六盛明《もりあき》の子が佐久間美作守家勝、弥太郎盛経《もりつね》の子が佐久間大学助盛重、そして、久六郎盛重の孫が佐久間玄蕃允盛政。柴田勝家の甥で、「鬼玄蕃」と呼ばれた猛将である。[図4－2]

佐久間玄蕃允盛政《げんばのじようもりまさ》（一五五四～八三）は御器所に生まれ、「外叔父柴田勝家とはあたかも父子関係のような密接な繋がりをもって活躍する」（『織田信長家臣人名辞典』）。勝家が越前支配を任されると、盛政は勝家に従い、加賀平定に力を尽くす。

天正一一（一五八三）年の賤ヶ岳の合戦で、盛政は主力部隊を率い、秀吉方の中川瀬兵衛清秀《きよひで》を急襲して討ち果たすが、秀吉に不意を突かれて大敗し、勝家軍敗北のきっかけをつくったとされる。敗戦後、同年五月一二日に京都三条河原《さんじようがわら》で斬首《ざんしゆ》された。

盛政の妻

佐久間盛政の妻は佐久間大学助盛重の娘（盛政の又従姉妹《またいとこ》）で、盛政の死後、近江出身の大名・新庄駿河守直頼《しんじようするがのかみなおより》（一五三八～一六一二）に再縁した（直頼は盛政の一六歳年上である。盛政の元妻とは一廻《まわ》り以上の年齢差があったと思われる）。

盛政には娘が一人いたが、新庄の養女となって、中川修理大夫《しゅりのたいふ》秀成《ひでなり》（一五七〇～一六一二）に嫁いでいる。秀成は、盛政が討った中川清秀の遺児である。

なお、『寛政重修諸家譜』の佐久間家の項に記述されていないが、徳山《とくのやま》家の項で、徳山五兵《ごへ》衛《え》則秀《のりひで》（一五四四～一六〇六）の姉妹が「佐久間玄蕃允盛政が妻」になり、則秀の娘が盛政の子・徳山九蔵英行《きゅうぞうふさゆき》を婿養子に迎えているとの記事がある。

徳山則秀は美濃出身で、信長に仕え、柴田勝家の与力となった。その縁から、英行は「盛政滅亡のゝち則秀にやしなはる」という。

則秀は関ヶ原の合戦の直前に家康に仕え、五〇〇〇石を賜り、実子・徳山五兵衛直政《なおまさ》（一五八九～一六三四）に三〇〇〇石、婿養子・徳山英行に二〇〇〇石を譲ったが、英行は「僧になるの志《こころざし》ありて逐電」したため、妻は渡辺勘兵《かんべ》衛某《えなにがし》に再縁した。

盛政の弟とその子孫

『寛政重修諸家譜』によれば、佐久間盛政には三人の弟がいる。

次弟の保田久六郎安政《やすだきゅうろくろうやすまさ》（一五五五～一六二七）、三弟の柴田三左《さんざ》衛《え》門勝政《もんかつまさ》（一五五七～八三）、四弟の佐々源六郎勝之《さっさげんろくろうかつゆき》（一五六八～一六三四）である。その名が示す通り、勝政は柴田勝家の養子、勝之は佐々成政の婿養子という華麗なる一族である。二人については、別項で記すので、

図４－２：佐久間盛政系図

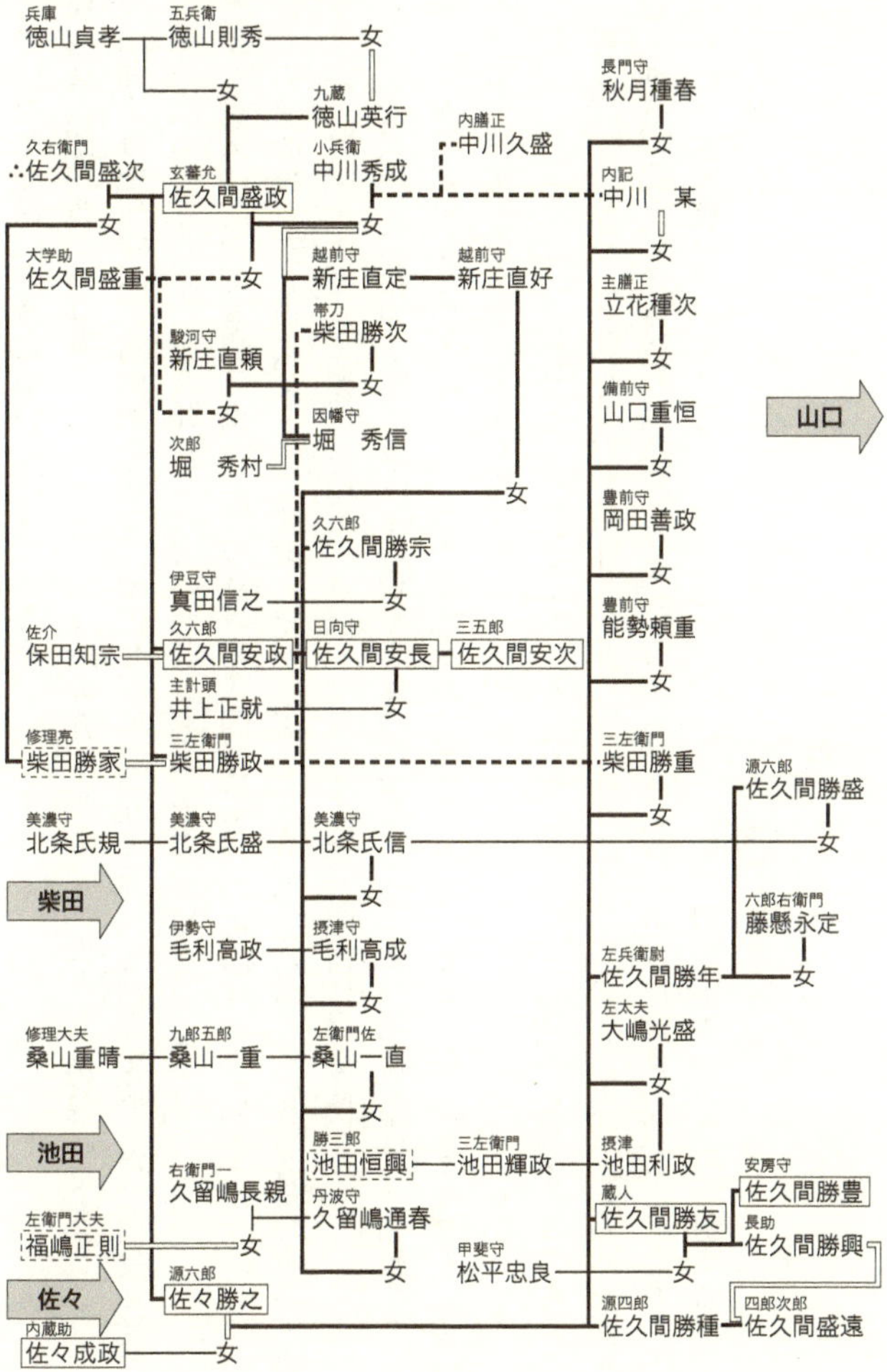
兵庫
徳山貞孝
五兵衛
徳山則秀
女
女
九蔵
徳山英行
長門守
秋月種春
女
内膳正
中川久盛
久右衛門
∴佐久間盛次
小兵衛
中川秀成
玄蕃允
佐久間盛政
内記
中川　某
女
女
女
大学助
佐久間盛重
女
越前守
新庄直定
越前守
新庄直好
主膳正
立花種次
帯刀
柴田勝次
女
駿河守
新庄直頼
女
備前守
山口重恒
女
因幡守
堀　秀信
次郎
堀　秀村
女
山口
女
豊前守
岡田善政
久六郎
佐久間勝宗
女
伊豆守
真田信之
女
豊前守
能勢頼重
佐介
保田知宗
久六郎
佐久間安政
日向守
佐久間安長
三五郎
佐久間安次
女
主計頭
井上正就
女
修理亮
柴田勝家
三左衛門
柴田勝政
三左衛門
柴田勝重
源六郎
佐久間勝盛
女
美濃守
北条氏規
美濃守
北条氏盛
美濃守
北条氏信
女
柴田
女
六郎右衛門
藤懸永定
伊勢守
毛利高政
摂津守
毛利高成
左兵衛尉
佐久間勝年
女
女
左太夫
大嶋光盛
修理大夫
桑山重晴
九郎五郎
桑山一重
左衛門佐
桑山一直
女
女
池田
勝三郎
池田恒興
三左衛門
池田輝政
摂津
池田利政
安房守
佐久間勝豊
右衛門一
久留嶋長親
丹波守
久留嶋通春
蔵人
佐久間勝友
左衛門大夫
福嶋正則
女
長助
佐久間勝興
女
甲斐守
松平忠良
女
佐々
源六郎
佐々勝之
源四郎
佐久間勝種
四郎次郎
佐久間盛遠
内蔵助
佐々成政
女

ここでは次弟の保田安政について述べておこう。

保田《やすだ》久六郎安政《やすまさ》（一五五五～一六二七）は保田佐介知宗《さすけともむね》（？～一五七六）の養子である。保田知宗は紀伊守護・畠山家に仕え、紀伊有田《ありだ》郡保田荘と河内錦部《にしごり》郡を領した。信長に従って本願寺攻めに加わり、討ち死にしたといわれる（『織田信長家臣人名辞典』）。

安政も養父に従って本願寺攻めに加わり、佐久間信盛の与力に附けられた。

信盛の追放後、安政は叔父・柴田勝家に属し、天正一一（一五八三）年の賤ヶ岳の戦いで奮闘するが、敗戦を予期して紀伊に遁走《とんそう》。以後、一貫して反秀吉陣営に身を置いた。

まず、翌天正一二年の小牧・長久手の合戦では織田信雄についた。信雄が秀吉と和睦すると、実弟・佐々勝之とともに出奔して、小田原北条家の家臣となる。そして、北条家が滅んだ後は蒲生氏郷に仕え、佐久間姓に復した。

文禄四（一五九五）年に氏郷が死去すると、秀吉に呼び戻され、信濃国槙島城を与えられるが、慶長三（一五九八）年に秀吉が死去すると、近江佐和山近郊の小川村七〇〇〇石へ転封を命ぜられる。関ヶ原の合戦には家康方に参陣して武功をあげ、近江高島郡一万五〇〇〇石に加増された。大坂夏の陣でも活躍し、元和元（一六一五）年に信濃飯山《いいやま》藩三万石に転封するが、孫・三五郎安次《やすつぐ》（一六三〇～三八）が九歳で死去し、無嗣廃絶となった。

第4節　柴田勝家

事実上の織田家筆頭家老

柴田修理亮勝家《しゆりのすけ》（権六《ごんろく》。一五二二？～八三）は、末盛城の東ほぼ四キロメートルに位置する愛知郡下社《しもやしろ》村、もしくは上社村《かみやしろ》（名古屋市名東区上社）に生まれたといわれる。［図4－3］

柴田家が信秀と関係を持ったのは、信秀が末盛城に移った天文一八（一五四九）年頃（もしくは古渡城に移り住んだ天文一五［一五四六］年頃）であろう。信秀の死後、末盛城を継承した信勝に附けられた。

末盛城の織田家中は当初、那古野城の信長、清須織田家と一線を画していたようだ。しかし、天文二二（一五五三）年七月に清須織田家（守護代）が守護・斯波義統を暗殺すると、反清須織田家の旗幟《きし》を鮮明にして同年七月の中市場合戦、八月の萱津合戦では信長とともに清須織田家と戈《ほこ》を交えた。

しかし、信長の附家老・林佐渡守が信長から離反しはじめると、末盛城の織田家中も反信長の立場をとり、弘治二（一五五六）年八月の稲生合戦で、勝家は林佐渡守とともに信長と合戦に及んで敗れた。信勝が勝家を蔑《ないがし》ろにして津々木《つづき》蔵人《くろうど》某を重用するに至って、信長に信勝を讒《ざん》訴《そ》し、永禄元（一五五八）年一一月の信勝暗殺に一役買った。

信長が清須織田家中を統一すると、勝家は事実上の筆頭家老として織田家臣団で重きをなし、数多くの合戦で武功を挙げた。信長が上洛し、元亀元（一五七〇）年五月に重臣を近江に分封した際には、近江長光寺《ちょうこうじ》城（滋賀県近江八幡《おうみはちまん》市長光寺町）に配置された。元亀四（一五七三）年に足利義昭が挙兵した際も京都攻撃を指揮。近江浅井、越前朝倉攻めにも参戦した。

朝倉家滅亡後、越前支配は前波吉継《まえばよしつぐ》ら朝倉旧臣に委《ゆだ》ねられたが、天正二（一五七四）年一月に一向一揆《いっき》が起こり、前波吉継らを殺害。翌天正三年八月、信長は三万の軍勢を率いて一揆を殲滅《せんめつ》し、越前に尾張・美濃以来の織田家臣を配置。勝家に八郡を支配させ、残り二郡を前田利家、佐々成政、不破光治《ふわみつはる》に、大野《おおの》郡を金森長近《かなもりながちか》らに任せた。

加賀は簗田広正《やなだひろまさ》に与えられたが、一向一揆が蜂起《ほうき》し、天正四年に更迭される。勝家は佐々成政、前田利家らを指揮下に置き、加賀平定も担当。

天正五（一五七七）年、越後の上杉謙信が越中・能登に触手を伸ばしてくると、勝家は上杉軍と越中湊川《みなとがわ》で合戦するも大敗してしまう。

しかし、翌天正六年三月に謙信が急死し、上杉軍の越中侵攻の動きが一時的に鈍ると、勝家は天正八（一五八〇）年一一月に加賀を平定。天正九（一五八一）年に佐々成政に越中、前田利家に能登が与えられる。能登はほぼ平定していたものの、越中は上杉軍と一進一退の状態だったため、勝家も支援しながら翌天正一〇年六月三日に魚津《うおづ》城を攻め落とし、平定するに至った。

図４－３：柴田勝家系図

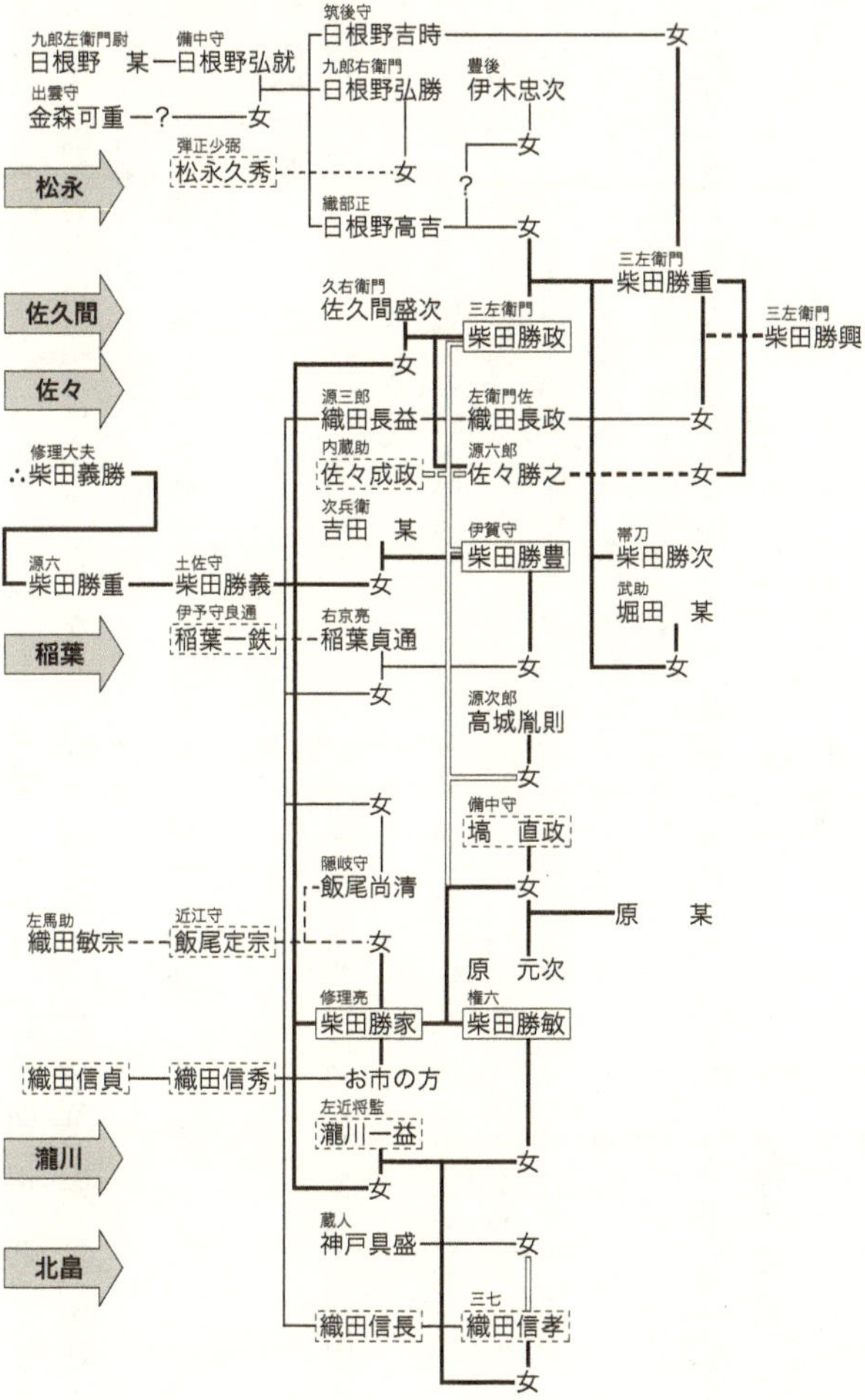

筑後守
日根野吉時
女
九郎左衛門尉
日根野　某
備中守
日根野弘就
出雲守
金森可重
?
女
九郎右衛門
日根野弘勝
豊後
伊木忠次
女
松永
弾正少弼
松永久秀
女
?
織部正
日根野高吉
女
三左衛門
柴田勝重
三左衛門
柴田勝興
佐久間
久右衛門
佐久間盛次
三左衛門
柴田勝政
佐々
女
源三郎
織田長益
左衛門佐
織田長政
女
修理大夫
∴柴田義勝
内蔵助
佐々成政
源六郎
佐々勝之
女
次兵衛
吉田　某
伊賀守
柴田勝豊
帯刀
柴田勝次
源六
柴田勝重
土佐守
柴田勝義
女
武助
堀田　某
稲葉
伊予守良通
稲葉一鉄
右京亮
稲葉貞通
女
女
女
源次郎
高城胤則
女
女
備中守
塙　直政
隠岐守
飯尾尚清
女
原　某
左馬助
織田敏宗
近江守
飯尾定宗
女
原　元次
修理亮
柴田勝家
権六
柴田勝敏
織田信貞
織田信秀
お市の方
左近将監
瀧川一益
瀧川
女
女
蔵人
神戸具盛
女
北畠
三七
織田信長
織田信孝
女

その前日、本能寺の変が起きるが、上杉軍との合戦中の勝家は、京都方面に軍を進めることができず、羽柴秀吉に後塵《こうじん》を拝することになる。清須会議では秀吉に主導権を握られ、領地配分も秀吉の旧領・北近江を手に入れるにとどまった。

翌天正一一年四月に賤ヶ岳の合戦で秀吉に敗れ、北ノ庄城（福井市）で自刃した。

斯波の一族？

『寛政重修諸家譜』によれば、柴田家の「始祖修理大夫義勝《しゅうりのたいふよしかつ》、斯波《しば》の氏族にして越後国柴田城に住せしより家号とすといふ」。

越後国柴田城とは、現在の新潟県新発田《しばた》市のことらしい。尾張のシバ家の一族が新潟のシバタに住んで、また尾張に戻ってくるというのは信じがたい。シバタという苗字《みょうじ》から、シバの末裔《まつえい》を仮託し、シバタという地名を探して、安易に越後の新発田に引っかけたものであろう。

しかも、『寛政重修諸家譜』では、柴田家の系図を柴田勝家からはじめ、始祖・義勝と勝家にどのような関係があるのか、義勝が斯波家の誰から分かれたのかを記述していない。

『尾張群書系図部集』所収の系図によれば、柴田義勝は斯波高経《たかつね》の四代の孫で、勝家の曾祖父《そうそふ》にあたると記述しているが、あまり信用できない。その系図によれば、柴田修理大夫義勝は、尾張守護・斯波義良《よしすけ》を補佐するため、愛知郡下社《しもやしろ》村に来たという。

さらにその子・柴田源六勝重《げんろくかつしげ》（?～一五〇三）は、はじめ九代将軍・足利義尚《よしひさ》の家臣で、のちに斯波義運《よしみち》（義達《よしみち》の誤りか）に仕え、明応《めいおう》三（一四九四）年に愛知郡下社村に来て、愛知郡一《いっ》色村《しき》（名古屋市名東区一社）の城主となったという。

勝重の子・柴田土佐守勝義（？～一五四二）には事績が記されておらず、その子が柴田権六勝家だという。

ちなみに、その系図によれば、柴田勝家は享禄三（一五三〇）年に下社村に生まれたという。天正一一（一五八三）年四月に賤ヶ岳の合戦に敗れて自刃した時、数え年で五四歳ということになり、少し若すぎる気がする。一方、『戦国　佐久間一族』では、勝家を大永二（一五二二）年生まれとしているが、根拠は不明である。

なお、『尾張志』の一色城の項では「一色城の城主は柴田源六と里の人は伝えている。（中略）同村の神蔵寺《じんぞうじ》には、柴田源六勝重がこの寺を創建し、雲岫《うんしゅう》麟棟和尚《りんとうおしょう》を招待して開祖としたという記録が残っている。勝重は文亀三（一五〇三）年七月二日に没した。（中略）織田家の老臣・柴田権六勝家はこの隣村・上社《かみやしろ》村の人で、天正一〇年四月、越前国北ノ庄城内で死んだ時、六〇余歳だったというから、勝家がもし勝重の末裔ならば、勝重は祖父か曾祖父にあたるのではないか」（意訳）と記している。

勝重は実在したと考えられるが、義勝、勝義は伝説上の人物の域を出ていない。勝重が清須織田家の達勝から偏諱《へんき》を与えられ、勝家もその字を継承したと考えるのが妥当であろう。

土豪クラスか？

谷口克広氏は、柴田勝家について「信秀の生前に信勝付きとされており、信秀の葬儀の時には、信勝随行の家臣の筆頭にその名が記されている。（中略）彼は信秀の時代からそれなりの地位にいたはずである。

ところが、柴田に関しては、その父の名さえわかっていないのである。出身地は愛知郡上社村（現名古屋市名東区）といわれている。おそらく、土豪クラスの家の出身なのだろう。信秀に剛勇さを見込まれ、槍働きで出世した人物とするのは、あまりに推測が過ぎるであろうか」と評している（『信長軍の司令官』）。

しかし、勝家の姉が愛知郡屈指の有力者である佐久間家に嫁いでいることを考えると、柴田家が取るに足らないほどの家柄だったとは思えない。勝家の姉が絶世の美女であるなら話は別だが、通常、婚姻関係は釣り合った家格で行われるからだ。

また、勝家の祖父と思われる人物が寺を建立しており、寺を建立するだけの財力を持った家系ということではないだろうか。

前妻は名門・飯尾家から

和田裕弘氏によれば、「勝家の正室については、後室は有名な『お市』（信長の妹）だが、最初の妻は、織田一族の飯尾《いいのお》氏である。桶狭間の戦いの時、鷲津山砦《わしづやまとりで》を守備した飯尾定宗《さだむね》の娘であり、同尚清《ひさきよ》の姉妹である。尚清の妻は信長の姉妹なので、正室を介しても信長とつながりを持っていたことになる。しかし、この正室は天正四年に没した」という（『織田信長の家臣団』）。

飯尾近江守定宗（？～一五六〇）は織田信秀の従兄弟で、飯尾家の養子となり、中島郡奥田《おくだ》村（愛知県稲沢市奥田町）に居城を構えた。

『寛政重修諸家譜』では、子の飯尾隠岐守《おきのかみ》信宗《のぶむね》（尚清。一五二八～九一）の母を「細川右京大夫晴元が女《むすめ》」と記し、定宗の妻を管領・細川家の出身と記している。谷口克広氏は「『重修譜』に、室町幕府の直臣として相伴衆に加えられた、とあるが、これは、幕臣の飯尾氏の誰かとの混同であろう」と指摘し、経歴詐称を疑っている（『織田信長家臣人名辞典』）。細川家との婚姻関係も改竄《かいざん》の疑いが濃い。

しかし、飯尾父子は桶狭間の合戦で砦の守備を任され、信長の一族の中でも大身であることは間違いない。柴田勝家が飯尾家から妻を迎えたことは、勝家の家柄が高かったことを示唆させる。

さらに、飯尾家の居城・奥田城が西尾張に位置していることから、柴田家と飯尾家が直接婚姻を結んだのではなく、信秀の仲介があったと思われる。

姉妹から拡がる閨閥

勝家の「姉は吉田《よしだ》次兵衛に嫁し、のち勝家の養子となった柴田勝豊を産んだ。勝豊は、最後

は勝家を裏切り、秀吉に寝返った。尾張の佐久間氏の本流である佐久間盛次《もりつぐ》に嫁した姉妹もいる。（中略）

瀧川一益に嫁した妹もいる。一益の娘『於伊地《おいち》』は勝家の子権六に嫁しているので、柴田勝家と瀧川家は重縁で結ばれていたことになる。（中略）勝家嫡男に信長の娘が嫁していることを記している。一益の娘を信長の養女として嫁がせたのだろう」（『織田信長の家臣団』）。勝家の姻戚関係は、姉妹によって形成されているところが大きい。

勝家の子女

『寛政重修諸家譜』によれば、柴田勝家には実子はなく、三男一女の養子がいる。

・養子　柴田権六勝敏（一五六八〜八三）某氏の男（実子の可能性あり）。
・養子　柴田三左衛門《さんざえもん》勝政《かつまさ》（一五五七〜八三）佐久間盛政の三弟。
・養子　柴田伊賀守勝豊《かつとよ》（?〜一五八三）某氏（吉田次兵衛《よしだじへい》）の子。
・養女　高城《たかぎ》胤則《たねのり》の妻　家臣・中村文荷斎《ぶんかさい》（宗教《むねのり》）の娘。

しかし、和田裕弘氏によれば、勝家には『寛政重修諸家譜』に掲載されていない実子がいるらしい。養子も含め、勝家の子女について、以下のように紹介している。

「息子については、庶子の庄左衛門（茂左衛門）勝里《かつさと》は信雄に仕えたという（中略）実子のほか、柴田伊賀守勝豊（甥）、同勝政（甥）、同六之助（側近の中村宗教《むねのり》の子息）を養子とした。（中

略）

娘については、（中略）塙直政に嫁した娘がいる。直政討死後は、原元次《もとつぐ》に再縁して男子を産んだが、後年、秀吉に勝家の孫ということで処刑された。また、中村宗教（聞下斎《ぶんかさい》）の娘を養女にしたという」（『織田信長の家臣団』）。

また、『尾張群書系図部集』では、勝家の遺児に柴田長三郎勝忠《ちょうざぶろうかつただ》（?〜一六一四）がおり、その子孫・柴田英勝《ひでかつ》氏が稲沢市に在住すると伝えるが、真偽は不明である。この家には比較的著名な柴田勝家の肖像画が伝わっており、毎年盆供養しているという。

これ以外にも勝家の遺児・柴田庄左衛門勝里《しょうざえもんかつさと》、および勝家の庶兄・入道信慶《にゅうどうしんけい》を祖とする尾張藩士の家系があるが、いずれも信じがたい。

また、信長が瀧川一益の娘を養女として、勝家の子に嫁がせたことは、第2章第3節の「三の丸殿」の項で既述した。

養子・勝豊との不和

柴田勝家の家督は、当初、養子の**柴田伊賀守勝豊**（?〜一五八三）が継ぐことになっていたらしい。「同じ勝家の甥でも、佐久間盛政は勝家の部将として第一線で働いているのに対し、勝豊の戦場での経験は乏しいが、養子となっているだけに、信長からも勝家身内としてそれなりの扱いを受けている」（『織田信長家臣人名辞典』）。

天正三（一五七五）年に勝家が越前に移ると勝豊は越前丸岡《まるおか》城を与えられ、本能寺の変後に勝家が秀吉の旧領・長浜《ながはま》を取得すると、勝豊は長浜城を与えられている。

ところがその頃、勝家と勝豊の仲は不和になっていた。勝豊は「勝家に実子権六が生まれて嗣子としての資格を失い、さらに同じ甥の佐久間盛政が重用されるようになると、とかく勝家に疎んじられがちになっていた」（『織田信長家臣人名辞典』）。

羽柴秀吉と勝家の対立が深まると、秀吉は勝家と勝豊の不和を見逃すはずもなく、勝豊は調略されて天正一〇（一五八二）年一二月に長浜城を秀吉に明け渡している。なお、勝豊は賤ヶ岳で決戦が行われる五日前、翌天正一一年四月一六日に京都で病死している。

もう一人の養子・勝政とその子孫

勝家のもう一人の養子・**柴田三左衛門勝政**（一五五七〜八三）は賤ヶ岳の合戦で討ち死にした。妻は日根野織部正高吉《ひねのおりべのしょうたかよし》の娘である。

日根野（日禰野とも書く）家は美濃斎藤家の重臣で、高吉の父・日根野備中守弘就《ひろなり》（?〜一六〇二）は稲葉山城陥落後も信長に臣従せず、駿河の今川家、近江の浅井家と渡り歩き、長島一向一揆に参加するなど徹底抗戦したが、天正二（一五七四）年頃にやっと信長の軍門に降《くだ》ったらしい。日根野高吉はその長男である。

ではなぜ、勝家は、養子・勝政の妻に日根野高吉の娘を選んだのか。あくまで推測の域を出ないが、高吉が金森長近の近親にあたるからだろう。長近は美濃（もしくは近江）出身で、越前では勝家の与力になっていた。

賤ヶ岳の合戦で勝政が討ち死にすると、その遺児・権六郎《ごんろくろう》（のち柴田三左衛門勝重《かつしげ》。一五七九〜一六三二）は外祖父・日根野高吉に育てられた。

徳川家康に仕えて上野国群馬・碓井《うすい》二郡のうち、二〇〇〇石を与えられ、関ヶ原の合戦に参陣。大坂夏の陣で武功を挙げ、五〇〇石を加増された。孫・柴田三左衛門勝門《さんざえもんかつかど》の時にも加増され、子孫は三五〇〇石の旗本となった。

勝重の妻は日根野筑後守吉時《ちくごのかみよしとき》（高吉の弟）の娘で、勝重の母の従姉妹《いとこ》にあたる。後妻に織田長政（信長の甥）の娘、および佐々勝之の娘（勝重の従姉妹）を迎えている。

第５章　那古野譜代

第１節　「那古野譜代」とは

信長子飼いの旗本

信長の父・織田信秀は、天文七（一五三八）年に那古野城主・今川氏豊《うじとよ》を放逐して那古野城を奪い、天文一五（一五四六）年頃に信長を残して古渡城へ移転した。その間に信秀に（仕えたか、もしくは信秀移転以後に信長に）仕えた家臣を本書では「那古野譜代」と呼んでいる。

那古野今川家の旧臣の多くは、信秀の家臣団、もしくは清須織田家の家臣団に転じた。また、信秀・信長父子は、那古野今川家領近郊の国人・土豪の庶子をカネで雇って家臣団を充実化したと推察される。かれらが「那古野譜代」なのである。

「家臣の伝承地からみれば、今川那古野氏は、庄内川と天白川に挟まれた愛知郡・春日井郡南部のかなり広範な地域を勢力下において」いた（『新修　名古屋市史　２』）。

信長の有力家臣のうち、この地域出身であるのは以下の通りである。

・**丹羽《にわ》長秀**　春日井郡児玉村（名古屋市西区児玉）

・**佐々成政**《さつさなりまさ》　春日井郡比良村《ひら》（名古屋市西区山田町比良《やまだ》）
・塙《はなわ》　直政　春日井郡大野木村《おおのぎ》（名古屋市西区大野木）
・簗田広正《やなだ》　春日井郡九坪村（愛知県北名古屋市九之坪《くのつぼ》）
・河尻秀隆　愛知郡岩崎村（愛知県日進市岩崎町）
・丹羽氏勝《うじかつ》　愛知郡岩崎村（愛知県日進市岩崎町）

この他、信長を離反したが、父・信秀の有力家臣だった**山口教継**《のりつぐ》（愛知郡鳴海村）。那古野城の筆頭家老・**林佐渡守秀貞**。そして、実家（愛知郡荒子村）は「勝幡譜代」に属すると思われるが、**前田利家**自身は土豪の庶子としてカネで雇われた「那古野譜代」に属すると推察される。

那古野譜代の三分類

那古野譜代は大きく三つのグループに分類できる。

一つめは「旗本選抜」。那古野今川家臣などから、信長が旗本として育成してきた小身の武士たちである。具体的には、丹羽長秀、佐々成政、河尻秀隆、塙直政、前田利家、簗田広正らである。

二つめは「要衝の有力者」。愛知郡の東端、交通の要衝に位置する有力者。具体的には、鳴海村の山口家、岩崎村の丹羽家である。

三つめは「附家老」の林佐渡守である。

表5－1：天正3年の家臣改名

氏名	改姓・改称の区分			譜代・外様の区分
	苗字	官途	その他	
丹羽長秀	惟住			那古野譜代
塙　直政	原田	備中守		那古野譜代
簗田広正	別喜	右近		那古野譜代
明智光秀	惟任	日向守		外様衆
羽柴秀吉		筑前守		その他清須譜代
村井貞勝		長門守		不明
松井友閑			宮内卿法印	不明
武井夕庵			二位法印	不明

なぜ改姓したのは那古野譜代ばかりなのか

天正三（一五七五）年七月、信長は「主立った家臣を任官させることを願い出、勅許を受ける」。谷口克広氏によれば、その時のメンバーは、松井《まつい》友閑《ゆうかん》、武井《たけい》夕庵《せきあん》、明智光秀、簗田広正、丹羽長秀、村井貞勝、塙直政、羽柴秀吉だという（『信長軍の司令官』）。

この八人を苗字《みようじ》、官途のいずれを与えられたかで分類すると、明智光秀、簗田広正、丹羽長秀、塙直政の四人が苗字を与えられており、うち三人までが「那古野譜代」の旗本選抜組なのである。［表5－1］

ではなぜ、当時、織田家臣団の事実上のナンバー1、2だった柴田勝家、佐久間信盛は新たな苗字を賜る栄誉に浴しなかったのか。それは、おそらく柴田や佐久間という苗字が、地元尾張でネームバリューのあるブランドだったからではないか。

換言するなら、丹羽、簗田、塙は、かれらの地元でもたいした家系でなかったから、改姓しても支障がないと信長は判

図5－0：那古野譜代

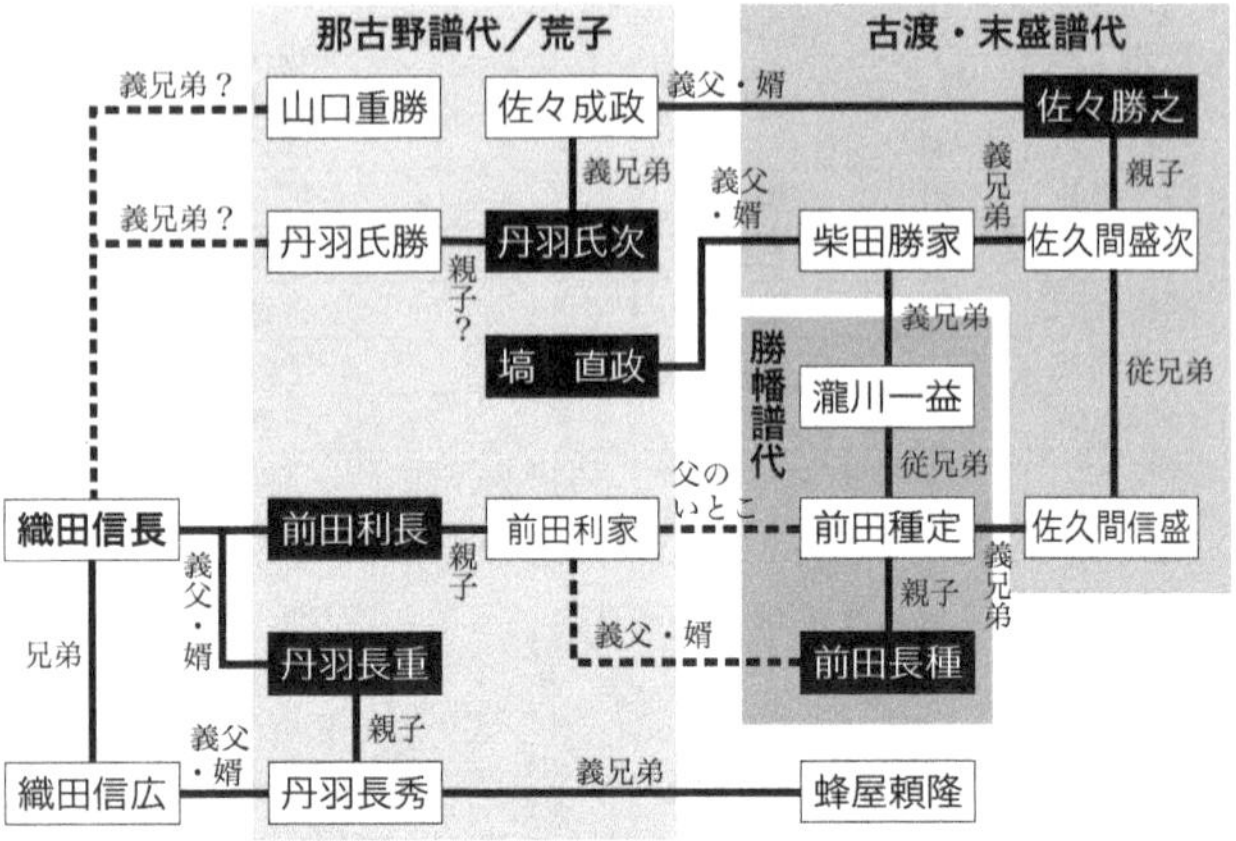

黒地は親子世代の婚姻で、子供世代を示す。

断したのだろう。そのように考えると、光秀も名門の出身ではない可能性が高い。

那古野譜代の婚姻関係

「那古野譜代」（岩崎村の丹羽家、鳴海村の山口家を除く）の婚姻関係の特徴は、子どもの世代まで拡げないと閨閥《けいばつ》が成立しない点にある。

たとえば、前田利家の嫡男と織田信長の娘、前田利家の娘と前田種定の嫡男、佐々成政の姉妹と丹羽氏勝《うじかつ》の嗣子、佐々成政の娘と柴田勝家の甥《おい》といった具合である。［図5－0］

「那古野譜代」の多くは、小身の武士が信長の旗本を経て部将に抜擢《ばってき》されたケースが多かったので、自らが婚姻する相手は同じく小身の武士の出身でしかなかった。子どもが婚期を迎える頃にやっと有力者の子弟と婚姻を結んで閨閥を形成することができるようになったと考えられる。

「那古野譜代」で自身の婚姻によって閨閥を形成したのは、塙直政、丹羽長秀くらいである。塙直政は柴田勝家の娘を後妻とした。換言するなら、自分自身が子ども世代に属していたということかもしれない。

これに対し、丹羽長秀は自身が織田家から妻を迎えている稀有《けう》な事例である。しかし、長秀の閨閥は妻が信長の姪《めい》で、嫡男・丹羽長重が信長の娘を妻にしていることくらいで、あとは大津伝十郎長昌《おおつでんじゅうろうながまさ》に嫁いだ妹が、蜂屋頼隆《はちやよりたか》に再縁したくらいしかない。織田家との閨閥を除くと、織田家臣団が形成する閨閥ネットワークから孤立している。

換言するなら、丹羽長秀は極めて低い身分の出で、信長が姪を嫁がせて箔《はく》を付けなければ、登用すら憚《はばか》られるくらいだった。しかし、長秀を先例にすることで、信長は旗本クラスの登用を進めることが可能となり、さらに低い身分の木下秀吉や美濃から流れ着いた金森長近、蜂屋頼隆などを抜擢することができたのだろう。

第2節　丹羽長秀

信長の近臣

丹羽五郎左衛門長秀《ごろうざえもん》（一五三五〜八五）は、尾張国春日井郡児玉村（名古屋市西区児玉町）に生まれ、信長の近臣として一五歳から仕えた。

永禄八（一五六五）年頃の犬山城攻略では重臣・和田新介《わだしんすけ》、中島《なかじま》豊後守の調略に成功。次いで、東美濃でも加治田《かじた》城主調略、および猿啄《さるばみ》城、堂洞《どうぼら》城攻略に功績があった。

元亀元（一五七〇）年以降、近江浅井攻めでは木下秀吉とともに主軸となった。佐和山城を囲んで、翌元亀二年二月の城主・磯野員昌の投降に功あり、そのまま佐和山城主に登用される。浅井・朝倉滅亡後は若狭《わかさ》支配を任され、天正三（一五七五）年に惟住《これずみ》姓を賜る。天正一〇（一五八二）年五月に織田信孝の四国遠征に附《つ》けられるが、翌六月の本能寺の変で遠征軍が崩壊。羽柴秀吉の軍勢とともに山崎の合戦で明智光秀軍を破った。清須会議で秀吉を支持し、若狭の他に近江高島・志賀の二郡を得た。

翌天正一一年四月の賤ヶ岳の合戦では、羽柴・柴田のいずれにもつかず、不参加を決め込んだが、最終的には秀吉方につき、越前と加賀能見《のみ》・江沼《えぬま》の二郡を得て、計一二三万石を領した。

信長上洛《じょうらく》後は畿内《きない》の行政にも携わり、天正四（一五七六）年に安土城築城がはじめられると、その普請奉行を命ぜられている。行政官としての手腕も高く、犬山城や東美濃での調略といい、個人的な資質も高かった。しかし、信長の生前に若狭一国しか与えられなかったのは、軍事的な指揮官としての評価が高くなかったのだろう。

丹羽家の系図

丹羽家の系図もはっきりしない。［図5－1］

丹羽家の公式見解としては、「寛永系図にいはく、先祖は武蔵国児玉《こだま》党にして平氏なり。後尾張国にうつり、藤原にあらたむ。今の呈譜に関白道隆《かんぱくみちたか》の孫遠峯《とおみね》武蔵国児玉をもって称号とす。其《その》子孫尾張国丹羽郡にうつり、家号を丹羽にあらため、其のちまた同国春日井郡児玉村にうつり住す。長政はその後胤《こういん》なりといふ」（『寛政重修諸家譜』）と記されているが、実際には児玉村に住んでいたから児玉氏の子孫を僭称《せんしょう》したのだろう。

尾張の丹羽家といえば、愛知郡岩崎村（愛知県日進市岩崎町）の丹羽家の方が大身なので、長秀はその支流ではないかという説もある。

長秀の父・丹羽修理亮長政《しゅうりのすけながまさ》以前の系譜は不明である。

父・長政は「代々斯波家につかへて功あり。某年死す。法名禅慶」。兄・丹羽将監長忠《しょうげんながただ》は「少年より斯波家につかふ」というが、児玉村の位置から考えて、実際には那古野今川家に仕えていた可能性が高い。

そもそも、父の名前が「長政」だったのかも非常に怪しい。長秀は、おそらく信長から「長」という字をもらって、長秀という名前にしたに違いない。そう考えると、長秀の父が「長」の字を使っている可能性は極めて低い。

妻は織田信広の娘

長秀の正室は信長の養女で、信長の庶兄・織田三郎五郎信広の娘である。婚姻は永禄六（一五六三）年だという。

信長の養女と長秀の婚礼は織田家中にとって極めて異例な事態だったと言ってよい。信長の姉妹は織田一族や尾張国内の有力国人などと結婚する例が多く、家臣と結婚したのは信長の死後にお市の方が柴田勝家に再縁したこと、神保の元妻が稲葉貞通に再縁したことしかない。永禄一二（一五六九）年に信長の娘が蒲生氏郷と結婚したといわれるが、それまで信長の近親が家臣と結婚する事例はなく、長秀は家中でも一目置かれたことだろう。

丹羽長秀は織田家の婚姻以外、妹が蜂屋頼隆に再縁したくらいで、有力部将クラスとの婚姻がない。織田家臣団の閨閥から浮いた存在である。これは長秀の出自がかなり低く、小領主クラスにも相手にされなかったからだと考えられる。

そこで、信長は養女との婚姻で長秀に箔を付け、部将として抜擢したのだろう。永禄八（一五六五）年頃の犬山城・東美濃攻略で長秀は華々しい手柄を挙げる。

図5－1：丹羽家系図

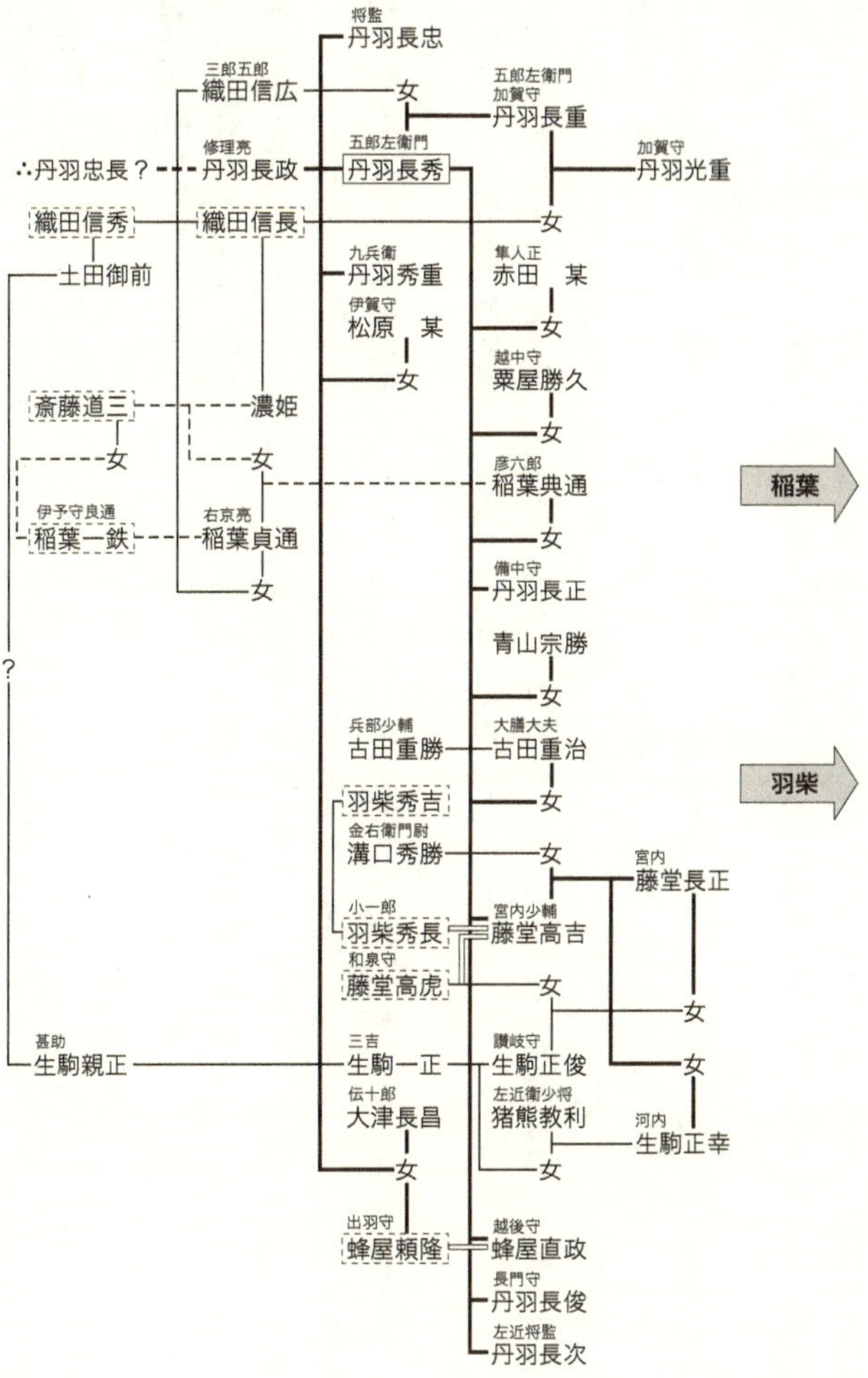
将監
丹羽長忠
三郎五郎
織田信広
女
五郎左衛門
加賀守
丹羽長重
修理亮
∴丹羽忠長？
丹羽長政
五郎左衛門
丹羽長秀
加賀守
丹羽光重
織田信秀
織田信長
女
土田御前
九兵衛
丹羽秀重
隼人正
赤田　某
伊賀守
松原　某
女
女
越中守
粟屋勝久
斎藤道三
濃姫
女
女
女
彦六郎
稲葉典通
稲葉
伊予守良通
稲葉一鉄
右京亮
稲葉貞通
女
女
備中守
丹羽長正
青山宗勝
？
女
兵部少輔
古田重勝
大膳大夫
古田重治
羽柴
羽柴秀吉
女
金右衛門尉
溝口秀勝
女
宮内
藤堂長正
小一郎
羽柴秀長
宮内少輔
藤堂高吉
和泉守
藤堂高虎
女
女
甚助
生駒親正
三吉
生駒一正
讃岐守
生駒正俊
女
伝十郎
大津長昌
左近衛少将
猪熊教利
河内
生駒正幸
女
女
出羽守
蜂屋頼隆
越後守
蜂屋直政
長門守
丹羽長俊
左近将監
丹羽長次

織田家中では、長秀の抜擢を見て、低い出自でも才能如何《いかん》で幾らでも出世のチャンスがあることを感じ取ったに違いない。

蜂屋頼隆との婚姻関係

長秀の姉妹は**大津伝十郎長昌**《おおつでんじゅうろうながまさ》（?～一五七九）と松原伊賀守に嫁いでいる。

大津伝十郎は、尾張国中島郡府中宮（愛知県稲沢市国府宮《こうのみや》町）の出身で、信長の側近。「軍事面よりも内政面での活躍が多い」「信長の側近として大きな力を振るってきた」が、荒木村重謀叛《むほん》の攻め手として摂津高槻《たかつき》城に赴任し、天正七（一五七九）年に病死した（『織田信長家臣人名辞典』）。

伝十郎の妻は**蜂屋兵庫頭頼隆**（?～一五八九）に再縁している。

蜂屋はどちらかといえば柴田勝家と行動をともにしていたが、勝家の越前行きには附けられず、近江愛知《えち》郡肥田《ひだ》（滋賀県彦根市）城主を経て、天正八（一五八〇）年の佐久間信盛追放後、丹羽長秀、津田信澄とともに大坂に赴任。和泉岸和田《きしわだ》（大阪府岸和田市）城主に任ぜられた。この頃から丹羽・津田・蜂屋がともに行動するようになり、おそらく長秀の姉妹との婚姻もこの頃成立したのだろう。

天正一〇（一五八二）年の神戸信孝の四国征伐で、長秀と頼隆はともに副将とされた。頼隆には子がなく、長秀の四男・**蜂屋越後守直政**《なおまさ》を養子に迎えたが、早世したらしく、頼隆の死で蜂屋家は無嗣廃絶となった。

もう一人の姉妹が嫁いだ松原伊賀守については詳細不明である。

なお、二本松《にほんまつ》藩家老・丹羽家は「本姓浅見氏、初祖忠政は丹羽長秀の妹を妻とし、元和元年大坂夏の陣で討死」したという（『三百藩家臣人名事典』）。松原に嫁いだ妹が再縁したのか、もしくは松原伊賀守の本姓が浅見だったのかもしれない。

嫡男・長重の没落と御家再興

長秀の嫡男・丹羽加賀守長重（一五七一～一六三七）は、信長の五女（一五七四～一六五三）と結婚し、二重の婚姻関係を結んでいる。いかに長秀が信長から気に入られていたかを示すものだろう。ちなみに、信長の娘と長重の婚姻は、生前の信長が天正八（一五八〇）年に指示し、本能寺の変後の天正一〇（一五八二）年七月に、羽柴秀吉の介添えによって輿入《こしい》れされたという。

長秀は晩年に越前と加賀能見・江沼の二郡一二三万石を領したが、嫡男・長重が一三歳で跡を継ぐと、秀吉にいろいろと難癖を付けられ、最終的には加賀小松一二万石に減らされてしまった。さらに、慶長五（一六〇〇）年の関ヶ原の合戦において、長重は北陸の地で前田利長と合戦に及ぶも私闘とみなされ、領地を没収されてしまう。

こうした経緯から長重が凡庸だったとの評価が多い。ただ、人を見る目は肥えていたようだ。

「北陸版」関ヶ原の合戦の後、前田家から利家の四男（のちの利常）が人質として丹羽家に来ると、長重は利常の非凡さを見抜き、自ら梨の皮をむいて与えるほど可愛がり、「（長兄の）利長公はまだ若くて、これから子どもも出来るだろうけれど、お前さんは何があっても最後には、（加賀、能登、越中）三カ国を手にするだろう」と語ったという。

領地を失った長重であったが、苦境を救ってくれる友人がいた。二代将軍・徳川秀忠（一五七九～一六三二）である。

秀忠は家康に何度も訴えて長重を常陸古渡《ふっと》一万石に復帰させた。その後、長重は大坂夏の陣で武功を挙げて三万石に加増され、秀忠の時代になると陸奥白河《しらかわ》藩一〇万七〇〇石に加増されている。持つべきものは友人である。

子の丹羽左京大夫光重《みつしげ》（一六二一～一七〇一）の時に陸奥二本松藩に移り、子孫は代々二本松藩を治めた。戊辰《ぼしん》戦争での死闘は有名である。

長秀の子どもたち

『寛政重修諸家譜』によれば、長秀には六男五女がいる（★は嫡出）。

・長男★丹羽加賀守長重（一五七一～一六三七）妻は織田信長の娘
・次男　丹羽備中守長正《ながまさ》
・三男　藤堂宮内少輔《とうどうくないのしょう》高吉《たかよし》（一五七九～一六七〇）羽柴秀長、のち藤堂高虎《たかとら》の養子

・四男　蜂屋越後守直政（生没年不詳）蜂屋頼隆の養子
・五男　丹羽長門守長俊《ながとし》（?～一六一二）
・六男　丹羽左近将監《さこんしょうげん》長次《ながつぐ》（一五八四～一六一九）妻は家臣・坂井《さかい》直家《なおいえ》の娘
・長女　赤田《あかだ》隼人正《はやとのしょう》の妻
・次女　粟屋《あわや》越中守勝久《かつひさ》の妻
・三女　稲葉彦六郎《ひころくろう》典通《のりみち》の妻
・四女　青山修理亮《しゅりのすけ》宗勝《むねかつ》の妻
・五女　古田《ふるた》大膳大夫《だいぜんだいふ》重治《しげはる》の妻

目を引くのは三男・藤堂宮内少輔高吉が羽柴小一郎長秀（豊臣秀吉の実弟。以下、豊臣秀長）の養子になっていることだろう。

本能寺の変後、羽柴秀吉が丹羽長秀の歓心を買うため、実子がなかった弟の秀長に、長秀の三男・仙丸《せんまる》（のちの藤堂高吉）を養子に迎えたのだという。

しかし、豊臣政権が盤石になるにつれて、秀長の嗣子には豊臣一族から甥・豊臣辰千代秀俊を養子に迎えることになり、邪魔になった仙丸は、秀長の家臣だった藤堂高虎に引き取られた。なお、高吉夫人は、越後新発田藩の藩祖・溝口《みぞくち》金右衛門尉秀勝《ひでかつ》（一五四八～一六一〇）の娘であるが、これは溝口が元々長秀の家臣だったからだと思われる。

長秀の娘たち

長秀の娘は赤田隼人正、粟屋《あわや》勝久、稲葉典通、青山宗勝、古田重治に嫁いでいる。

粟屋越中守勝久は、若狭《わかさ》「武田家四家老」の一人と呼ばれた重臣で、元亀元（一五七〇）年に信長に服属している。この頃から織田家の若狭支配は丹羽長秀に委《ゆだ》ねられている。長秀が在地支配を円滑にするために、娘を粟屋に嫁がせたのだろう。

長秀の死後、丹羽家が大幅減封されるにあたり、粟屋は丹羽家の下を去り、義弟・稲葉典通を頼って、その家臣となったという。

稲葉彦六郎典通（一五六六～一六二六）は稲葉一鉄の孫で、子の稲葉彦四《ひこし》郎《ろう》一通《かずみち》が天正一五（一五八七）年生まれのことを考えると、長秀の娘との婚姻は本能寺の変後と思われる。

青山修理亮宗勝は長秀の家臣で、譜代大名・青山家とは関係がない。

古田大膳大夫重治（一五七八～一六二五）は美濃出身。父・吉左衛門《きちざえもん》重則《しげのり》、および兄・古田兵部少輔《ひょうぶのしょう》重勝《しげかつ》（一五六〇～一六〇六）はともに秀吉に仕えた。つまり、信長の死後、秀吉政権における婚姻関係だったということだ。

長秀は織田家から夫人を迎えた以外は、その知名度のわりには地味な閨閥しか持たなかった。

第３節　佐々成政

黒母衣衆から府中三人衆へ

佐々内蔵助成政《さっさくらのすけなりまさ》（一五三六?～八八）は、尾張国春日井郡比良村（名古屋市西区山田町比良）に生まれた。

二人の兄・佐々隼人正《はやとのしょう》（一五二三?～六〇）、佐々孫介《まごすけ》（一五二六?～五六）は、天文一一（一五四二）年八月の小豆坂の合戦で信秀に従って功名を挙げ、俗にいう「小豆坂の七本槍《やり》」に選ばれている。しかし、孫介は稲生の合戦、隼人正は桶狭間の合戦で討ち死にし、成政が家督を継いだ。

なお、谷口克広氏によれば、成政の生年には永正一三（一五一六）年、天文五（一五三六）年、天文八（一五三九）年の三つの説があり、永正一三年説がもっとも信憑《しんぴょう》性が高いという（『織田信長家臣人名辞典』）。しかし、永禄初年に成政は黒母衣《ほろ》衆に選ばれており、黒母衣衆の年齢層がおおよそ二一～三〇歳代であることを考えると、永正一三年説（四五歳）はありえないように思われる。

成政は永禄五（一五六二）年五月の軽海《かるみ》合戦で池田恒興とともに敵将・稲葉又右衛門を討ち取り、元亀元（一五七〇）年六月の小谷城攻めでは殿軍《しんがり》を務めている。野田《のだ》・福島《ふくしま》の合戦、比《ひ》叡山《えいざん》の焼き討ち、一乗谷《いちじょうだに》の朝倉攻めなどに加わった。

天正三（一五七五）年五月の長篠の合戦では前田利家とともに鉄砲奉行を務め、同年八月に柴田勝家が越前を与えられると、前田利家・不破光治とともに「府中三人衆」として越前二郡を与えられた。

天正八（一五八〇）年九月から柴田勝家の傘下を離れ、単独で越中攻めを任され、翌天正九年二月に越中一国を与えられる。ただし、越中は征服半ばで、その制圧に注力したがために、天正一〇（一五八二）年六月の山崎の合戦、翌天正一一年四月の賤ヶ岳の合戦はいずれも参加しなかった。

天正一二（一五八四）年の小牧・長久手の合戦で織田信雄に与し、秀吉方の前田利家と交戦するが敗退。秀吉に投降し、天正一五（一五八七）年の九州征伐の後、肥後一国を与えられた。しかし、国内統治に失敗し、翌天正一六年閏《うるう》五月、切腹を命じられた。

佐々家の系図

佐々家の系図もはっきりしない。宇多《うだ》源氏佐々木家の末裔《まつえい》と称し、佐々木家の代表紋・四《よ》つ目結《めゆ》いを家紋としているが、後述するように父親は藤原姓を名乗っている。［図5－2］
佐々家の系図は何本かの異本があり、父の名には諸説がある。
『尾張群書系図部集』によれば、佐々下野守貞則《しもつけのかみさだのり》、佐々伊豆守成宗《なりむね》、余語右衛門大夫盛政《よごうえもんたいふもりまさ》があ

図5－2：佐々家系図

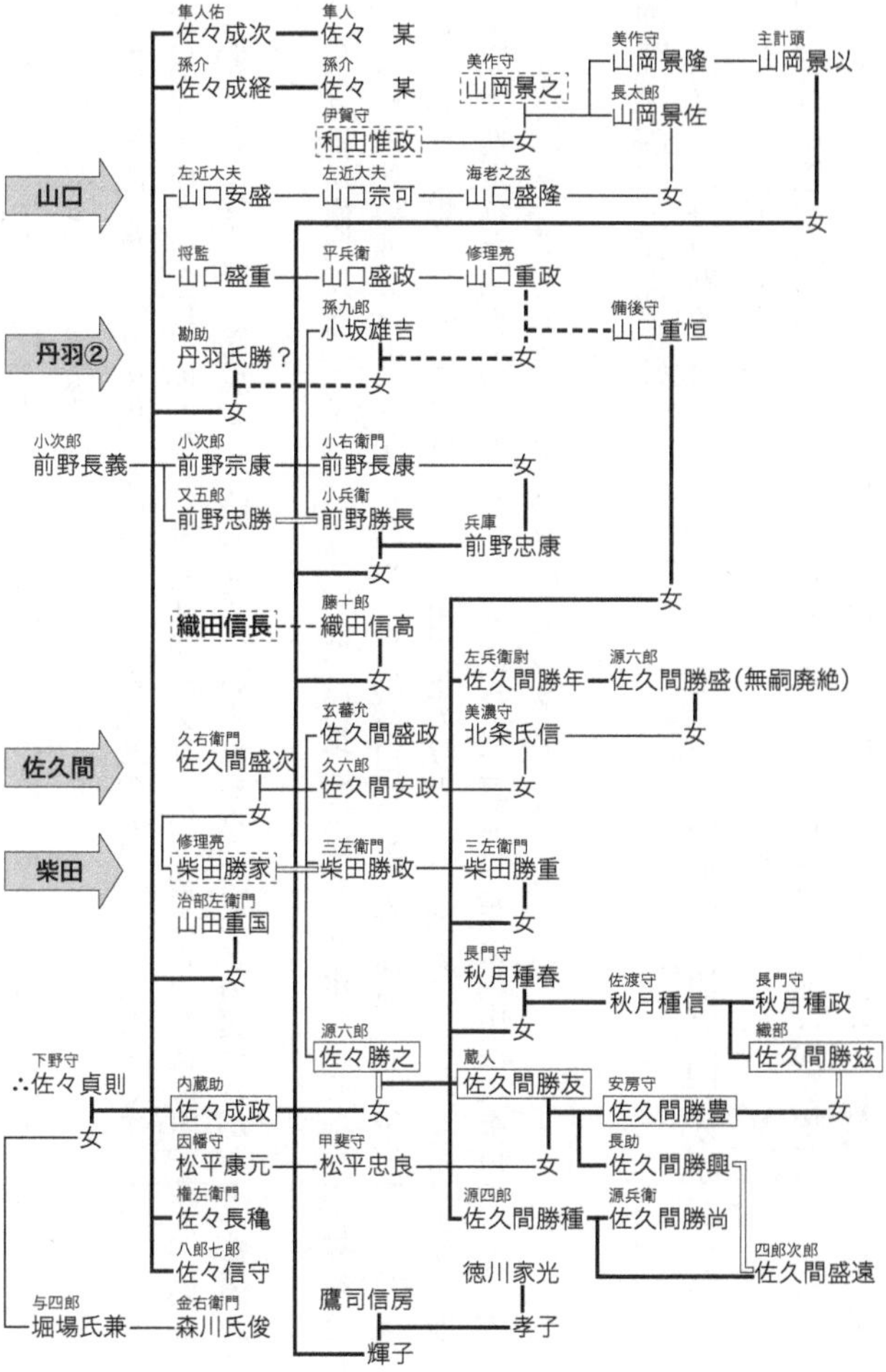
山口
丹羽②
佐久間
柴田
隼人佑 佐々成次
隼人 佐々　某
孫介 佐々成経
孫介 佐々　某
美作守 山岡景之
美作守 山岡景隆
主計頭 山岡景以
長太郎 山岡景佐
伊賀守 和田惟政
女
左近大夫 山口安盛
左近大夫 山口宗可
海老之丞 山口盛隆
女
女
将監 山口盛重
平兵衛 山口盛政
修理亮 山口重政
孫九郎 小坂雄吉
備後守 山口重恒
勘助 丹羽氏勝？
女
女
女
小次郎 前野長義
小次郎 前野宗康
小右衛門 前野長康
女
又五郎 前野忠勝
小兵衛 前野勝長
兵庫 前野忠康
女
女
織田信長
藤十郎 織田信高
女
左兵衛尉 佐久間勝年
源六郎 佐久間勝盛(無嗣廃絶)
玄蕃允 佐久間盛政
美濃守 北条氏信
女
久右衛門 佐久間盛次
久六郎 佐久間安政
女
女
修理亮 柴田勝家
三左衛門 柴田勝政
三左衛門 柴田勝重
女
治部左衛門 山田重国
女
長門守 秋月種春
佐渡守 秋月種信
長門守 秋月種政
女
織部 佐久間勝茲
源六郎 佐々勝之
蔵人 佐久間勝友
下野守 ∴佐々貞則
内蔵助 佐々成政
女
安房守 佐久間勝豊
女
女
長助 佐久間勝興
因幡守 松平康元
甲斐守 松平忠良
女
権左衛門 佐々長穐
源四郎 佐久間勝種
源兵衛 佐久間勝尚
八郎七郎 佐々信守
四郎次郎 佐久間盛遠
徳川家光
鷹司信房
孝子
与四郎 堀場氏兼
金右衛門 森川氏俊
輝子

るが、亀岳山万松寺《ばんしょうじ》に「比良佐々下野守藤原貞則」の銘がある鐘が所蔵されていることを伝えており、貞則がもっとも信憑性が高い。

『尾張群書系図部集』掲載の佐々系図では、佐々成政の兄弟を五男二女としている。

二人の兄・佐々隼人正、佐々孫介の名も諸説があり、佐々隼人正の名は成吉《なりよし》、政次《まさつぐ》、勝通《かつみち》。佐々孫介の名には成経《なりつね》、勝重《かつしげ》という説がある。いずれも古文書などの裏付けがなく、伝説の域を出ない。

弟の**佐々権左衛門長穐**《ごんざえもんながあき》（?〜一六一五?）は、信長の近臣として永禄年間から天正初年にかけて、上杉氏との外交を担当していたらしい（『織田信長家臣人名辞典』）。天正三（一五七五）年に柴田勝家が越前支配を任された後、簗田広正の与力として加賀侵攻を担った。翌天正四年に簗田が更迭された後も加賀にとどまり、天正六（一五七八）年に越中侵攻を担ったが、天正八（一五八〇）年になると兄・佐々成政にバトンタッチされた。

姉妹は山田・丹羽家に嫁ぐ

二人の姉妹は**丹羽勘助氏次**《かんすけうじつぐ》（一五五〇〜一六〇一）、**山田治部左衛門重国**《じぶざえもんしげくに》（?〜一五五六）に嫁いだという。両者とも「那古野譜代」に属すると考えられる。

山田氏は尾張国山田《やまだ》郡（一六世紀前半に春日井郡と愛知郡に編入）発祥の名族で、那古野今川家旧臣の山田家が前津村（名古屋市中区上前津《かみまえづ》）に居住していたという（『新修　名古屋市史

2』）。治部左衛門もおそらく前津村出身の那古野今川家旧臣だったのだろう。

天文二四（一五五五）年に信長が守山城を攻めた際、山田治部左衛門が従っていたことが『信長公記』に見え、その守山城に籠城《ろうじょう》していた中に岩崎（愛知県日進市岩崎町）城主の丹羽源六氏勝《うじかつ》（一五二三〜九七）が見える。

この氏勝の子が丹羽勘助氏次である。なお、丹羽長秀の項で、長秀が岩崎村・丹羽氏の支流という説があると述べたが、氏勝・氏次父子こそ、その丹羽氏である。ただし、成政の姉妹が氏次夫人というのは年齢的に難しい。氏次の父・氏勝（旧名・勘助。一五二三〜九七）夫人の誤りなのかもしれない。

ちなみに『寛政重修諸家譜』では氏勝夫人を「室は某氏の女、継室は織田備後守信秀が女」、氏次夫人を「室は酒井讃岐守忠勝が姨母《おば》、継室は加藤太郎右衛門忠景《たろううえもんただかげ》が女」と記しており、佐々成政との婚姻関係については触れていない。あえて言うなら、氏勝前妻の「某氏の女」が成政の姉なのかもしれない。

夫人は不明

『尾張群書系図部集』所収の佐々系図では、成政の妻を「比良村住人早川主水女《もんどのむすめ》」としている。ただし、早川主水がいかなる人物かは不明である。

その系図は「早川家系譜」「佐々成政略歴伝」等から作成したものであり、成政の遺児に早川七兵衛雄助《しちべえおすけ》を掲げ、「母尾州春日井郡比良村の住人早川主水女」と記し、その子孫が名古屋市西区比良村に在住する早川家であると伝える。

早川家には申し訳ないが、こういった場合は偽《にせ》系図である可能性が高い。

本書では、成政の妻が早川主水の娘であり、子に早川七兵衛雄助がいたことは、あくまで伝承として附記するにとどめたい。

娘ばかりで男子なし

佐々成政には男子がいなかったらしい。

『尾張群書系図部集』によれば、少なくとも二女がいたらしい。

・長女　婿養子・佐々（佐久間）源六郎勝之の妻

・次女　前野小兵衛勝長《まえのしょうべえかつなが》の妻（一説に前田孫四郎利政《まごしろうとしまさ》の妻）

この他に『寛政重修諸家譜』『増補　諸家知譜拙記』では成政の娘として以下を掲げている。

・女　織田藤十郎信高（信長の七男）の妻

・女　山岡主計頭景以《やまおかかずえのかみかげもち》（山岡美作守景隆《みまさかのかみかげたか》の六男）の妻

・女　左大臣・鷹司信房《たかつかさのぶふさ》の妻（徳川家光正室・孝子《たかこ》の母）

ただし、成政に五人の娘がいたかどうかは定かでない。再縁している可能性もある。

養子・勝之は柴田勝家の甥

佐々成政は、佐久間久右衛門盛次《きゅうえもんもりつぐ》の四男・**佐々源六郎勝之**（一五六八〜一六三四）を婿養子に迎えた。柴田勝家の甥で佐久間盛政の実弟にあたる。

佐々成政の兄弟姉妹はいずれも「那古野譜代」のなかで婚姻関係を結んでいたと想定されるが、成政が「府中三人衆」として北陸に赴任することで、柴田・佐久間（古渡・末盛譜代）との婚姻関係・養子縁組みが実現したのだろう。

天正一二（一五八四）年の小牧・長久手の合戦で、佐々成政・勝之父子は織田信雄に与するが敗退。成政は秀吉に投降した。しかし、養子・勝之は秀吉に従うことを潔しとせず、実兄・保田安政と行動をともにする。兄とともに出奔して小田原北条家の家臣となり、北条家が滅んだ後は蒲生氏郷に仕え、佐久間姓に復した。

文禄四（一五九五）年に氏郷が死去すると、秀吉に呼び戻され、信濃国永沼城を与えられるが、慶長三（一五九八）年に秀吉が死去すると、近江佐和山近郊の山路村三〇〇〇石へ転封を命ぜられる。

関ヶ原の合戦に参陣して常陸北条《ほうじょう》に加増され、大坂夏の陣でも活躍し、元和元（一六一五）年に信濃川中島《かわなかじま》および近江高島に加増され、一万八〇〇〇石を領する大名となった。

勝之の長男・佐久間因幡守勝年《かつとし》（一五九〇〜一六三〇）が父に先んじて死去したため、次男・佐久間蔵人勝友《くろうどかつとも》（一六一六〜四二）が家督を継ぐが、勝年の子・源六郎勝盛《かつもり》（一六二四〜四六）に五〇〇〇石を分与し、さらに勝友の子・佐久間安房守勝豊《かつとよ》（一六三五〜八五）が弟の長《ちょう》助勝興《すけかつおき》（一六三六〜六四）に三〇〇〇石を分与し、一万石未満になってしまう。しかも、分知された勝盛は無嗣廃絶。

また、勝豊の婿養子・織部勝茲《かつちか》（一六六九〜？）は不行状で改易された。

唯一、勝興の子孫が旗本として残ったが、勝興の養子・四郎次郎盛遠《しろうじろうもりとを》（一六六二〜一七二〇）は、実父・佐久間源四郎《げんしろう》勝種（勝友の弟）の遠流に連座して、二〇〇俵に減封されてしまった。それでも家名が存続しただけよかったのかもしれない。

第4節　前田利家

利家は庶流の庶子

前田又左衛門利家（一五三八〜九九）は、前田与十郎家の庶流、前田蔵人《くろうど》利昌（利春、家則ともいう。？〜一五六〇）の四男として、尾張国愛知郡荒子村（名古屋市中川区荒子町）に生まれた。

「『前田家譜』および『陳善録』によれば、天文二十年（一五五一）、十四歳の時、初めて信長に仕え、五十貫の采地を得るという」から（『織田信長家臣人名辞典』）、本家の前田与十郎、もしくは父・利昌の一族として信長に仕えたのではなく、個人的に信長に仕官したのだろう。

父・利昌は二〇〇〇貫文（のち二三〇〇貫文）の所領を持っていたが、利家はそれと別に五〇貫文の所領を与えられ、萱津合戦、稲生合戦、浮野合戦で武功を挙げ、一五〇貫文に加増されている。永禄一二（一五六九）年の伊勢大河内城攻めの後、信長の命で、兄・蔵人利久が廃嫡され、利家が家督を継ぎ、計二四五〇貫文を領したという。

本家の前田与十郎、および父・前田蔵人利昌は「勝幡譜代」に属すると思われるが、利家自身は五〇貫文で雇傭《こよう》された「那古野譜代」で、武功を重ねて三倍増の一五〇貫文に加増され、二三〇〇貫文の実家の家督継承を命じられるまでに出世したということだ。

さて、時代は前後するが、永禄二（一五五九）年頃、利家は信長の同朋衆・十阿弥《じゅうあみ》といざこざを起こした果てに斬殺《ざんさつ》し、信長の逆鱗《げきりん》に触れて出奔を余儀なくされる。桶狭間の合戦、森部合戦に秘《ひそ》かに参陣し、武功をあげて帰参を赦《ゆる》された。

永禄初年に赤母衣衆の筆頭に列し、野田・福島の合戦、一乗谷の朝倉攻めに参加。天正三（一五七五）年五月の長篠の合戦では佐々成政とともに鉄砲奉行を務め、同年八月に柴田勝家が越前を与えられると、佐々成政・不破光治とともに「府中三人衆」として越前二郡を与えられた。

天正八（一五八〇）年一一月、柴田勝家等とともに加賀を平定。翌天正九年一〇月に能登一国を与えられ、七尾《ななお》城を築城、城主となる。天正一〇（一五八二）年三月、勝家の富山城攻めに従い、東進中に本能寺の変の報を聞く。

利家は人並み外れて体格がよく、「槍の又左《またざ》」と称された豪傑タイプで、誰からも愛され、人望が厚かった。寄親の勝家、幼友達の秀吉の両者が対立すると、その板挟みとなり、去就に悩ませられるが、天正一一（一五八三）年四月の賤ヶ岳の合戦で、勝家は利家が秀吉につくことを許したという。

秀吉の信認を得た利家は、徳川家康と並んで秀吉政権の最長老となり、家族合わせて七六万五〇〇〇石を領し、加賀一〇〇万石の基礎を築いた。

利家の兄弟たち

前田利家の実家は前田与十郎家の支流と考えられるが、具体的には誰から分流したのか定かではない。

本書では、利家の祖父・前田蔵人利隆《としたか》を前田与十郎仲利《なかとし》の子とする通説に従ったが、『尾張群書系図部集』では「利隆が、仲利の父与十郎佐治《すけはる》と同世代の人であること一つをとっても疑問がでてくる」と異議を唱えている。

前田与十郎家の閨閥に対して、前田利家の方は、子女の代になって華やかな婚姻関係が展開されるものの、兄弟姉妹には目立った閨閥はない。［図5－3］

父・前田利昌は子だくさんで、系図には書き切れなかったので、子女すべてを以下に記して

図5－3：前田利家系図

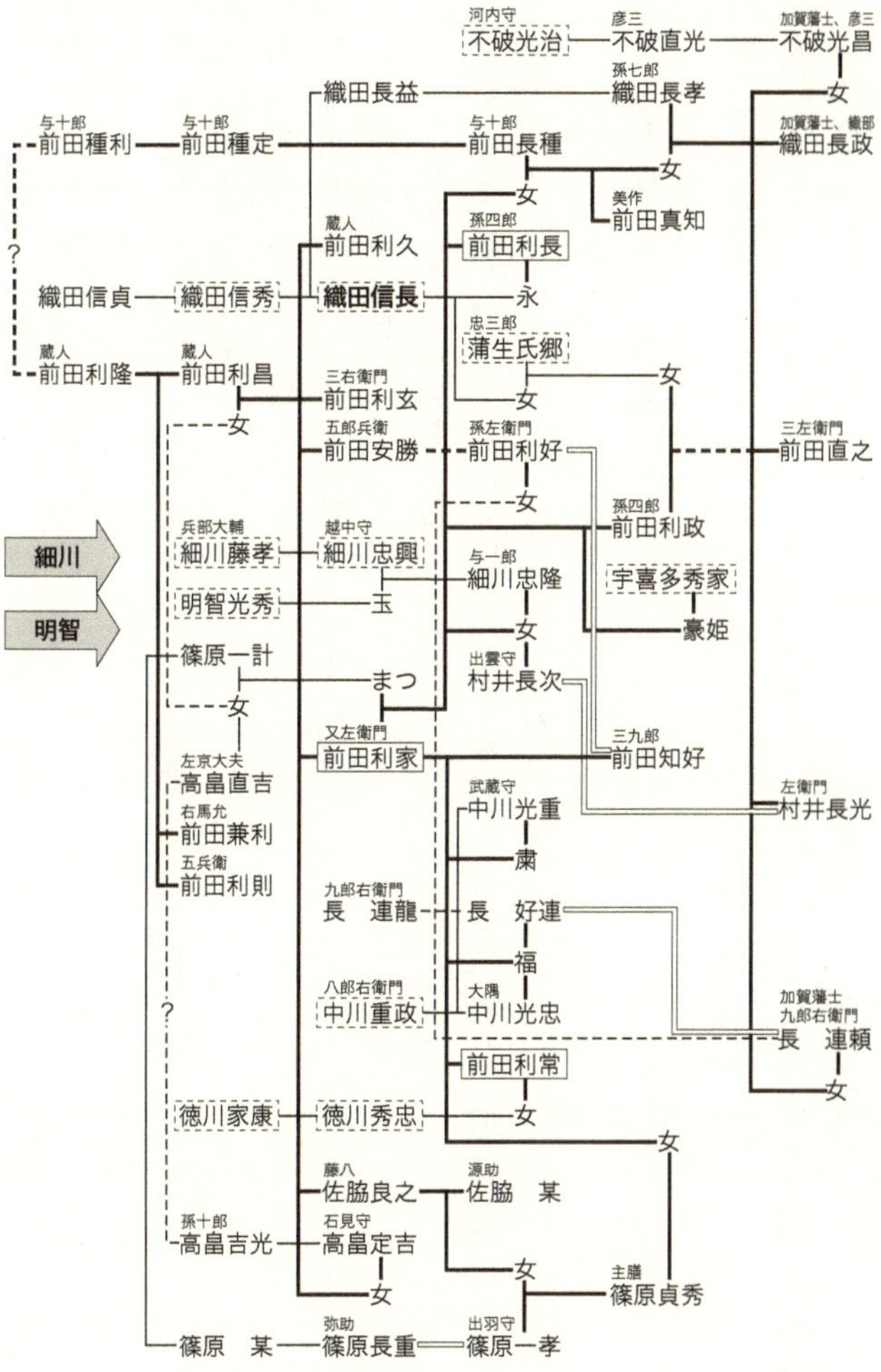

河内守
不破光治
彦三
不破直光
加賀藩士、彦三
不破光昌
織田長益
孫七郎
織田長孝
女
与十郎
前田種利
与十郎
前田種定
与十郎
前田長種
加賀藩士、織部
織田長政
女
女
美作
前田真知
?
蔵人
前田利久
孫四郎
前田利長
織田信貞
織田信秀
織田信長
永
忠三郎
蒲生氏郷
蔵人
前田利隆
蔵人
前田利昌
三右衛門
前田利玄
女
女
女
五郎兵衛
前田安勝
孫左衛門
前田利好
三左衛門
前田直之
女
孫四郎
前田利政
細川
兵部大輔
細川藤孝
越中守
細川忠興
与一郎
細川忠隆
宇喜多秀家
明智
明智光秀
玉
女
豪姫
篠原一計
出雲守
村井長次
まつ
女
又左衛門
前田利家
三九郎
前田知好
左京大夫
高畠直吉
武蔵守
中川光重
左衛門
村井長光
右馬允
前田兼利
五兵衛
前田利則
粛
九郎右衛門
長　連龍
長　好連
福
八郎右衛門
中川重政
大隅
中川光忠
?
加賀藩士
九郎右衛門
長　連頼
前田利常
女
徳川家康
徳川秀忠
女
女
藤八
佐脇良之
源助
佐脇　某
孫十郎
高畠吉光
石見守
高畠定吉
女
女
主膳
篠原貞秀
篠原　某
弥助
篠原長重
出羽守
篠原一孝

おこう。『寛政重修諸家譜』によれば、前田利昌には六男二女がある。

・長男　前田蔵人利久　（?～一五八七）
・次男　前田三右衛門《さんえもん》利玄《としはる》
・三男　前田五郎兵衛《ごろうべえ》安勝《やすかつ》　（?～一五九四）能登七尾城代　一万三七〇〇石
・四男　前田又左衛門利家
・五男　佐脇《さわき》藤八郎《とうはちろう》良之《よしゆき》　（?～一五七二）
・六男　前田右近《うこん》秀継《ひでつぐ》　（?～一五八五）越中木船《きぶね》城主　四万石
・女　寺西《てらにし》九兵衛《きゅうべえ》の妻
・女　前田源介《げんすけ》（利家の従兄弟《いとこ》）の妻、のち家臣・高畠石見守《いわみのかみ》定吉《さだよし》の妻

『尾張群書系図部集』では、これ以外に二人の娘を掲載している。ただし、加藤延隆《のぶたか》は加藤図《ず》書助《しょのすけ》順盛《よりもり》（一五一四～八八）の叔父《おじ》といわれ、年代が合わない。

・女　加藤隼人佐《はやとのすけ》延隆《のぶたか》の妻
・女　奥村《おくむら》助右衛門《すけえもん》宗親《むねちか》の妻

利家の子どもたち

前田利家は子だくさんで、系図には書き切れなかったので、子女すべてを以下に記しておこう。『寛政重修諸家譜』によれば、前田利家には六男一〇女がある（★は嫡出）。

・長男★前田孫四郎利長（一五六二〜一六一四）妻は織田信長の娘。加賀金沢《かなざわ》藩一一九万五〇〇〇石
・次男★前田孫四郎利政（一五七八〜一六三三）妻は蒲生氏郷の娘。能登七尾二一万九〇〇〇石を領するが、関ヶ原の合戦で没収
・三男　前田三九郎知好《ともよし》（一五九〇〜一六二八）能登七尾城代　一万三七五〇石
・四男　前田肥前守利常（一五九三〜一六五八）妻は徳川秀忠の娘。兄・利長の継嗣
・五男　前田孫八郎利孝《としたか》（一五九四〜一六三七）妻は本多《ほんだ》康俊《やすとし》の娘。上野七日市《なのかいち》藩一万石
・六男　前田七兵衛利貞（一五九八〜一六二〇）子孫は加賀藩家老七〇〇〇石
・長女★家臣・前田甚七郎長種の妻
・次女　家臣・中川武蔵守光重《みつしげ》（中川重政《しげまさ》の子）の妻
・三女　豊臣秀吉の側室、のち公家《くげ》・万里小路《までのこうじ》充房《あつふさ》に再縁
・四女★豊臣秀吉の養女、宇喜多《うきた》中納言秀家《ひでいえ》の妻
・七女★細川与一郎忠隆《よいちろうただたか》（忠興《ただおき》の長男）の妻、のち家臣・村井出雲長次《いずもながつぐ》に再縁
・八女　家臣・長十左衛門《ちょうじゅうざえもん》好連《よしつら》の妻、のち家臣・中川大隅光忠《おおすみみつただ》（光重の継嗣）に再縁
・九女　家臣・篠原主膳貞秀《しゅぜんさだひで》の妻

ちなみに、五女（浅野幸長と婚約）、六女は早世、一〇女の嫁ぎ先は不明である。

長男・**前田肥前守《ひぜんのかみ》利長**（初名・利勝《としかつ》。犬千代《いぬちよ》、孫四郎）は信長の娘・永と天正九（一五八一）

年に結婚している。利家が信長に気に入られていた証左であろう。

ただし、利長夫妻は子宝にめぐまれなかった。そこで、親戚筋の浅野長政（嫡男・幸長が利家五女の婚約者）と細川忠興（長男・忠隆が利家七女と結婚）が利長に誰を後継者にするのかと尋ねると、利長は「利孝（利家の五男）は公家のように色が白く柔らかな男で、知好や利貞は馬鹿なので気に入らない。利常は色が黒く、目玉が大きく骨太なので、養子にしたい」と知人に語ったという。かくして異母弟の利常が養子に迎えられた。

通常であれば、次弟・**前田能登守**《のとのかみ》**利政**（又若《またわか》、孫四郎）が利長の後継者の最有力候補のはずである。利政は慶長三（一五九八）年に能登七尾城二一万九〇〇〇石を領するが、慶長五（一六〇〇）年の関ヶ原の合戦で家康の出陣要請に応じなかったため、蟄居《ちっきょ》を命じられ、利長の後継者候補から外れていた。子の前田三左衛門直之は一万五〇〇〇石を領し、子孫は「加賀藩八《はっ》家《か》」の一つ・前田土佐《とさ》家となった。なお、利政の妻は蒲生飛騨守氏郷の娘（一説に佐々成政の娘）であるが、氏郷夫人も信長の娘であるから、利家は長男も次男も信長の近親ということになる。

三男・**前田修理**《しゅり》**知好**（初名・利包《としかね》。三九郎）は越中高岡《たかおか》に三〇〇〇石を分知されたが、従兄弟の七尾城代・前田利好（利家の兄・安勝の子）の死後、その跡を継いで一万三七五〇石を領した。子孫は「加賀藩八家」の一つ・前田修理家（六〇〇〇石）となった。

四男・**前田肥前守利常**（初名・利光《としみつ》。猿千代、犬千代丸、筑前守）は先述した通り、兄・利長の継嗣となった。姉夫婦（前田長種夫妻）に育てられ、父・利家と面会したことは一度しかなく、兄・利長とも面識がなかったという。慶長五（一六〇〇）年の「北陸版」関ヶ原の合戦の後、丹羽長重の人質となり、戻ってきた後も冷遇された。ところが、前田一門・家臣団の子どもたちが能見物で集まった際、実兄・利長と初めて対面する機会を得た。利長は初対面で利常の非凡さを見抜き、養育係を付けてその成長を心待ちにした。こうして利常は利長の後継者候補として急浮上し、慶長六（一六〇一）年に徳川秀忠の次女・珠姫《たま》と結婚。慶長一〇（一六〇五）年に利長から家督を譲られ、加賀藩主となった。

五男・**前田大和守利孝**（孫八郎）は大坂夏の陣で武功をあげ、上野七日市《こうずけなのかいち》藩一万石を賜った。

六男・**前田備前守利貞**（初名・利豊《としとよ》。乙松丸《おとまつまる》、七兵衛）は神谷守孝《かみやもりたか》に養育され、その養子となったが、慶長一六（一六一一）年に兄・利常から五〇〇〇石を賜って前田姓に復した。子孫は「加賀藩八家」の一つ・前田備前家（七〇〇〇石）となった。

利家の娘たち

長女・幸は、本家（前田与十郎家）の前田甚七郎長種（一五五一～一六三一）に嫁いだ。

次女・蕭（増山殿）は、家臣の中川武蔵守光重（一五六二～一六一四）に嫁いだ。光重は信長の家臣・中川重政の子で、信長・信忠に仕えた。本能寺の変後に利家に仕え、二万三〇〇〇石を領した。実弟・中川光忠《みつただ》を養子に迎え、慶長一六（一六一一）年に隠居。五〇〇〇石の隠居料を与えられた。

三女・麻阿（加賀殿）は豊臣秀吉の側室となり、のち公家・万里小路充房に再縁した。

四女・豪は、秀吉の養女となり、宇喜多秀家に嫁いだ。

七女・千世は、秀吉の仲介で慶長二（一五九七）年に細川与一郎忠隆に嫁いだ。忠隆は細川忠興の長男である。慶長五（一六〇〇）年、関ヶ原の合戦前夜に姑《しゅうとめ》の細川ガラシャ夫人（忠隆の母）が毛利・石田方の人質になることを拒み、自決した際、千世は脱出して難を逃れた。舅《しゅうと》の忠興は、これに怒って千世を離縁させ、忠隆を廃嫡したという。のち家臣・村井出雲長次（一五六八～一六一三）に再縁した。長次の父・村井長八郎長頼《ちょうはちろうながより》（一五四三～一六〇五）は、利家の兄・前田利久に仕え、利家の家督継承にともない、利家に仕え、一万二四五石を領した。長次にも子がなく、織田長益（有楽斎。信長の弟）の曾孫《そうそん》・左衛門長光《さえもんながみつ》（一六〇四～七五）を養子とした。

八女・福は、家臣・長十左衛門好連（一五八二～一六一一）に嫁いだ。長《ちょう》（旧姓・長谷部《はせべ》）家は能登守護・畠山家の重臣で、父・長九郎左衛門連龍《くろうざえもんつらたつ》（一五四六～一六一九）ははじめ仏門に帰依していたが、上杉謙信の能登侵攻で親兄弟が虐殺されたため、還俗して信長に誼《よしみ》を通じ、利家が能登に入国するとその与力となり、本能寺の変後、利家の家臣となった。賤ヶ岳の合戦や「北陸版」関ヶ原の合戦で多くの家臣を失い、三万二〇〇〇石を賜った。好連は慶長一一（一六〇六）年に家督を譲られたが、慶長一六（一六一一）年九月に死去したため、家臣・中川大隅光忠に再縁した。光忠は中川光重（福の姉・薫の夫）の実弟にして養嗣子となった。元々四〇〇〇石を領していたが、光重から家督を譲られ、計二万一〇〇〇石を領した。ただし、慶長一八（一六一三）年に福と離別し、致仕して京都に去った。光忠にも子がなく、甥・長勝《ながかつ》を養子にしたといわれているが、中川家の系図は混乱しており、実態は定かでない。

九女・保智は、家臣・篠原主膳《しゅぜん》貞秀に嫁いだ。篠原家は芳春院《ほうしゅんいん》（まつ）の父に繋《つな》がる家系で、芳春院の従兄弟・篠原弥助長重《やすけながしげ》の養子・篠原出羽守一孝《かずたか》（一五六一～一六一六）の長子が貞秀である（母は利家の実弟・佐脇良之の娘）。貞秀は父に先立って死去したという。

第５節　鳴海村の山口家

桶狭間近くの有力者

永禄三（一五六〇）年五月の桶狭間の合戦のはじまりは、桶狭間付近に位置する今川方の鳴《なる》海《み》城（名古屋市緑区鳴海町根古屋《ねごや》）と大高《おおだか》城（名古屋市緑区大高町城山《しろやま》）を取り囲むように、信長が砦《とりで》を築いたことだった。

この鳴海城、元は織田家臣・**山口左馬助教継**《さまのすけのりつぐ》の居城だったが、教継が今川方に離反。大高城は織田方の水野一族の居城だったが、教継が調略したものだった。

山口一族は、鳴海村一帯から北西の笠寺《かさでら》（名古屋市南区笠寺町）、星崎《ほしざき》（名古屋市南区本星崎町）近辺までを領する有力者だった。『寛政重修諸家譜』採録の系図では、山口家は周防《すおう》守護・大内家の子孫と称している（おそらく貴種を僭称した偽系図だろう）。［図5－4］

教継の曾祖父・任世《にんせい》は、周防から尾張国愛知郡星崎に来て笠覆寺《りゅうふくじ》（名古屋市南区笠寺町）の僧侶《そうりょ》となったが還俗し、その子・太郎盛幸《もりゆき》、次郎教仲《のりなか》兄弟の時に山口姓を名乗ったという。『寛政重修諸家譜』に教継の名は見えないが、『尾張群書系図部集』採録の系図では、次郎教仲の子・山口太郎左衛門《たろうざえもん》教房《のりふさ》が愛知郡桜村中村城主となり、その子・教継が鳴海城主になったと記されている。

山口家は少なくとも三つの流れに分かれた。鳴海城の山口教継、市場城の山口海老之丞《えびのじょう》、星崎城の山口重勝の流れである。

鳴海城の山口教継

山口教継は「三河国境付近の領主として今川氏の尾張侵攻の影響を最も受けやすい立場にある一方、元来那古野城主今川氏豊の家臣であった可能性もあり得る」（『新修　名古屋市史　２』）。天文七（一五三八）年の那古野攻略で信秀家臣団に組み込まれた可能性が高く、天文一一（一五四二）年の三河小豆坂の合戦では高名をあげ、「織田備後守殿御目を懸けられ候（信秀に目をかけられていた）」。

図5－4：鳴海村の山口家系図

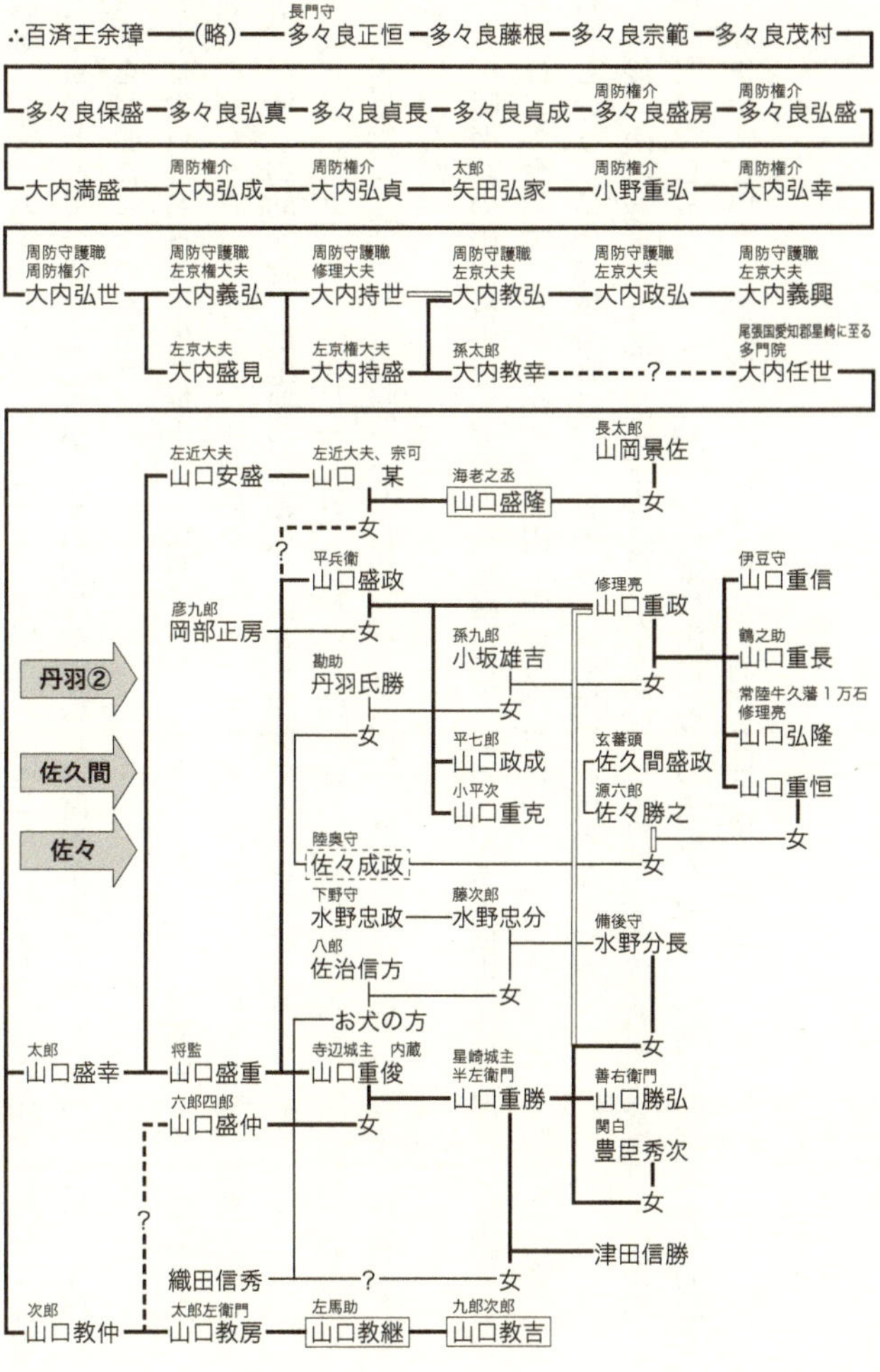

教継は天文一九（一五五〇）年一二月に今川方に内応した。信秀と今川の和議の仲介に奔走したともいわれている。ところが、その和睦《わぼく》が破談し、信秀が死去してしまったため、今川方の旗幟《きし》を鮮明にしたのだろう。

教継は中村（名古屋市南区桜本町《さくらほんまち》）に砦をこしらえて立て籠《こ》もり、鳴海城を子の山口九郎次郎教吉《くろうじろうのりよし》に守らせた。さらに、笠寺《かさでら》に砦を構えて、今川家家臣の葛山《かつらやま》備中守長嘉《ながよし》、岡部《おかべ》五郎兵衛《ごろうべえ》元信《もとのぶ》、三浦左馬助《さまのすけ》義就《よしなり》、飯尾豊前守顕茲《あきこれ》、浅井小四郎《こしろう》の五人を引き入れたという。

天文二二（一五五三）年四月一七日、信長は八〇〇ばかりの軍勢で出陣。中根村（名古屋市瑞穂《みずほ》区中根町）を経由して古鳴海《こなるみ》（名古屋市緑区古鳴海）へ進み、三の山に登って、山口父子との合戦に臨んだ。

一方、鳴海城の山口教吉は一五〇〇の軍勢を率いて赤塚《あかつか》（名古屋市緑区鳴海町）に出陣した。二時間ほどの合戦で決着が付かず、織田・山口軍は生け捕った兵を交換して帰陣した。俗に赤塚合戦という。結局赤塚合戦は、両者痛み分けで決着が付かなかった。

その後、山口教継《のりつぐ》・九郎次郎父子は付近の大高城、沓掛《くつかけ》城（愛知県豊明《とよあけ》市沓掛町）を調略して乗っ取ってしまった。ところが、今川家は山口父子の去就を疑い、駿河に呼び寄せて切腹させてしまったという（鳴海城には今川家の部将・岡部五郎兵衛を城代として入れた）。

市場城の山口海老之丞

永禄三（一五六〇）年五月の桶狭間の合戦に臨んで、信長は鳴海城と大高城を取り囲むように砦を築き、守将を置いた。その一つ、丹下《たんげ》砦には、水野一族や織田一族に交じって、山口ゑびの丞（山口海老《えび》之丞《のじょう》盛隆）が入城した。海老之丞は鳴海城の山口教継の一族と思われる。

『尾張群書系図部集』採録の系図では、山口太郎《たろう》盛幸《もりゆき》の子に山口左近大夫《さこんたいふ》安盛《やすもり》と山口将監《しょうげん》盛重《もりしげ》があり、安盛は「笠寺村市場城主」で、その孫が山口海老之丞盛隆で「濃州堂洞合戦に戦死」したという。

星崎城の山口重勝

『寛政重修諸家譜』によれば、山口将監盛重の子・山口平兵衛《へいべえ》盛政《もりまさ》（一五二〇〜八〇）は「弱年より織田備後守信秀につかへ」、その甥・**山口半左衛門重勝**（一五四七〜九五）は寺崎《てらさき》・星崎城に居を構えた。

山口重勝には信秀の娘を後妻に迎えたという伝承がある。重勝の次男・十三郎《じゅうざぶろう》信勝《のぶかつ》の「母は織田備後守信秀が女」で「津田を称す」というのだ（『寛政重修諸家譜』）。織田系図には山口家に縁づいた娘を掲載していないため、真偽のほどは定かではないが、信秀・信長父子が山口家を重視して、姻戚関係を結んだとしても不思議ではないといえよう。

重勝の娘が豊臣秀次の側室に取り立てられているが、織田家の血筋を引いていたから、側室にされたのかもしれない。

重勝は秀次切腹に連座し、自刃を余儀なくされたが、重勝の養子・山口修理亮重政（一五六四〜一六三五）が江戸時代に大名に取り立てられている。

重政は佐久間信盛・信栄父子の与力となり、信盛の高野山追放に付き従った（信盛はその忠義に感じ入って、重政に佐久間姓を与えたという）。信盛が死去し、信栄が赦されて織田信忠の配下につくと、重政も従った。小牧・長久手の合戦では、信雄側の部将として奮戦し、家康にもその力量を認められる。

天正一四（一五八六）年に重政は星崎城一万石を領した。さらに、織田信雄の家臣として迎えられ、伊勢茂福《もちぶく》一万三〇〇〇石に転封となった。

天正一八（一五九〇）年に信雄が秀吉の怒りを買って配流されると、重政は翌天正一九年に家康に転じて秀忠附きとなり、上総国内に五〇〇〇石を賜った。

慶長五（一六〇〇）年の関ヶ原の合戦では秀忠に従い、武蔵国内に五〇〇〇石を加増され、さらに慶長一六（一六一一）年に下野国内に五〇〇〇石を加増されて計一万五〇〇〇石を領したが、慶長一八（一六一三）年に本多正信《まさのぶ》と大久保《おおくぼ》忠隣《ただちか》の政争に巻き込まれ、蟄居を余儀なくされた。

嫡男・山口伊豆守重信（一五九〇〜一六一五）が大久保忠隣の養女と無断で縁談したことが、忠隣失脚に繋がったのだ。つくづく華麗な閨閥が仇《あだ》となる家系である。

大坂夏の陣が起きると、重政は謹慎中にもかかわらず、徳川家への忠義から無断で参陣して一番槍をあげるが、嫡男・山口重信を喪《うしな》う。合戦の後、高野山に謹慎するが、寛永五（一六二八）年に赦され、四男・山口修理亮弘隆《ひろたか》（一六〇三〜七七）が常陸牛久《うしく》藩一万石、五男・山口備前守重恒《しげつね》（一六〇八〜五九）が五〇〇〇石を賜った。

第6節　岩崎村の丹羽家

要衝・岩崎村の有力者

尾張の丹羽家といえば、丹羽長秀よりも岩崎村（愛知県日進市岩崎町）の丹羽家の方が大身なので、長秀はその支流ではないかという説があると先述した。その丹羽家は、清和《せいわ》源氏足利家の支流・一色《いっしき》氏の流れと称している。『寛政重修諸家譜』に「もとは一色を称す。氏明がとき尾張国丹羽郡にうつり住せしより、丹羽に新たむ」とある。［図5-5］

そして、氏明の高孫（孫の孫）・丹羽和泉守氏従《うじより》は、文明三（一四七一）年に「尾張国愛知郡折戸《おりど》村（愛知県日進市折戸町）に城を築《きずい》てうつり住し、これを吹上《ふきあげ》城と号《なづ》く」。その子・丹羽新助氏員《すけうじかず》（?〜一五一八）は、文亀《ぶんき》三（一五〇三）年に「愛知郡本郷《ほんごう》（日進市本郷町）に城を築てうつり住す」。その孫・丹羽若狭守氏清《うじきよ》（一四八五〜一五五九）は天文七（一五三八）年に「愛知郡岩崎に城を築きてうつり住す」というのだ（『寛政重修諸家譜』）。

地理的には、折戸村の北ほぼ二キロメートルに本郷村があり、その北西一キロメートルに岩崎村がある。

なお、折戸村の南南西ほぼ三・五キロメートルに一色村《いしき》（愛知県みよし市西一色町）がある。丹羽家は一色村の近くの出身だから、一色氏の庶流を僭称したのだろう。ちなみに、室町幕府「四職」の一つである一色家は、三河国幡豆《はず》郡一色村（愛知県西尾《にしお》市一色町）の出身であり、同じ一色でも場所が異なる。

一五六〇年代まで敵対

氏清の子・**丹羽右近大夫氏識**《うじさと》（一四九七〜一五六五）の時、庶流の藤島《ふじしま》（愛知県日進市藤島町）城主・丹羽右《う》馬允氏秀《まのじょううじひで》が自立を図って信長に援軍を要請した。
天文二〇（一五五一）年に氏識は氏秀・信長軍と春日井郡横山で戦って勝利し、敗走した信長軍を平張《ひらばり》（名古屋市天白《てんぱく》区天白町平針《ひらばり》）で追撃したという。
氏秀は三河に出奔し、氏識は藤島城を占拠した。
氏識の子・**丹羽勘助氏勝**《うじかつ》（一五二三〜九七）は、勘四郎《かんしろう》、勘助、源六郎《げんろくろう》、右近大夫《うこんたいふ》を名乗った。天文二四（一五五五）年に織田信次（信長の叔父）が守山城から出奔した際、氏勝は信次家臣とともに守山城に籠城している。

図5－5：岩崎村の丹羽家系図

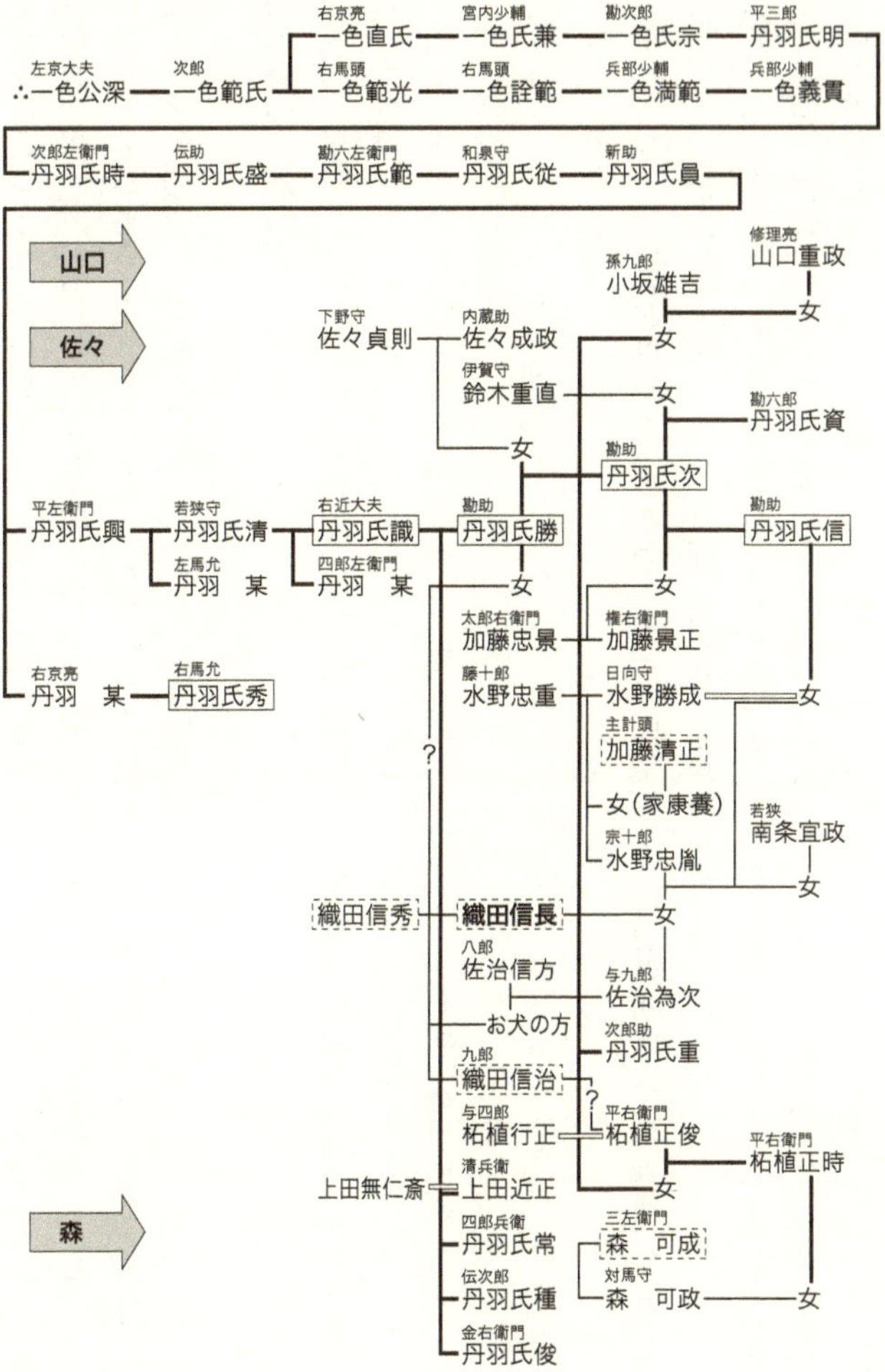

谷口克広氏は「当時は信長ではなく信次に属していたものと思われる。（中略）後、守山城には信次が戻るが、信長の一元的支配が進んだのか、氏勝は信長に直属したようである」（『織田信長家臣人名辞典』）と評しているが、丹羽氏識・氏勝父子は信次の配下だったのではなく、天文二〇年の氏秀反乱以来、反信長だったから守山籠城に協力したのだろう。

松平家から織田家へ

岩崎村は尾張・三河に接する要害の地なので、織田家と松平家（徳川家）の双方から味方になるように誘われたが、氏秀の件があったので、丹羽氏識・氏勝父子は松平家についた。その後、織田・松平家が和睦すると「岩崎はもと尾張に隷するがゆへ《え》、右府（織田信長）の麾下に属す」（『寛政重修諸家譜』）。

永禄八（一五六五）年に氏識が死去すると、氏勝が家督を継ぎ、信長の上洛に従い、姉川の合戦などに参陣した。

天正に入って、信忠が東濃・尾張を領すると、氏勝の子・**丹羽勘助氏次**《うじつぐ》（源六郎。一五五〇～一六〇一）は信忠配下となったが、氏勝は引き続き信長に仕えた。

天正八（一五八〇）年八月、丹羽氏勝は林佐渡守秀貞、安藤《あんどう》伊賀守守就《もりなり》とともに追放された。「理由は先年（信長の尾張一国時代であろう）信長に逆らったということだが、先の事件も影響していたのかも知れない」として、「近江伊庭山にて普請の最中、鷹狩りの途の信長が通りかかり、家臣が誤って大石をその近くに落とすという事故があった」ことを谷口克広氏が指摘している（『織田信長家臣人名辞典』）。

ただし、子の氏次は追放されず、信忠の武田攻めに従い、本能寺の変後は信雄に仕え、七〇〇〇石を領した。信雄没落後に豊臣秀次、次いで豊臣秀吉に仕え、慶長五（一六〇〇）年の関ヶ原の合戦で家康方につき、三河伊保《いほ》一万石を賜った。

氏次の子・丹羽式部少輔氏信《うじのぶ》は美濃岩村藩二万石に加増されたが、その高孫・丹羽和泉守氏《うじ》音《おと》が藩内の商業活動の不備を糾弾され、越後高柳《たかやなぎ》藩一万石に減封されてしまう。その養子・丹羽和泉守薫氏《しげうじ》は寺社奉行に就任し、美作黒土《くろづち》藩を経て、播磨三草《みくさ》藩一万石に転封。子孫は同地で明治維新を迎えた。

氏勝の婚姻関係

『寛政重修諸家譜』では、氏勝の「室は某氏の女、継室は織田備後守信秀が女」としている。佐々成政の項でも述べたが、「某氏の女」が佐々成政の姉のことなのだろう。継室が信秀の娘となっているが、織田家の系図では丹羽家に嫁いだ娘は見られない。ただし、岩崎村は尾張・三河国境の要衝なので、その可能性は否定できない。

次に、氏勝の娘であるが、『寛政重修諸家譜』では「柘植平右衛門正俊《つげへいうえもんまさとし》が妻」を掲げている。柘植正俊（一五四八～一六一一）は織田家の支流である。

『尾張群書系図部集』では、小坂孫九郎雄吉《おざかまごくろうおよし》（一五五二?～九三?）の妻について「丹羽勘助（氏次）女」と記しているが、氏次は一五五〇年生まれなので、世代的に無理がある。「丹羽勘助（氏勝）女」の誤りだろう。『寛政重修諸家譜』では、柘植正俊の妻以外に、氏勝の娘を記していないので、その娘が再縁したのか、記述が漏れているのか、はたまた小坂夫人がまったく別人なのか判断が付かない。

氏次の婚姻関係

氏次の「室は酒井讃岐守《さぬきのかみ》忠勝が姨母《おば》、継室は加藤太郎右衛門忠景が女」（『寛政重修諸家譜』）である。

酒井《さかい》忠勝《ただかつ》（一五八七～一六六二）は徳川譜代の名門で、江戸幕府の大老を務めた重鎮である。「姨」とは母の姉妹（母方のおば）を指し、つまりは忠勝の外祖父である鈴木伊賀守重直《しげなお》（喜三郎《きさぶろう》、重次《しげつぐ》）の娘が氏次の妻だという。鈴木家は北三河の名族で、幾つかの流れがあるが、重直は大草《おおくさ》城（愛知県豊田市市場町）を本拠に置く。三河との国境に本拠を置く丹羽家にとっては良縁であろう。

『尾張群書系図部集』によれば、継室の父・加藤忠景は「長久手城主」で、氏次の姉と結婚しており、氏次は義兄の娘を後妻に迎えたことになる。おそらく、氏次の姉も加藤の後妻だったのだろう。

なお、『尾張群書系図部集』では、氏次について「中島郡板倉村神社の永禄八年（一五六五）十一月十三日再建棟札に『清和源氏云々、丹羽住市岡《いちおか》勘解由《かげゆ》盛吉《もりよし》子息丹羽勘助』の文言があり（『尾張志』）」丹羽郡の市岡氏に生まれ、氏勝の養子となったという説を載せている。

第7節　宿老・林佐渡守

「一おとな　林佐渡守」

『信長公記』では、「ある時、弾正忠（信秀）は尾張国の那古野《なごや》に来て、ここに堅固な城を築くように命じ、この城に、嫡男の織田吉法師（信長）を住まわせた。一番家老に林新五郎（佐渡守秀貞）、二番家老に平手中務丞《ひらてなかつかさのじょう》（政秀）、三番家老に青山与三右衛門、四番家老に内藤勝介、これらの宿老をつけ、（中略）弾正忠は、那古野の城は吉法師に譲り、自分は熱田の近くの古《ふる》渡《わたり》というところに新しい城を造って居城とした」と、那古野城主・織田信長の筆頭家老が林佐渡守だと記している。

林佐渡守は織田家中に多くの与力を持ち、かなりの動員能力があったらしい。

天文二三（一五五四）年一月、信長が村木《むらき》砦（愛知県知多郡東浦町森岡《もりおか》）攻めに出陣した際、林佐渡守は弟の林美作守《みまさかのかみ》とともに不服を申し立て、与力の前田与十郎《まえだよじゅうろう》（種定《たねさだ》？）の居城・荒子《あらこ》城（名古屋市中川区荒子町）に退去した。

さらに、弘治二（一五五六）年五月に林佐渡守・美作守兄弟が信長に叛旗《はんき》を翻した時、荒子城、米野城《こめの》（名古屋市中村区《なかむら》上米野町）、大秋城《おおあき》（名古屋市中村区大秋町）が林兄弟に味方して、信長が居住する清須城と那古野・熱田の間を遮断した。つまり、林佐渡守は那古野城の西南に居住する織田家臣団を与力にしていた可能性がある。その結果、同年八月に挙兵した林美作守の手勢は七〇〇人余にも及んだという。

通勝なのか秀貞なのか

林佐渡守は通勝《みちかつ》、信勝《のぶかつ》、もしくは秀貞《ひでさだ》といわれる。かつて、林佐渡守の諱《いみな》は通勝といわれていたが、近年では否定されている。古文書で「林佐渡守通勝」と署名されたものがない反面、「林佐渡守秀貞」と署名しているものがあるからだ（「林源左衛門信勝」と署名した古文書もあるが、これは別人らしい）。だが、いつの頃からか、巷間《こうかん》では「通勝」という説が広まってしまったため、「秀貞（一般には通勝）」という書き方がされることが多い。

なぜ「通勝」なのか

林佐渡守の諱は「秀貞」であり、「通勝」と名乗ったことがない。

ではなぜ、「通勝」という諱が世間一般に流布してしまったのか。

染谷《そめや》光廣《みつひろ》氏は「信長の宿老林佐渡守と松永久秀の臣林若狭守」（『歴史手帖《てちょう》』）という論説の中で、信長の子孫で、大和芝村藩主の織田長清《ながすみ》（一六六二～一七二二）が『織田真紀』を記した時に、松永久秀の家臣・林若狭守通勝と林佐渡守を混同して、通勝としたのがはじまりだと記述している。

ただし、慶長二〇（一六一五）年に編纂《へんさん》された「河野《こうの》氏系図」（『群書系図部集』収録。詳細後述）ではすでに林佐渡守を通勝（もしくは通村《みちむら》）としており、『織田真紀』以前に「林佐渡守＝通勝」説が浸透していたことをうかがわせる。

ここでヒントになるのは、信長の弟・織田信勝が一般には信行と呼ばれていた事例である。これは信勝の子孫が、幕府に呈上した系図に信行と記述したために広まったと推察される。同様に「林佐渡守＝通勝」説も、林家の子孫が幕府や藩に呈上した系図にそのように記したからではないか。たとえば、尾張藩士・林家は家祖を「佐渡守通勝」として、「通雄　其《その》後信長賜一字改信勝（或いは通雄《みちかつ》とも書く。その後、信長より「信」の一字を賜り、信勝と改める）」と記している（『士林泝洄《しりんそかい》』）。

尾張には林姓が多く、林佐渡守（秀貞）が最も有名な人物であった。だから、尾張の林家は先祖が織田家の宿老・林佐渡守だとこじつけて偽系図を作った。中でも有名な偽系図で林佐渡守を通勝としていたので、「通勝」という名前が広まったのだと推測される。

古文書が語る秀貞の出自

林佐渡守秀貞の家系および居城にいくつかの説がある。以下、信憑性が高いと思われる説から紹介していこう。

山科言継《ときつぐ》が記した『言継卿記《きょうき》』に「林新五郎《しんごろう》秀貞」の名があり、「父八郎左衛門代歟《はちろうざえもんのかわりか》」の記述がある。また、『浅井文書《もんじょ》』によれば、秀貞の養父は林九郎勝隆であるらしい（『織田信長総合事典』）。［図5-6／A］

『尾張群書系図部集』では、守護代・清須織田家の大和守遠勝《みちかつ》の家臣として、林九郎定次、林九郎勝次の発給した古文書があることを伝えている。秀貞の養父・林九郎勝隆もこの一族だと推定される。なお、織田遠勝の父は織田遠定と推定され、林一族が守護代から偏諱《へんき》を与えられる重臣であることがわかる。これに対して、秀貞は信秀から偏諱を与えられた可能性が高い。おそらく、秀貞は勝幡織田家（信秀）の与力として附けられ、信長の「一おとな」に抜擢されたのであろう。

また、『尾張名所図会』によれば、天文二四（一五五五）年に林佐渡守の父・宏綱（法名・養蓮院）が死去し、佐渡守が菩提《ぼだい》を弔うために宏綱山養蓮寺《こうこうざんようれんじ》（名古屋市千種区池上《いけがみ》町）を建立したという。［図5-6／B］

図5－6：林佐渡守系図

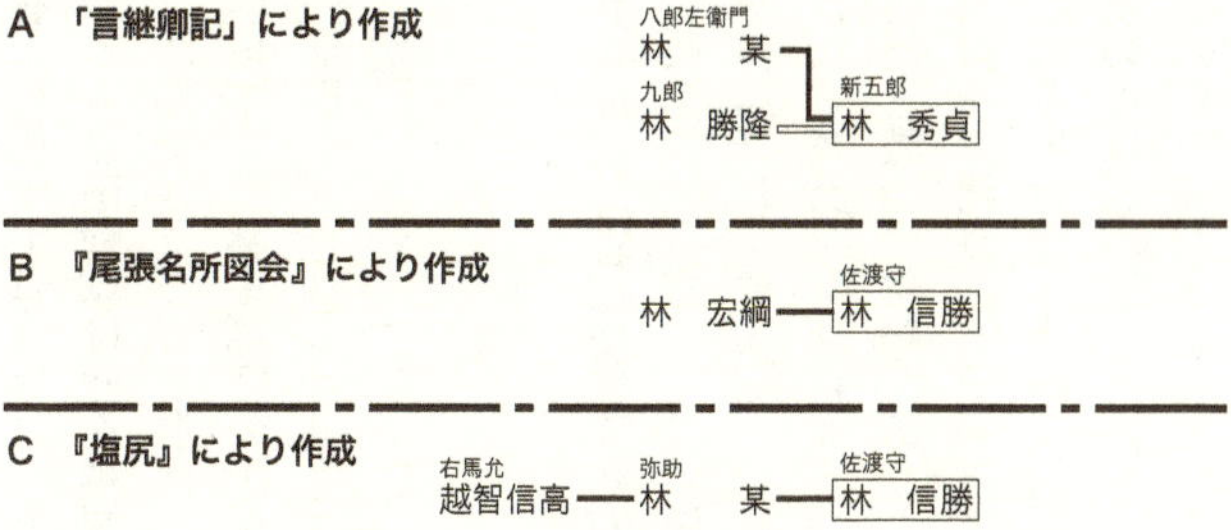

『塩尻』が載せる林佐渡守の系図

尾張藩士・天野《あまの》信景《さだかげ》がまとめた『塩尻《しおじり》』では、尾張国春日《かすが》井《い》郡山田荘の田幡《たばた》城（名古屋市北区金城町《きんじょうちょう》）について以下のように述べている。［図5－6／C］

田幡城は越智《おち》右馬允信高《うまのじょうのぶたか》の居城で、信高は尾張の林氏の祖といわれる。同郡狩宿《かりじゅく》（愛知県尾張旭《おわりあさひ》市狩宿町）城主・林弥《はやしや》助《すけ》は信高の子であり、信長の家老・林佐渡守信勝《さどのかみのぶかつ》は弥助の子であるという。『尾張群書系図部集』では、『尾張名所図会』と『塩尻』の折衷案として、「林弥助」の諱を「宏綱《ひろつな》」としているが、定かでない。

旗本越智家の先祖・越智右馬允吉政《よしまさ》（利吉《としよし》ともいう）が「織田右府《うふ》（信長）につかへ、尾張田端《たばた》の城に住す」と載せており、信高のことだと思われる（『寛政重修諸家譜』）。そして、その子・彦六郎吉直《ひころくろうよしなお》、孫を右馬允吉長《よしなが》（一五四四～一六二八）といい、吉長は「故ありて田端を退き、処士となり伊勢国におもむき、瀧川左近将監《さこんしょうげん》一益に属し」たという。

この所伝を信じる限り、田幡城の越智右馬允信高は「尾張の林氏の祖」ではない。

おそらく田幡城は元々越智家の居城であったが、何らかの理由で追放され、林佐渡守父子が移り住んできたことと混同したのではないか。

『塩尻』では林佐渡守の諱を「信勝」にしているが、冒頭で述べたように、林佐渡守秀貞と林源左衛門信勝は別人である。では、『塩尻』でいう弥助の子は「林佐渡守」なのか、それとも「林信勝」を指しているのかであるが、「信長の家老」と註記《ちゅうき》していることから前者と考えるべきだろう。

南部但馬は林佐渡守なのか

『寛政重修諸家譜』では、旗本林家の系図を載せ、その先祖を林佐渡守と記している。

林但馬《たじま》勝利《かつとし》（或《あるいは》通勝《みちかつ》、佐渡）は織田信長に仕え、故あって辞し、外祖父の姓・南部《なんぶ》を称していたが、その子・林丹波《たんば》正利《まさとし》（一五六四～一六〇八）は小早川秀秋《こばやかわひであき》に仕え、関ヶ原の合戦で大《おお》谷吉継《たによしつぐ》と戦って軍功があった。秀秋死後、家康に仕えて旧領・美濃国可児《かに》郡、中島郡で二〇〇〇石余を安堵《あんど》され、美濃国大野郡清水《きよみず》村で死去したという。

これを裏付ける話が『塩尻』に載せられている。林佐渡守が「南部但馬と氏名を改め、信長御事《おんこと》の後は心のまゝに出し」と記述されており、織田家を辞したのは、「信長御事」つまり本能寺の変の後だと記している。谷口克広氏は勝利が「秀貞であることは、まちがいなかろう」

図5－6

D 『群書系図部集』収録系図

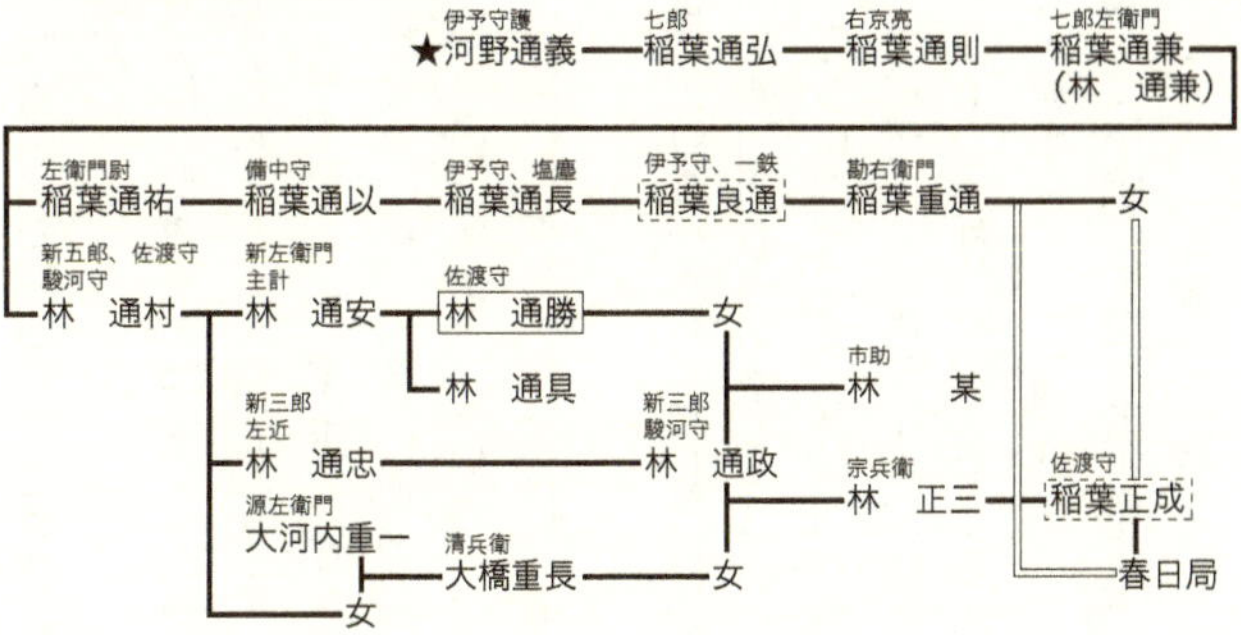

（『信長と消えた家臣たち』）と断じている。

　しかし、筆者は林佐渡守と南部但馬は別人と考えている。この手の偽系図が多いからだが、林勝利という人物が南部但馬と名を変えたのは事実かもしれないが、林勝利が林佐渡守と同一人物であったという証《あかし》は何もない。

　『尾張群書系図部集』では、尾張の南部氏について「古文書における南部氏の初出は暦応三年（一三四〇）九月十二日付上条太郎左衛門尉書状に出てくる御厨河（庄内川）河東にあった越智村領主南部弥六である」と記している（傍点引用者）。おそらく、南部氏の子孫が、「越智村出身だから、越智氏の末裔」と騙《かた》り、「尾張で越智氏の出身であれば、林佐渡守が有名」だから、その末裔だと称したのであろう。

林佐渡守を通勝にした系図

林佐渡守秀貞の家系および居城にいくつかの説があ

るが、最も著名な説が林家を越智《おち》氏の流れを汲《く》む伊予《いよ》河野《こうの》氏の末裔とする系図である。［図5－6／D］

本書では『群書系図部集』に収録されている「河野氏系図」を元に作成したが、この系図には類似品が多く、所々異同があることが特徴である（ちなみに明治の元勲《げんくん》・伊藤博文《いとうひろぶみ》［旧姓・林］もこの系図をもとに家系図を作っているようだ）。

林・稲葉家の祖である「稲葉七郎通弘ハ（河野）通義《みちよし》ガ三男。康暦元（一三七九）年冬、細川頼之《よりゆき》、予州《よしゅう》（＝伊予）ヲ押領シ、河野ヲ亡《ほろぼ》ス。時ニ河野一族四十八家、浪々ス。通弘ハ濃《じょう》州《しゅう》（＝美濃）ニ来リ。大野ノ郡、清水《きよみず》ニ居ス」という（『群書系図部集』引用者が句読点を適宜付与した）。

美濃国大野郡清水《きよみず》村（岐阜県揖斐《いび》郡揖斐川《いびがわ》町清水）には清水城があり、「延文元年（一三五六）林七郎左衛門通兼の築城ともいわれている」（『愛知・岐阜の城』）。この通兼を稲葉通弘の孫として、さらに通兼の子・林駿河守《するがのかみ》通村《みちむら》（？～一五一五）は文亀元（一五〇一）年に美濃国安八《あんぱち》郡林《はやし》村（大垣市？）に移り住み、林と称したというが、年代的にかなり無理がある。

通村の子・林新左衛門通安《みちやす》は美濃国本巣《もとす》郡十七条《じゅうしちじょう》（岐阜県瑞穂《みずほ》市十七条）に移り住んだ。通安の弟・通忠（？～一五四九）も十七条に住み、その子・新三郎通政（？～一五七三）は織田信秀に属して尾張国上田（名古屋市天白《てんぱく》区天白町植田《うえだ》か？）を領したが、長島の一向一揆《いっき》で討ち死にしたという（『群書系図部集』）。

図5－6

E 『寛政重修諸家譜』収録系図

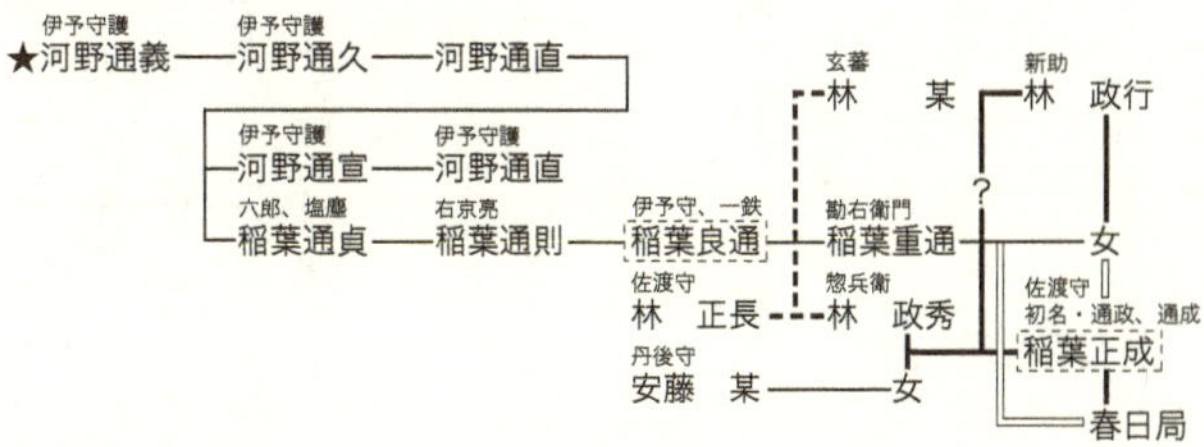

ほぼ同じ系図が『尾張群書系図部集』に採録されているが、通安《みちやす》（?～一五五三）の通称を新左衛門、および主計《かずえ》とし、「濃州本巣郡十七条城主。織田信定・信秀に仕え、尾州丹羽郡楽田《がくでん》城（愛知県犬山市楽田）を守る」と記している。

もう一人の林佐渡守

通安が守ったという十七条城は、元々土岐支流の船木三郎頼《さぶろうより》胤《たね》が築き、享禄《きょうろく》年中（一五二八～三二）に美濃の林玄蕃《げんば》（一説に市助《いちすけ》、長正《ながまさ》ともいう）が改築したものだ。

この林玄蕃の父は林佐渡守正長《さどのかみまさなが》というのだが、林佐渡守秀貞とは同名異人で、まったく無関係の人物である。［図5－6／E］

永禄五（一五六二）年の軽海《かるみ》（岐阜県本巣《もとす》郡北方《きたがた》町）の合戦で、玄蕃が討ち死にしたため、次男・林宗兵衛《そうべえ》正三《まさかず》（惣兵衛政秀《まさひで》ともいう、?～一五七八）が跡を継いだのだが、林一族は隣村・曾根《そね》村（岐阜県大垣市曾根町）の稲葉一鉄と争乱を繰り返していたので、正三の子・林市助を、稲葉一鉄の庶長子・稲葉兵庫《ひょうご》頭重通《のかみしげみち》（一五四二〜一五九八）の婿養子とすることで和睦。市助は稲葉佐渡守正成《まさなり》（一五七一〜一六二八）と名乗った（『岐阜県の地名』）。徳川家光の乳母として権勢を振るった春日局は、重通の養女にして、正成の後妻である）。

つまり、十七条城主は林通勝の父・林通安ではなく、同姓異人の林玄蕃であり、玄蕃の父親がたまたま林佐渡守（正長）だったので、林佐渡守秀貞と一緒くたにしたような系図ができあがったのだろう。

『寛政重修諸家譜』によれば、正成の母は安藤丹後守《たんごのかみ》某《なにがし》の娘なのだが、林秀貞の女とする説や、一時期、正成が秀貞の養子になっていたとする説もある。これらは、林佐渡守正長と秀貞を同一人物と混同したための誤りであろう。

稲葉一鉄とも遠縁？

『群書系図部集』収録の「河野氏系図」では、稲葉家は一四世紀に伊予から美濃に移り住んだ家系で、林家とは比較的近い一族に当たると記している（稲葉一鉄の父と林佐渡守が又従兄弟、稲葉一鉄の父と稲葉正成の祖父が又従兄弟になっている）。

ところが、稲葉一鉄の子孫（豊後臼杵《うすき》藩主）が江戸幕府に提出した系図によれば、稲葉一鉄の祖父・稲葉六郎通貞（一四四七〜一五三八）は、伊予守護・河野六郎通宣《みちのぶ》の末弟で、通貞は幼少の頃から武芸に秀で、諸国を遊歴し、一八歳の時（寛正五［一四六四］年）に美濃に来た

図5－6

F　『美濃国諸旧記』収録系図

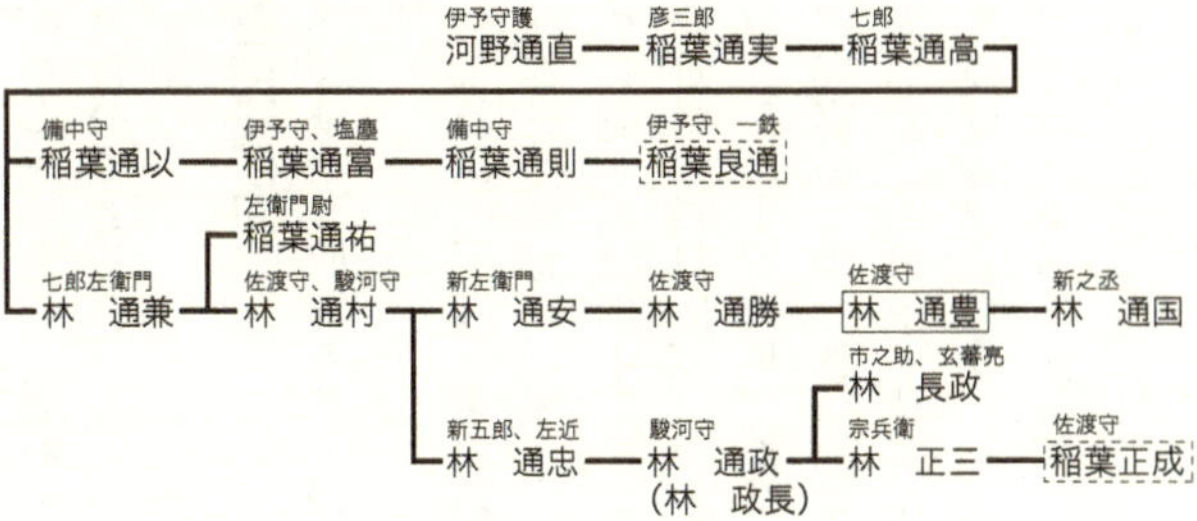

ことになっており、林一族との関係を記していない（『寛政重修諸家譜』）。

では、その差はどこから来るのか。

『群書系図部集』収録の「河野氏系図」の巻末には「慶長二十年二月日　尾州海邊《ママ》郡津島　大橋角之丞源貞信　花押」との署名があり、この系図は林家が作成したものではなく、その姻戚を名乗る大橋家の手によるものであることがわかる。なお、大橋貞信《さだのぶ》は津島衆の大橋一族だと思われるが、具体的な関係は不詳である。

つまり、この系図は林家と婚姻関係がある大橋家が、慶長二〇（一六一五）年時点で大名に出世した稲葉正成の実家・林家との関係を誇示し、さらに稲葉家も関連があることをこじつけるために作ったものと推測される。

稲葉一鉄は天正七（一五七九）年に子の右京亮貞通《うきょうのすけさだみち》に家督を譲るとともに、居城・曾根城を与え、「一鉄は（林七郎右衛門通兼が築いた清水の）山城をこわし、新城を山下に築いて、曾根より移り住んだ」（『愛知・岐阜の城』）。これにより、稲葉家はもともと林通兼の一族だったから清水村に隠棲《いんせい》し、正成を婿養子に迎えたと想起されたのであろう。

『美濃国諸旧記』

『群書系図部集』収録の林・稲葉系図と極めて類似の系図が『美濃国諸旧記』に収録されている。［図5－6／F］

それによれば、河野通義の甥にあたる稲葉七郎通高《みちたか》が康暦《こうりやく》元年一一月に細川頼之に打ち負けて美濃国本巣郡軽海城に移り住み、稲葉を称したという。

通高の長男・稲葉備中守通以《みちもち?》は軽海城に住み、その子・稲葉伊予守通富《みちとみ》（法名・塩塵《えんじん》）は加《か》茂郡御座野《みざの》村の遠見山城、その子・稲葉備中守通則《みちのり》は郡上《ぐじょう》郡下田《しもだ》（岐阜県郡上市美並《みなみ》町上田《かみた》）に移り住み、その子が稲葉一鉄だという。

一方、通高の次男・林七郎左衛門通兼（一三八三～一四四二）は林家の養子となって大野郡清水城を継ぎ、その子・林新左衛門通安《みちやす》は方県《かたがた》郡下土居《しもつちい》村（岐阜市下土居）に移り住み、その子が林佐渡守通勝という。

ここまでは『群書系図部集』と似ているのだが、『美濃国諸旧記』では通勝の子に林佐渡守通豊《みちとよ》を掲げ、「尾州知多に住す。織田備後守信秀、其子信長に仕へ老臣となる。後に信長の意に違ひ追放せられ畢《おわんぬ》」と記している。系図上に林佐渡守通勝は登場するものの、秀貞に相当するのはその子・通豊だというのだ。また、この通豊が知多半島に居を構えているというのも事実と符合しない。

ちなみに『士林泝洄』収録の尾張藩士・林系図では、林佐渡守通勝の孫・与《よ》八郎《はちろう》信親《のぶちか》が千賀《せんが》孫兵衛の養子になっているのだが、この千賀氏が知多郡師崎《もろざき》村（愛知県知多郡南知多町師崎）を拠点としている。稲葉正成の祖父・林佐渡守が秀貞と別人であったのと同様、この林佐渡守通勝（信勝？）もまた知多半島に居を構え、秀貞とは別人なのではなかろうか。

つまり、『群書系図部集』に掲載されている林佐渡守通勝は、林佐渡守秀貞とはまったくの別人であると思われる。

林佐渡守はどこに住んでいたのか

信長の「一《いち》おとな《の》」林佐渡守秀貞は、もちろん「尾州知多に住す」ことはない。谷口克広氏は「林秀貞は、春日井郡西春《にしはる》（現北名古屋市）あたりに領地を持ち」と記している（『信長と消えた家臣たち』）。

その根拠は「沖《おき》むらにあり、里老の伝《つた》へに林主計《かずえ》の城跡といへり、今は田圃となる」という『尾張志』の記述であろう（引用者が句読点を追加）。「沖むら」は春日井郡沖村（愛知県北名古屋市沖村）のことで、「林通勝邸趾《あと》」の記念碑が建てられている。

林主計とは、『尾張群書系図部集』によれば、林佐渡守通勝の父・通安のことだという。

しかし、当然、林主計よりも林佐渡守の方が有名なので、佐渡守が沖村に居住しているのであれば、「里老の伝へに林佐渡守の城跡といへり」と記されているはずだろう。

先述する通り、『群書系図部集』や『尾張群書系図部集』に掲載されている林佐渡守通勝が、林佐渡守秀貞と別人と考えると、林主計を秀貞の父と考えることはできない。そもそも、当時の史料を見る限り、秀貞の実父は林八郎左衛門、養父は林九郎勝隆なのだ。また、秀貞の居住地も沖村でない可能性が高い。

地理的に考えると、清須城の北に接する沖城が清須織田家の重臣・林家の居城、那古野城の北に接する田幡城が林佐渡守秀貞の居城とするのが妥当であろう。

第６章　その他の清須譜代

第１節　「その他の清須譜代」とは

身分を問わない傭兵軍団

信長は家督相続にあたって、動員能力の高い国人領主を附《つ》けてもらえなかった。

そのため、「尾張の土豪クラスの家の二、三男以下の者、自ら目をかけて取り立てた者、こうした者たちを近習に抜擢し、平時、戦時を問わず自分の周囲を固めさせた」。そのようにして子飼いの家臣を育成して行ったのである（『信長の親衛隊』）。

しかし、信長が尾張を統一し、美濃や近江、果ては畿内《きない》に勢力を拡げていくと、直接、抜《ばっ》擢《てき》・育成をしていくだけの余裕がなくなっていく。従って、或《あ》る段階から、旗本クラスの子飼い家臣に、征服地の武士を与力に附け、部将に登用していくようになった。

具体的にいえば、永禄元（一五五八）年に岩倉織田家を滅ぼすまでに仕えた家臣（これに、同年暗殺した弟・勘九郎信勝附きの武士たちが加わる）は与力を附けられる側、岩倉織田家の旧臣、およびそれ以降に信長に従った者は、原則として与力として附けられる側になってしまったのである。

父祖伝来の「勝幡譜代」、父・信秀に付き従った「古渡・末盛譜代」、父から継承した武士を基盤として、子飼いの家臣を育成していった「那古野譜代」。この三譜代以外の武士で、岩倉攻め以前に信長に仕えた家臣を「その他の清須譜代」と呼ぼう。

「那古野譜代」で、信長が育成した子飼いの家臣が「尾張（愛知郡）の土豪クラスの家の二、三男以下の者」だったのに対して、出自も明らかでない下層民や美濃出身の者たちである。

具体的にいえば、木下藤吉郎《とうきちろう》（のちの羽柴［豊臣］秀吉）や森三左衛門可成《さんざえもんよしなり》、蜂屋兵庫頭《ひょうごのかみ》頼隆《よりたか》、金森五郎八長近《ごろうはちながちか》、堀久太郎秀政《きゅうたろう》、坂井右近将監政尚《うこんしょうげんまさひさ》らが該当する。また、本書では瀧川左近将監一益を「勝幡譜代」に算入しているが、本来ならこの「その他の清須譜代」に入れるべきなのかもしれない。

ほぼ美濃出身

「その他の清須譜代」の中で、尾張の下層民出身と分類されるのは木下秀吉くらいで、他は原則として美濃出身の国人・土豪クラスの武士である。

つまり、永禄一〇（一五六七）年に稲葉山城が落ちて、美濃斎藤家が追放される、かなり以前から信長に仕えていた美濃の武士ということになる。

かれら美濃出身の武士の特徴は、濃尾国境沿いの出身であるが、その拠点は東西に散在して

図6－0：美濃出身の織田家臣

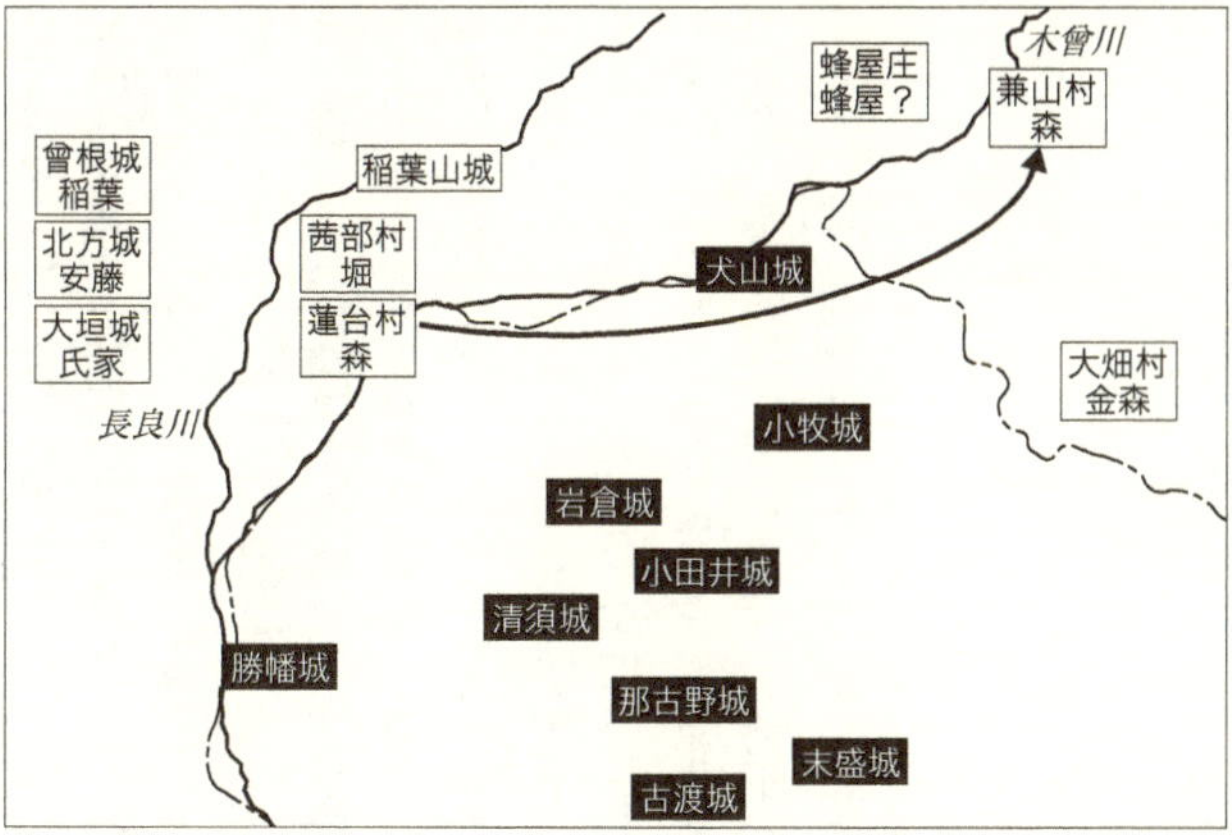

いることである。［図6－0］

森可成の居城・美濃国葉栗《はぐり》郡蓮台《れんだい》村（岐阜県羽島《はしま》郡笠松《かさまつ》町田代《でんだい》）は、稲葉山城をおおよそ七キロメートル強南下して木曾川につき当たった辺りであり、堀秀政の出身地・厚見《あつみ》郡茜部《あかなべ》村（岐阜市茜部）はそのやや北北西に位置する。一方、蜂屋頼隆の出身地と想定される蜂屋庄《はちやのしょう》（岐阜県美濃加茂市蜂屋町）は、稲葉山城からおおよそ東二〇キロメートル強、金森長近の出身地・土岐《とき》郡大畑《おおはた》村（岐阜県土岐市）は蜂屋からさらにおおよそ東南東二〇キロメートルに位置する。

四者（森、蜂屋、金森、堀）の出身地は、森と堀の出身地がやや近いだけで、残りはかなり広範囲に散らばっている。四者が手を携えて信長に降《くだ》ったというよりは、各々が美濃の不安定な情勢に嫌気がさしたのか、政争に敗れて逃げのびてきたといった感じであろう。

美濃国守護は土岐《とき》家が代々務めていたが、徐々に斎藤道三《どうさん》（長井《ながい》新九《しんく》郎規秀《ろうのりひで》、斎藤左近大夫利《とし》政《まさ》、山城守入道《やましろのかみにゅうどう》道三）が実権を掌握し、天文二〇（一五五一）年頃に道三が守護の土岐頼芸《よりなり》を追放した（年代については諸説有）。

その後、道三は嫡男・斎藤新九《しんく》郎利尚《ろうとしひさ》（一般には斎藤義龍《よしたつ》）と不和になり、弘治元（一五五五）年頃、利尚は斎藤新九郎范可《はんか》と改名した。「范可」は中国の故事で父を討った人物であり、その意思を表明したといわれている（森可成《よしなり》と金森長近〔旧名・可近《ありちか》〕は「范可」から偏諱《へんき》を受けたと考えたいが、残念ながら年次が合わない）。

そして、弘治二（一五五六）年四月に義龍は道三を討ち果たし、同年夏頃に新九郎高政《たかまさ》と改名している（のち一色姓に改姓し、左京大夫義龍と改名）。

つまり、永禄元年以前に美濃は政情不安な状況にあり、信長にとっては美濃出身の有能な武士をカネで傭《やと》う可能性が高くなっていたといえるのだ。

第2節　美濃出身・森可成

壮絶な討ち死に一家

美濃出身の部将で、早くから信長に仕えた家臣の中に、森三左衛門可成《さんざえもんよしなり》（一五二三〜七〇）がいる。森可成は美濃国葉栗《はぐり》郡蓮台《れんだい》村出身で、谷口克広氏は「弘治年間（一五五五〜五八）にはもう信長の臣として名が見える」と指摘している（『織田信長家臣人名辞典』）。［図6－1］

『寛政重修諸家譜』によれば、「弘治元年四月織田彦五郎某を攻《せめ》るのとき、すゝみて首をとる。のち林美作守某をうち、尾張国浮野合戦及び桶狭間の役に、しばしば軍功あり」という。「織田彦五郎某を攻る」とは天文二三（一五五四）年四月に守護代の織田彦五郎《ひこごろう》（清須織田家）を切腹させたことを指しているのだろうが、合戦ではなく、織田孫三郎信光の策略によるものなので疑問が残る。続く「林美作守某をうち」というのは、弘治二（一五五六）年八月の稲生合戦で林佐渡守秀貞の弟・林美作守が討ち死にしたことを指しているのだろうが、『信長公記』によれば、美作守を討ったのは信長である。

細部に誤りがあるものの、『信長公記』でも可成が稲生合戦に参陣していることが見えるので、「弘治年間にはもう信長の臣として名が見える」との谷口氏の指摘が適切であろう。

信長は、永禄四（一五六一）年以降の美濃攻めに旗本クラスを投入し、さらに永禄八（一五六五）年に丹羽長秀・木下秀吉・河尻秀隆らを主力として東美濃を攻略。可成は美濃国可児《かに》郡鳥峯《うほう》城を与えられ、兼山《かねやま》城（岐阜県可児市兼山）と改称した。

永禄一一（一五六八）年九月に信長が上洛《じようらく》すると、柴田勝家・蜂屋頼隆・坂井政尚とともに勝龍寺《しようりゆうじ》城を攻め落とし、柴田らの四人で京都の政務にあたった。

元亀元（一五七〇）年四月に越前朝倉討伐に失敗し、追放したはずの元近江半国守護・六角承禎《じようてい》が南近江で挙兵すると、信長は主要部将を近江に分封。森可成は南近江の宇佐山（志賀）城（滋賀県大津《おおつ》市）の守将となった。

元亀元（一五七〇）年九月、野田・福島の合戦のさなか、石山本願寺が信長に叛旗《はんき》を翻すと、浅井・朝倉連合軍がそれに呼応して三万の兵を率い、信長軍を背後から突くべく、近江坂本《さかもと》方面に出陣。森可成は宇佐山城から打って出て坂本の防戦に努めたが、討ち死にした。後述するように、かれの子どもたちも信長のために討ち死にを遂げている。

森家の系譜

『寛政重修諸家譜』によれば、「森の家号は義隆《よしたか》がとき、相模《さがみ》国森《もり》を領せしより称すといふ《う》」。義隆は、源義家《よしいえ》の六男で、森冠者《かじや》、陸奥六郎《むつろくろう》ともいわれる。

その子孫が近江国に住み、森小太郎可行《こたろうよしゆき》（?～一五七一?）の時に美濃国羽栗郡蓮台《れんだい》村（岐阜県羽島郡笠松町田代《でんだい》）に移住し、元亀二（一五七一）年五月一二日に美濃国可児郡兼山にて、

図6－1：森家系図

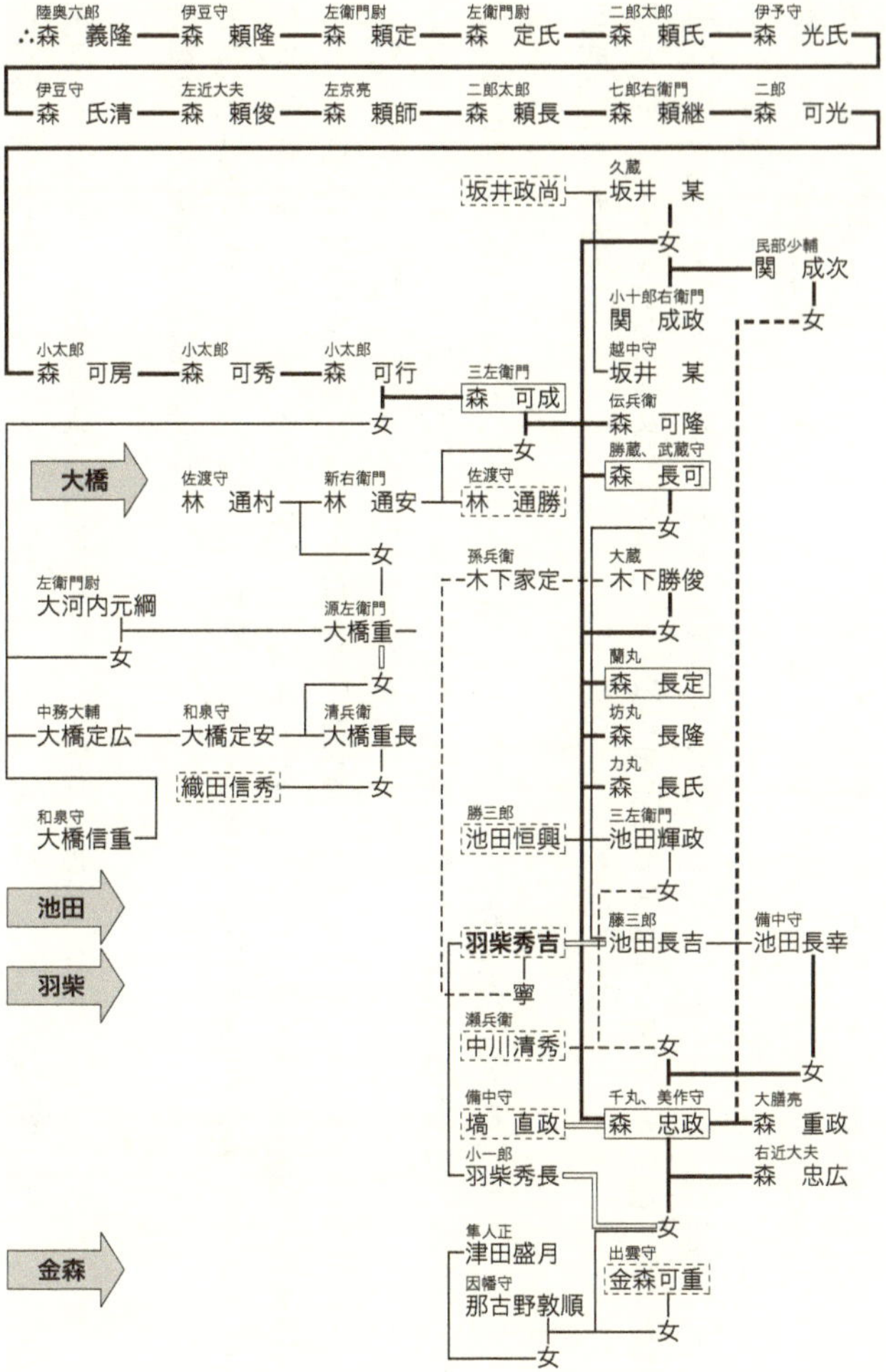

陸奥六郎
森　義隆
伊豆守
森　頼隆
左衛門尉
森　頼定
左衛門尉
森　定氏
二郎太郎
森　頼氏
伊予守
森　光氏
伊豆守
森　氏清
左近大夫
森　頼俊
左京亮
森　頼師
二郎太郎
森　頼長
七郎右衛門
森　頼継
二郎
森　可光
小太郎
森　可房
小太郎
森　可秀
小太郎
森　可行
坂井政尚
久蔵
坂井　某
女
民部少輔
関　成次
女
小十郎右衛門
関　成政
越中守
坂井　某
三左衛門
森　可成
女
伝兵衛
森　可隆
女
勝蔵、武蔵守
森　長可
大橋
佐渡守
林　通村
新右衛門
林　通安
佐渡守
林　通勝
女
女
孫兵衛
木下家定
大蔵
木下勝俊
左衛門尉
大河内元綱
源左衛門
大橋重一
女
女
女
蘭丸
森　長定
中務大輔
大橋定広
和泉守
大橋定安
清兵衛
大橋重長
坊丸
森　長隆
織田信秀
女
力丸
森　長氏
和泉守
大橋信重
勝三郎
池田恒興
三左衛門
池田輝政
池田
女
藤三郎
池田長吉
備中守
池田長幸
羽柴秀吉
羽柴
寧
瀬兵衛
中川清秀
女
女
備中守
塙　直政
千丸、美作守
森　忠政
大膳亮
森　重政
小一郎
羽柴秀長
右近大夫
森　忠広
女
隼人正
津田盛月
金森
出雲守
金森可重
因幡守
那古野敦順
女
女

八〇余歳で死去したという。その子が森可成である。可成は「初め斎藤氏に仕えるというが」弘治元(一五五五)年頃にはすでに信長に仕えていたといわれている。

津島衆・大橋家との婚姻関係

可成の母は津島衆の筆頭・大橋和泉守重俊《しげとし》(信重《のぶしげ》)の娘で、妻は林新右衛門通安《はやししんえもんみちやす》の娘という。大橋信重の孫・源左衛門重一《げんざえもんしげかず》の妻が林通安の姉妹であり、森家と大橋・林家は緊密な婚姻関係にある。大橋家は尾張の西端・津島を拠点として西美濃にも勢力を拡げていた。森可成は大橋家との関係から勝幡織田家に仕えたのかもしれない。

なお、前章で林佐渡守の巷間《こうかん》伝わる系図の偽《にせ》系図疑惑を紹介したが、その系図によれば、林通安は林佐渡守(秀貞?)の父にあたり、森可成と林佐渡守は義兄弟にあたる。

可成の子どもたち

可成には少なくとも六男三女がおり、末男・忠政を除いて全員討ち死にしている。眉目《びもく》秀麗な小姓として、ドラマやマンガでも有名な森蘭丸《らんまる》(実際は「乱丸」と書くらしい)も可成の子である(★は嫡出)。

・長男★森 伝兵衛《でんべえ》可隆《よしたか》(一五五二〜七〇)手筒山《てづつやま》合戦で討死。
・次男★森 武蔵守長可《むさしのかみながよし》(一五五八〜八四)妻は池田恒興の娘。小牧・長久手合戦で討死。

・三男★森　蘭丸成利《らんまるなりとし》（一五六五〜八二）本能寺の変で討死。
・四男★森　坊丸長隆《ぼうまるながたか》（一五六六〜八二）本能寺の変で討死。
・五男★森　力丸長氏《りきまるながうじ》（一五六七〜八二）本能寺の変で討死。
・六男★森　千丸忠政《せんまるただまさ》（一五七〇〜一六三四）妻は中川清秀の娘、豊臣秀長の養女。
・長女★坂井久蔵《さかいきゅうぞう》の妻、のち関成政《せきなりまさ》に再縁
・次女★青木秀重《あおきひでしげ》の妻
・三女★木下勝俊《かつとし》（羽柴秀吉の義甥）の妻

嫡男「鬼武蔵」長可

可成の嫡男・**森武蔵守長可**（一五五八〜八四）は、通称を勝蔵《しょうぞう》、諱を長一《ながかづ》とする書もある。俗に「鬼武蔵」と呼ばれる猛将である。父が討ち死にし、わずか一三歳で家督を継ぎ、兼山城主となった。

信忠軍に従い、天正一〇（一五八二）年の武田攻めでは、信濃飯田《いいだ》城、高遠《たかとお》城攻略に参加。武田家滅亡後、北信濃四郡（高井《たかい》、水内《みのち》、更科《さらしな》、埴科《はにしな》）を与えられ、海津《かいづ》城主となる。

弟たちは信長側近として、本能寺の変で討ち死にを遂げたが、長可は越後上杉家と対峙《たいじ》しており、変を聞くとすぐさま撤退して兼山城に戻った。

妻が池田恒興の長女だったので、本能寺の変後は義父とともに秀吉につき、小牧・長久手の合戦でともに討ち死にを遂げた。出陣に際して、娘は武士ではなく医者に嫁がせる様に遺言をしたためたことで知られているが、『寛政重修諸家譜』など諸系図に娘の記載はない。

末男・森忠政

長可が討ち死にすると、唯一生き残った末男の**森千丸忠政**（一五七〇～一六三四）が、わずか一五歳で家督を継ぎ、兼山城主となった。和田裕弘氏は「忠政は、柴田勝家の娘を妻とした塙直政の養子となった。これは、可成が勝家と親しかった関係からだろう」（『織田信長の家臣団』）と記している。

妻は中川瀬兵衛清秀の次女で、清秀の長女が池田輝政（恒興の次男）夫人だったことから縁談が進んだものと思われる。ただし、清秀の娘は第一子（長女）出産の後に死去したようで、後妻に豊臣秀長（秀吉の異母弟）の養女を迎えている。

秀長の養女は、はじめ秀長の子・小一郎《こいちろう》の妻だったが、小一郎が早くに亡くなったため、その養女になったらしい。実父は那古野因幡守《なごやいなばのかみ》敦順である。

那古野家は那古野今川家の旧臣で、織田信秀によって当主の今川左馬助氏豊《さまのすけうじとよ》が放逐された後、信秀の主家にあたる清須織田家に属したらしい。尾張守護・斯波義達《よしみち》はのちに義敦《よしあつ》と改名したとされ、敦順はその偏諱を受けた可能性がある。『三百藩家臣人名事典　6』によれば、「敦順は信長の従弟《いとこ》」との記述があるが、具体的な関係は不明である。

『群書系図部集』所収の「織田系図」によると、敦順の妻は信長の一族・津田家の出身で、中川八郎右衛門重政、津田隼人正盛月《はやとのしょうもりつき》、木下雅楽助《うたのすけ》の姉妹にあたる。また、敦順の子女は以下の通り。

・長男　那古野内膳《ないぜん》
・次男　那古野山三郎《さんざぶろう》（一五七二～一六〇三）
・長女　金森出雲守（可重《よししげ》。長近の養子）室
・次女　森右近大夫忠政室（?～一六〇七）
・三女　小沢彦八郎《おざわひこはちろう》（森家に仕える）室

次男の那古野山三郎（のち九右衛門、蔵人）は「勝《すぐ》れて美麗」「無双の美少年」「美麗の器量」と称され、歌舞伎の創設者・出雲の阿国《おくに》を妻にしたとの俗説がある。妹が忠政に嫁いだことにより、その家臣となり、五〇〇〇石もの高禄《こうろく》を得たが、森家の家臣・井戸宇右衛門《いどうえもん》に討たれた。ちなみに、山三郎の妹婿・小沢彦八郎も一〇〇〇石で忠政に仕えたが、同じく森家の家老・各務《かがみ》四郎兵衛元峯《もとみね》に討たれている。

那古野家は、秀吉の甥・小一郎の妻に釣り合うような家柄には到底思えないが、その兄が「美麗の器量」だったのであれば、かなりの美人だった可能性が高い。小一郎の死後、養女として秀長の許《もと》に留め置かれたのも、そういった文脈から考えると納得がいく。

なお、森忠政は慶長五（一六〇〇）年二月に兄の遺領ともいうべき北信濃四郡一三万七五〇

〇石を与えられて川中島城主となり、慶長八（一六〇三）年二月に美作津山《つやま》藩一八万六五〇〇石に転封となった。養孫・森式部衆利《もろとし》（一六七三～一七〇五）が素行不良で改易されたが、養父（忠政の養子）の森内記《ないき》長継《ながつぐ》（一六一〇～九八）に改めて播磨赤穂藩二万石が与えられ、子孫は同地を領した。

第3節　美濃出身・金森長近

一五五〇年代後半に織田家臣に

金森《かなもり》五郎八長近《ながちか》（一五二五？～一六〇八）は美濃国土岐郡大畑村（岐阜県土岐市）出身とも、近江国野洲《やす》郡　金森《かねがもり》村（滋賀県守山市）の出身ともいうが、『寛政重修諸家譜』によれば「土岐美濃守成頼《しげより》が二男兵部少輔《ひょうぶのしょう》定頼《さだより》、美濃国山県《やまがた》郡大桑《おおが》（岐阜県山県《やまがた》市高富《たかとみ》）に住して大桑を称す。のち土岐郡大畑村に居す。其男《そのおとこ》大畑七右衛門定近《さだちか》、近江国野洲《やす》郡金森村にうつり、その在名によりて金森を称し、采女《うねめ》とあらたむ。これ長近が父なりといふ」。おそらく、金森という地名をこじつけたもので、近江の生まれではなく、大畑村の出身なのだろう。［図6－2／A］

永禄二（一五五九）年に信長が上洛した際、「蜂屋」とともに随行した「金森」が長近だと考えられ、それ以前に信長に仕えていた可能性が高いという（『織田信長家臣人名辞典』）。長近

図6－2／A：金森家系図

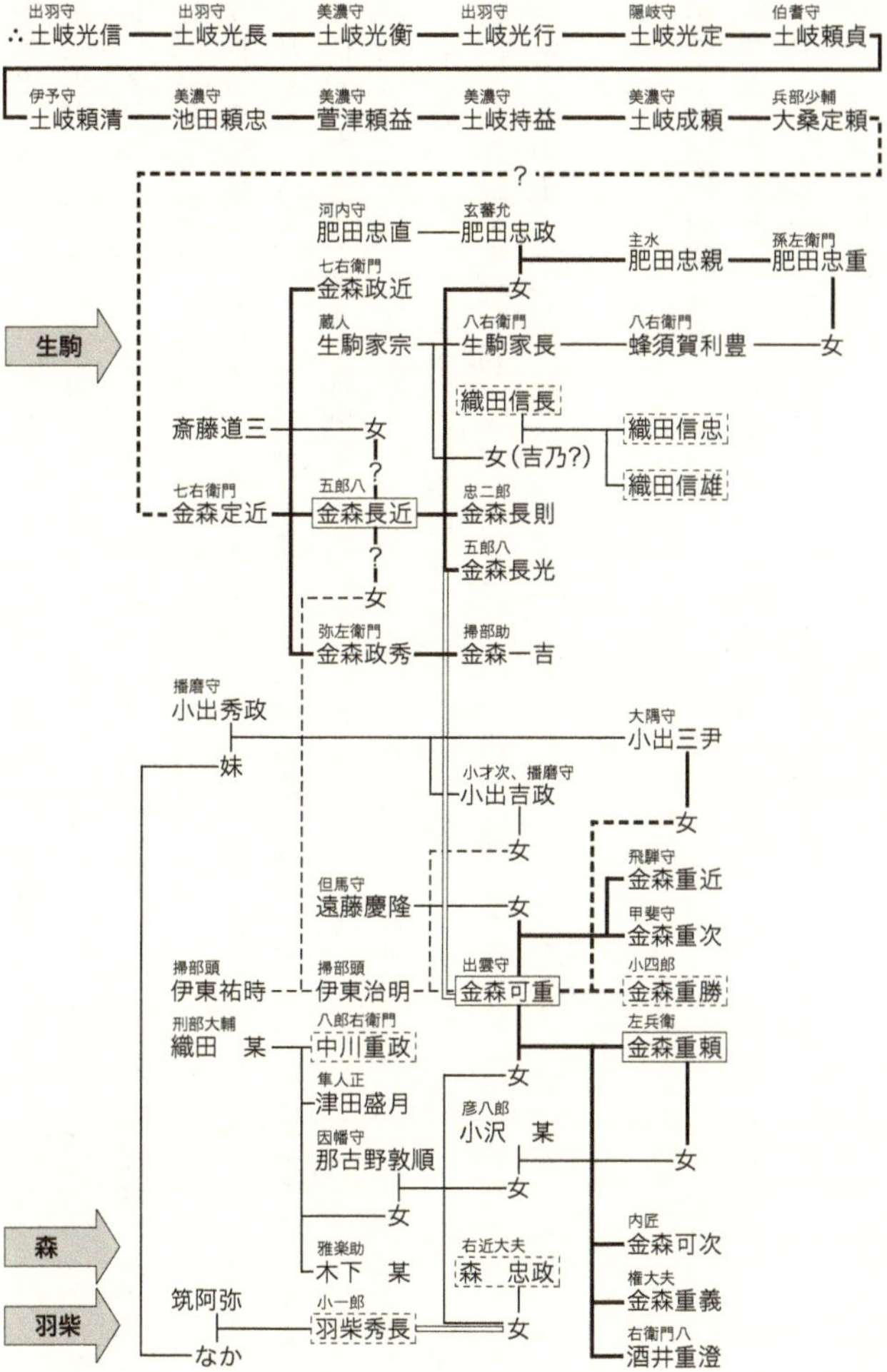
∴
出羽守
土岐光信
出羽守
土岐光長
美濃守
土岐光衡
出羽守
土岐光行
隠岐守
土岐光定
伯耆守
土岐頼貞
伊予守
土岐頼清
美濃守
池田頼忠
美濃守
萱津頼益
美濃守
土岐持益
美濃守
土岐成頼
兵部少輔
大桑定頼
?
河内守
肥田忠直
玄蕃允
肥田忠政
主水
肥田忠親
孫左衛門
肥田忠重
七右衛門
金森政近
女
生駒
蔵人
生駒家宗
八右衛門
生駒家長
八右衛門
蜂須賀利豊
女
織田信長
斎藤道三
女
織田信忠
女（吉乃?）
?
織田信雄
七右衛門
金森定近
五郎八
金森長近
忠二郎
金森長則
?
五郎八
金森長光
女
弥左衛門
金森政秀
掃部助
金森一吉
播磨守
小出秀政
大隅守
小出三尹
妹
小才次、播磨守
小出吉政
女
女
飛騨守
金森重近
但馬守
遠藤慶隆
女
甲斐守
金森重次
掃部頭
伊東祐時
掃部頭
伊東治明
出雲守
金森可重
小四郎
金森重勝
刑部大輔
織田　某
八郎右衛門
中川重政
左兵衛
金森重頼
女
隼人正
津田盛月
彦八郎
小沢　某
因幡守
那古野敦順
女
女
女
内匠
金森可次
森
雅楽助
木下　某
右近大夫
森　忠政
権大夫
金森重義
筑阿弥
小一郎
羽柴秀長
女
羽柴
なか
右衛門八
酒井重澄

は初名を「可近《ありちか》」といい、信長から偏諱を受けて「長近」と改名している。

永禄年中に編制された赤母衣《ほろ》衆に選ばれ、天正元（一五七三）年の槇島攻め、越前・小谷城攻め、若江《わかえ》城攻め等に従う。天正三（一五七五）年八月の越前一向一揆《いっき》の平定では、原長頼《ながより》とともに大野郡を鎮圧。平定後に大野郡の三分の二を与えられる。

本能寺の変後は、「越前衆」として柴田勝家につくが、賤ヶ岳の合戦後に赦《ゆる》され、秀吉の麾《き》下《か》に加わる。天正一三（一五八五）年に秀吉が越中の佐々成政、飛驒の三木《みき》自綱《よりつな》を攻めるとこれに従い、翌天正一四年に飛驒高山《たかやま》三万八七〇〇石を与えられる。

慶長五（一六〇〇）年の関ヶ原の合戦では家康方につき、美濃四郡のうち、二万石を加増され、計六万一〇〇〇石を領する。子孫は美濃郡上八幡《ぐじょうはちまん》に転封となるが、宝暦《ほうれき》八（一七五八）年に七代・金森兵部少輔頼錦《よりかね》（一七一三〜六三）が一揆の多発など藩政の不始末を咎《とが》められて改易され、その子・金森靭負《ゆきえ》頼興（一七五三〜九七）が一五〇〇俵を与えられて旗本寄合となった。

養子・可重は誰の子？

『寛政重修諸家譜』では、長近夫人の記述はなく、二人の実子と一人の養子を記している。
・長男　金森忠二郎長則《ちゅうじろうながのり》（一五六三〜八二）本能寺の変の時、二条城で討死
・次男　金森五郎八長光《ごろはちながみつ》（一六〇六〜一一）六歳で死去

・養子　金森出雲守可重（一五五八～一六一五）伊藤氏、もしくは長屋将監景直《しょうげんかげなお》の子

養子の**金森出雲守可重**（一五五八～一六一五）について、『寛永諸家系図伝』では「実ハ伊藤氏なり。長近すでに老年におよぶまで子なきゆへ、可重を以てつぎ（＝世継ぎ）とす」と記しているが、『寛政重修諸家譜』では「実ハ長屋将監景直が長男なり（中略）八歳の時より長近の左右にありて生長し、その養子となりて（下略）」と記している。

『美濃明細記』によれば、長屋景直は通称を与五右衛門《よごうえもん》といい、天文一六（一五四七）年に父・長屋大膳亮景興《だいぜんのすけかげおき》とともに、美濃国大野郡相羽《あいば》城（岐阜県揖斐《いび》郡大野町相羽）で討ち死にしたと伝えられ、永禄元（一五五八）年生まれの可重との辻褄《つじつま》が合わない。景直の叔父《おじ》・長屋将監景重（生没年不明）の誤りなのだろうか。それとも長屋氏ではなく伊藤氏出身なのだろうか。

［図6－2／B～D］

ここで面白い記述が『断家譜』の伊東《いとう》家の項にある。伊東掃部助祐時《かもんのすけすけとき》の娘が可重に嫁ぎ、可重の嗣子・金森長門守重頼《しげより》（一五九四～一六五〇）が、実は祐時の孫（伊東掃部頭信直《かもんのかみのぶなお》［治明《はるあき》］の子）で、可重の養子になったというのだ。

しかし、『寛政重修諸家譜』では、重頼が養子との記述がない上に、重頼の義兄弟にあたる小出大和守吉政《よしまさ》（一五六五～一六一三）と三〇歳近く離れており、誤伝ではないかと思われる。

ここで、可重が「実ハ伊藤氏なり」という記述が思い出される。伊藤氏は伊東氏の誤記であり、伊東氏から養子に行ったのは、重頼ではなく、可重の誤りではないか。

『寛政重修諸家譜』では、大坂夏の陣で可重が「小出対馬守吉親《こいでつしまのかみよしちか》、伊東掃部頭治明と﹅もに小出大和守吉英《よしひで》が居城、和泉国岸和田の加勢となり」という記述がある。小出吉英・吉親兄弟は伊東治明の外孫にあたり、可重が治明の子であれば、可重の甥《おい》にあたる。当時岸和田城主だった小出吉英の支援に姻戚《いんせき》を総動員したように考えれば合点がいく。

金森家と小出家を結びつけた伊東家は、治明の養子・伊東掃部頭が元和二（一六一六）年に別所孫次郎《べっしょまごじろう》（別所重棟《しげむね》の婿養子）と喧嘩《けんか》の挙げ句に殺害され、無嗣廃絶となってしまうが、金森家と小出家はその後も婚姻関係を重ねていっている。

小出吉政の異母弟・小出大隅守三尹《みつまさ》（一五八九〜一六四二）が、重頼の姉妹と結婚し、重頼の長女が三尹の庶子・小出大隅守有棟《ありむね》と結婚しているのだ。

ちなみに、『寛政重修諸家譜』では、小堀遠州《こぼりえんしゅう》の名で有名な小堀遠江守政一《まさかず》（一五七九〜一六四七）の姉が「伊東掃部某が妻」と記されているが、政一の父と小出吉政の父が同い年なので、吉政の義兄弟にあたる伊東掃部頭某（治明の養子）のことだと思われる。

日根野家から柴田勝家へ

『寛政重修諸家譜』の日根野《ひねの》（日禰野とも書く）家の項では、日根野備中守弘就《びっちゅうのかみひろなり》（一五三一？〜一六〇二）の次男・日根野筑後守吉時《よしとき》、三男・日根弥次右衛門弘正《ひねやじうえもんひろまさ》、四男・日根野九郎右衛門弘勝《くろうえもんひろかつ》（いずれも生年不詳）の母を「金森出雲守可重が女」としている。しかし、弘就は一五

図6－2

B 『寛政重修諸家譜』

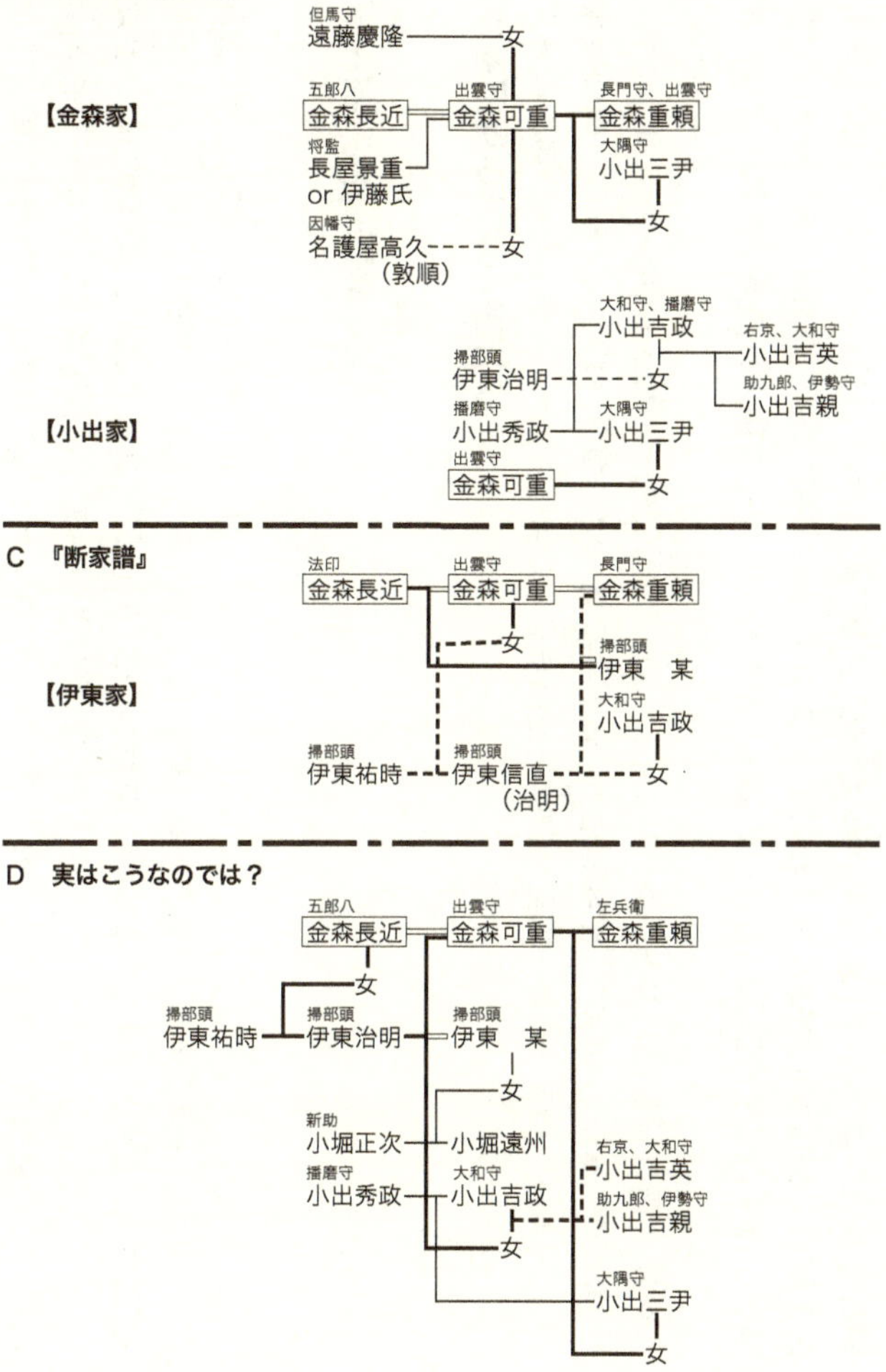

三〇年代初頭の生まれと考えられ、一五五八年生まれの可重の女婿であるはずがない。長近（一五二五年生まれ？）の姉妹が誤って伝えられたのではないか。

ちなみに日根野弘就の長男・日根野織部正《おりべのしょう》高吉《たかよし》の娘は、柴田勝家の養子・柴田三左衛門勝政（一五五七～八三）と結婚し、遺児・権六郎《ごんろくろう》（のち柴田三左衛門勝重《かつしげ》。一五七九～一六三二）は、高吉の異母弟・吉時の娘と結婚している。

第4節　美濃出身・堀秀政

秀吉家臣から信長の側近へ

堀久太郎秀政（左衛門督。一五五三～九〇）は美濃国厚見郡茜部《あかなべ》村（岐阜市茜部）出身で、『寛政重修諸家譜』によれば、秀政の曾祖父《そうそふ》・堀掃部大夫《かもんのたいふ》某《なにがし》が斎藤道三に仕え、美濃国厚見郡茜部村を知行した。その孫・堀掃部大夫秀重《ひでしげ》（一五三二～一六〇六）の代に織田家に転じたという。［図6－3］

秀政ははじめ織田家家臣の大津伝十郎に仕えたが、大津の下では立身出世がかなわないと悟り、転じて木下（のちの豊臣）秀吉に仕えた。永禄八（一五六五）年に信長が秀吉家中を訪れた際、秀政を見て小姓に取り立て、のちに近江国坂田《さかた》郡二万五〇〇〇石を与えられた。秀吉の家

図6－3：堀秀政系図

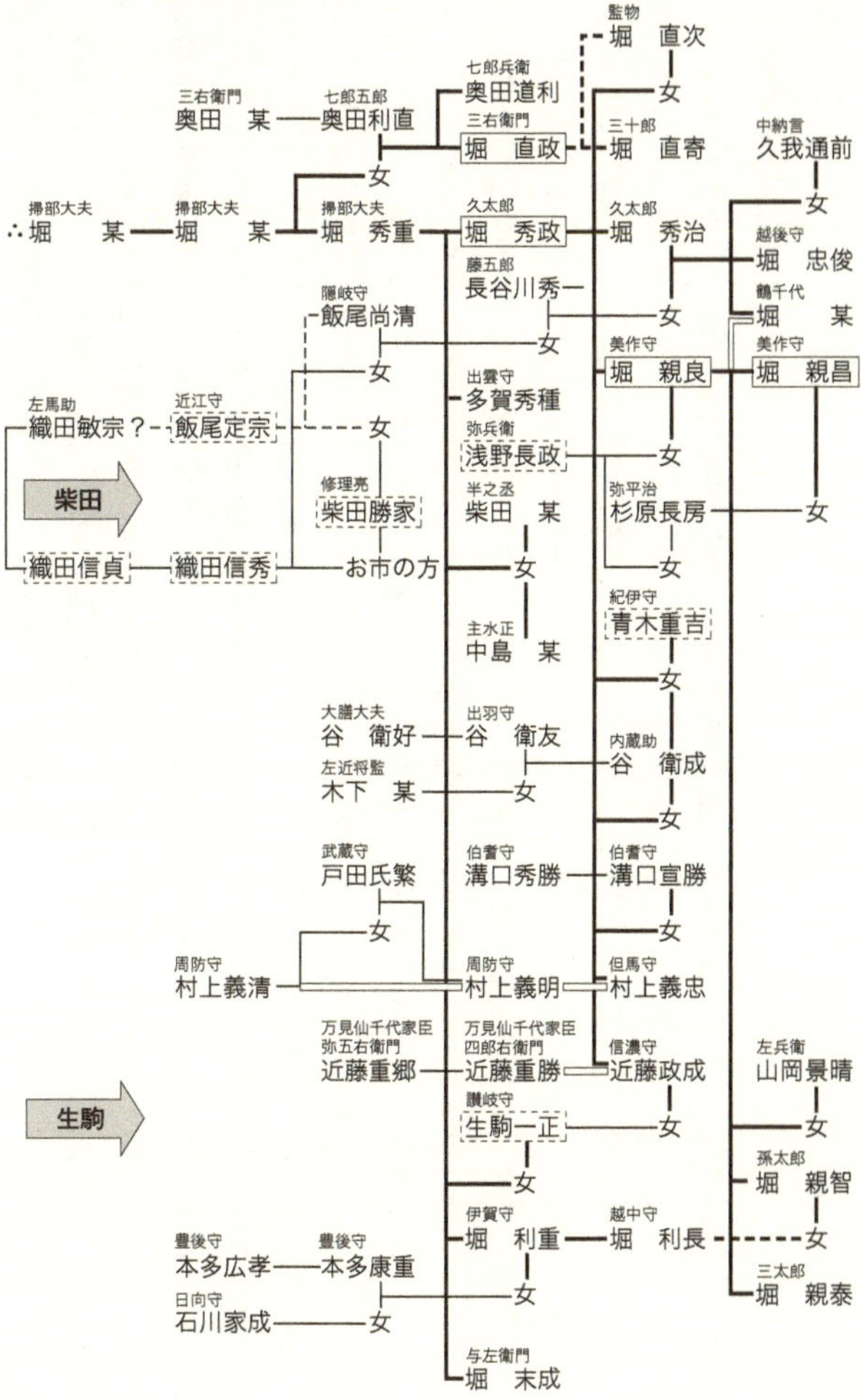
監物
堀　直次
七郎兵衛
奥田道利
三右衛門
奥田　某
七郎五郎
奥田利直
三右衛門
堀　直政
三十郎
堀　直寄
中納言
久我通前
女
女
女
掃部大夫
∴堀　某
掃部大夫
堀　某
掃部大夫
堀　秀重
久太郎
堀　秀政
久太郎
堀　秀治
越後守
堀　忠俊
藤五郎
長谷川秀一
鶴千代
堀　某
隠岐守
飯尾尚清
女
女
美作守
堀　親良
美作守
堀　親昌
左馬助
織田敏宗？
近江守
飯尾定宗
女
出雲守
多賀秀種
弥兵衛
浅野長政
女
柴田
修理亮
柴田勝家
半之丞
柴田　某
弥平治
杉原長房
女
織田信貞
織田信秀
お市の方
女
女
紀伊守
青木重吉
主水正
中島　某
女
大膳大夫
谷　衛好
出羽守
谷　衛友
内蔵助
谷　衛成
左近将監
木下　某
女
女
武蔵守
戸田氏繁
伯耆守
溝口秀勝
伯耆守
溝口宣勝
女
女
周防守
村上義清
周防守
村上義明
但馬守
村上義忠
万見仙千代家臣
弥五右衛門
近藤重郷
万見仙千代家臣
四郎右衛門
近藤重勝
信濃守
近藤政成
左兵衛
山岡景晴
生駒
讃岐守
生駒一正
女
女
女
孫太郎
堀　親智
伊賀守
堀　利重
越中守
堀　利長
女
豊後守
本多広孝
豊後守
本多康重
女
三太郎
堀　親泰
日向守
石川家成
女
与左衛門
堀　末成

臣から信長直臣に取り立てられた珍しいケースである。

元亀年間にはすでに信長の側近として活躍し、天正年間には部将として雑賀攻め、有岡城攻め、伊賀攻め等に参陣。文武両道に勝れ、「名人久太郎」と称せられた。

本能寺の変後の清須会議で、信長の嫡孫・三法師の傅役《もりやく》となる。賤ヶ岳の合戦で秀政は旧主・秀吉につき、戦後に近江佐和山城を与えられる。小牧・長久手の合戦では、三好孫七郎信吉《みよしまごしちろうのぶよし》（秀吉の甥、のちの豊臣秀次《ひでつぐ》）軍の軍監として参加し、池田恒興・森長可が討ち死にする中、徳川軍の攻勢を食い止めた。

天正一三（一五八五）年に越前北ノ庄城主・丹羽長秀が死去すると、その跡を受け一八万八〇〇〇石を領した。越前は要衝の地で、秀政に対する信頼の高さがうかがわれる。なお、本領の他に、村上《むらかみ》周防守義明《よしあき》（六万六〇〇〇石）、溝口伯耆守秀勝《ひでかつ》（四万四〇〇〇石）を与力に附けられ、実質的には三〇万石弱を領する大大名となった。

秀吉の九州征伐、小田原征伐に参陣し、天正一八（一五九〇）年に小田原の陣中で没した。享年三八。

なお、秀政の母は三田村《みたむら》加賀守某の娘、妻は喜多嶋《きたじま》和泉守某の娘で、いずれも「閨閥《けいばつ》」というほどの名家ではない。

嫡男・堀秀治

天正一八年に秀政が三八歳で死去すると、嫡男・**堀久太郎秀治**《ひではる》（一五七六～一六〇六）がわずか一五歳で遺領を継ぎ、その八年後の慶長三（一五九八）年四月に越後春日山《かすがやま》四五万石に栄転している（うち、村上周防守義明が九万石、溝口伯耆守秀勝が六万石）。

豊臣秀吉は功績ある大名の子でも、家督相続を機に大幅減封している例が少なくない。堀秀治はその反対で、稀有《けう》な事例に属するだろう。

慶長五（一六〇〇）年の関ヶ原の合戦では、上杉景勝が旧領・越後の奪回をもくろみ、越後での一揆を扇動し、家臣を出兵させた。堀秀治は重臣を要所に配置して徹底抗戦し、越後平定を成し遂げたが、慶長一一（一六〇六）年五月、三一歳で死去。子の**堀吉五郎忠俊**《きちごろうただとし》（一五九六～一六二二）がわずか一一歳で遺領を継いだ。

しかし、幼主続きの堀家は有力家臣の堀監物直次《けんもつなおつぐ》とその弟・堀丹後守直寄《なおより》の紛争を抑えることができず、慶長一五（一六一〇）年に改易されている。ちなみに、この忠俊も二六歳で死去している。つくづく早死の家系である。

大名家として残ったのは、次男・**堀美作守**《みまさかのかみ》 **親良**《ちかよし》（一五八〇～一六三七）の家系である。

親良は、はじめ母方の喜多嶋姓を称し、豊臣秀吉から偏諱を賜って「秀家《ひでいえ》」と名乗った。父・秀政の死後、兄・秀治が遺領を継ぐ際、親良も越前国に二万石を賜り、慶長三年の越後春日山転封では蔵王《ざおう》城四万石を領し、重臣・近藤織部正《こんどうおりべのしょう》 重勝《しげかつ》に一万石を与えている（ちなみに、親良の長男・堀又七郎親昌《またしちろうちかまさ》（一六〇六～七三）の「母は近藤氏」である）。

慶長七（一六〇二）年に病にかかり、嗣子がなかったことから、兄・秀治の次男（鶴千世《つるちよ》）を養子に迎えて家督を譲り、自らは隠居料一万二〇〇〇石を領した。鶴千世は早世して、いったん嗣子廃絶となったが、親良は病から復帰して下野真岡《もおか》藩一万二〇〇〇石を領し、寛永四（一六二七）年に加増されて、下野烏山《からすやま》藩二万五〇〇〇石となった。嗣子・親昌《ちかまさ》が家督を相続する際に弟二人に分知したため、二万石となり、信濃飯田藩に転封。子孫が加増・減封を繰り返して一万七〇〇〇石に落ち着いた。

秀政の子どもたち

秀政には少なくとも四男四女がいる（★は嫡出）。
・長男★堀　久太郎秀治（一五七六～一六〇六）
・次男★堀　美作守親良（一五八〇～一六三七）越後蔵王藩四万石
・三男　村上但馬守義忠《よしただ》（？　～一六一八）越後　本庄《ほんじょう》藩九万石。無嗣廃絶
・四男　近藤信濃守政成《まさなり》（一五八八～一六一八）越後のうち一万石
・庶子？堀　弥太郎政秀《やたろうまさひで》（生没年不詳）
・長女　谷内蔵《くら》助衛成《のすけもりなり》の妻
・次女　青木紀伊守重吉《しげよし》の妻、のち谷内蔵助衛成の後妻

・三女　家臣・堀監物直次《けんもつなおつぐ》の妻
・四女　溝口伯耆守宣勝《のぶかつ》の妻

闔閥だけを見ると、秀政は織田家臣というより、豊臣大名である。しかも、徳川家臣団にも食い込みつつある。秀政は子どもたちを介して、①かつての同僚だった信長側近衆、②与力大名、③その他の豊臣系大名との閨閥を形成していったようだ。

①かつての同僚だった信長側近衆

長男・秀治の妻は、長谷川藤五郎秀一《とうごろうひでかず》（一五六二？〜九四）の娘である。秀一は、長谷川竹《たけ》の名で知られ、秀政と同じく美濃国葉栗郡（北方村《きたかた》）の生まれ。若年から信長の小姓として仕えた秀政の同僚である。本能寺の変後は秀吉に仕え、天正一三（一五八五）年に越前東郷《とうごう》一五万石（一説に一〇万石）を賜っている。元同僚であるとともに、近隣の大名ということで、縁談を進めたのだろう。

四男・**近藤信濃守政成**は、近藤織部正《おりべのしょう》重勝（一五五三〜一六〇四）の養子であるが、重勝とその父・近藤弥五右衛門重郷《やごうえもんしげさと》（一五一二〜七八）はともに万見仙千代重元《まんみせんちよしげもと》（？〜一五七八）の家臣だった。万見も信長の小姓で、天正六（一五七八）年の有岡城攻めに堀秀政らとともに参陣、討ち死にした。重勝は万見麾下で名の知られた武士だったから、秀政が重勝を招いて家臣とし、五〇〇〇石を与えたのだという。秀政の死後、次男・親良に附けられ、慶長三年四月の越後春日山転封で一万石を与えられた。近藤家は政成の子・近藤織部重直《しげなお》（一六一一〜八五）が幼くして家督相続する際、五〇〇〇石を伯父《おじ》・親良に返還したため、大名の列から外れた。なお、政成の妻は、生駒一正《かずまさ》の娘で、義理の従姉妹《いとこ》にあたる。

②与力大名

堀秀政には、村上周防守義明、溝口伯耆守秀勝という与力大名がいたが、村上に嗣子がなかったため、三男・**村上但馬守義忠**を養子として遣わし、四女を溝口の嫡男・溝口伯耆守宣勝と婚姻させている。

三女の夫・堀監物直次は、堀家の筆頭家老ともいうべき堀監物直政《なおまさ》（一五四七〜一六〇八）の長男である。直政は旧姓を奥田《おくだ》といい、堀秀政の従兄弟である。秀政の与力となり、猛将として知られた。その勲功から天正一三（一五八五）年に秀政から堀の姓を与えられ、慶長三年の越後春日山転封時に五万石を与えられた。

③その他の豊臣系大名

次女の夫・青木紀伊守重吉（一矩《かずのり》、秀以《ひでもち》ともいう）は、豊臣秀吉の従兄弟。次男・堀親良の妻は、秀吉の義兄・浅野長政の次女にあたる。いずれも秀吉の近親で、堀秀政が秀吉にとって重要な人物であったことを示唆している。

長女の夫・谷衛成（一五八二〜一六二六）は、秀吉の初期の重臣・谷大膳大夫《だいぜんだいふ》衛好《もりよし》（一五三〇〜七九）の孫である。谷は余り知られていない人物だが、徳川系の書物である『松平記』では、天正初年の秀吉の有力家臣として八人を掲げ、竹中半兵衛《はんべえ》重治《しげはる》、蜂須賀小六正勝らと並んで、

「谷大膳（衛好）」と「谷兵助（不明）」をあげている。

なお、秀政の次女は青木重吉と離別（死別？）した後、谷の後妻に入っている。

父は子だくさん

秀政の兄弟は九男九女で、その多くは他家の家臣となったり、家臣に縁付いたりしている（★は嫡出）。長男の秀政と三男の利重は二七歳も離れており、その下に六人の男子がいるというから呆《あき》れるほかない。

・長男★堀　久太郎秀政　（一五五三～九〇）
・次男★多賀《たが》出雲守秀種《ひでたね》　（一五六五～一六一六）秀吉に仕えた後、加賀藩士
・三男　堀　伊賀守利重《とししげ》　（一五八一～一六三八）常陸玉取《たまとり》藩一万四〇〇〇石
・四男　堀　四郎右衛門安重　（生没年不詳）加賀藩士
・五男　堀　内膳　某　（生没年不詳）加賀藩士
・六男　堀　勘兵衛三政《みつまさ》　（生没年不詳）徳川忠長に仕える
・七男　堀　内蔵助延政《のぶまさ》　（生没年不詳）福岡藩士ののち浪人
・八男　堀　与左衛門末成《よざえもんすえなり》　（生没年不詳）兄・秀政、生駒正俊《まさとし》に仕えた後、加賀藩士
・九男　堀　新左衛門親重《しんざえもんちかしげ》　（生没年不詳）松平忠輝、小笠原、堀、阿部家に仕え、浪人
・長女★生駒讃岐守一正の妻

・次女★家臣・堀采女《うねめ》某の妻
・三女　家臣・堀孫右衛門《まごえもん》直重の妻
・四女　家臣・久徳大炊助《きゅうとくおおいのすけ》某の妻、のち家臣・種田助之丞《おいだすけのじょう》某の妻
・五女　藤堂家家臣・堀伊織某の妻
・六女　柴田半之丞某の妻、のち中嶋主水《もんど》某の妻
・七女　藤堂家家臣・箕浦藤兵衛《みのうらとうべえ》某の妻
・八女　松平出羽守家臣・比良太郎兵衛《ひらたろうべえ》某の妻
・九女　小笠原家家臣・松崎惣右衛門《まつざきそうえもん》某の妻

秀政の兄弟の婚姻は近江色の濃いものになっている。

次弟・秀種は近江の多賀豊後守某の養子となり、秀重四女の先夫・久徳大炊助某も近江出身と考えられる。また、秀重五女、七女の嫁ぎ先も藤堂家（近江出身）である。

『寛政重修諸家譜』の記述を信じるならば、父・秀重は、秀政とは別に信長から近江国坂田郡三〇〇〇石を与えられ、秀吉から加増されて一万石の大名になっている。秀政の死後、孫の秀治の領内で一万四〇〇〇石を領している記載はあるが、秀政の越前北ノ庄転封にともなう記述がない。おそらく、秀重は次男以下とそのまま近江に残っていたため、近江出身者との婚姻が多くなったのだろう。

ただし、三弟・堀利重は、徳川家臣の名門・本多豊後守康重《やすしげ》の娘を夫人に迎えている。

第5節　羽柴秀吉

下層民から天下人へ

羽柴筑前守秀吉（一五三七〜九八）の前半生は全くわかっていない。旧名を木下藤吉郎といい、天文二〇（一五五一）年頃に実家を出奔して針売り・草履売りなどで食いつないだ後、今川家臣・遠江の松下《まつした》加兵衛之綱《ゆきつな》に仕え、天文二四（一五五五）年頃に信長の家臣になったという（『織田信長家臣人名辞典』）。一人の武士としては非力であったが、外交・経営手腕に長《た》け、美濃攻略で諸将の調略に功があった。［図6－4］

永禄一一（一五六八）年に信長が上洛する頃には部将に登用され、京都に駐在して政務に携わった。信長が毛利との交渉をはじめると、秀吉は取次を命ぜられる。

元亀元（一五七〇）年には浅井攻めの主将に抜擢され、元亀四（一五七三）年頃、柴田勝家・丹羽長秀にあやかって「羽柴」姓を名乗った。天正元（一五七三）年に浅井家が滅亡するとその遺領を与えられ、信長の諱《いみな》にあやかって今浜《いまはま》（滋賀県長浜市）を長浜と改称して居城を築いた。

天正五（一五七七）年一〇月、黒田官兵衛《かんのびょうえ》の居城・播磨姫路城（兵庫県姫路市）に入り、播磨平定に着手したが、翌天正六年二月に播磨最大の国人領主・三木《みき》城主の別所長治が叛旗を翻し、三木城攻略中の同年一〇月に摂津有岡城主の荒木村重も離反し、信長と敵対する本願寺に寝返った。

天正七（一五七九）年に備前の宇喜多直家を内応させ、天正七年一一月に有岡城は開城。翌天正八年一月に三木城は干殺《ひごろ》し（兵糧攻め）により落城した。秀吉は播磨一国を統一し、山陰の但馬・因幡を攻略した。因幡鳥取城が毛利方に寝返るが、天正九（一五八一）年五月から兵糧攻めをはじめ、一〇月に落城。

山陰方面は伯耆まで兵を進め、山陽方面は備中高松城を水攻めで陥落寸前とした。天正一〇（一五八二）年六月、本能寺の変を知り、毛利家と急遽《きゅうきょ》講和を結んで「中国の大返し」で帰洛。山崎の合戦で明智光秀を破り、天下人となった。

秀吉に父はいない

秀吉は尾張国愛知郡中村村《なかむら》（名古屋市中村区中村町）の百姓・木下弥右衛門《やえもん》の子に生まれたといわれるが定かでない。

かつては木下弥右衛門の子であることを大前提として、弥右衛門の身分（鉄砲足軽なのか、水呑《みずのみ》百姓なのか）を論じていたが、近年では母親（一般には「なか」）が野合《やごう》（婚姻関係にない男女の性交渉）によって秀吉を産んだため、実父は不明であり、「弥右衛門は秀吉にはほとんど無関係な人物だった。後世になってつくられた人物なのかもしれない。秀吉に父はいない」と

図6－4：羽柴家系図

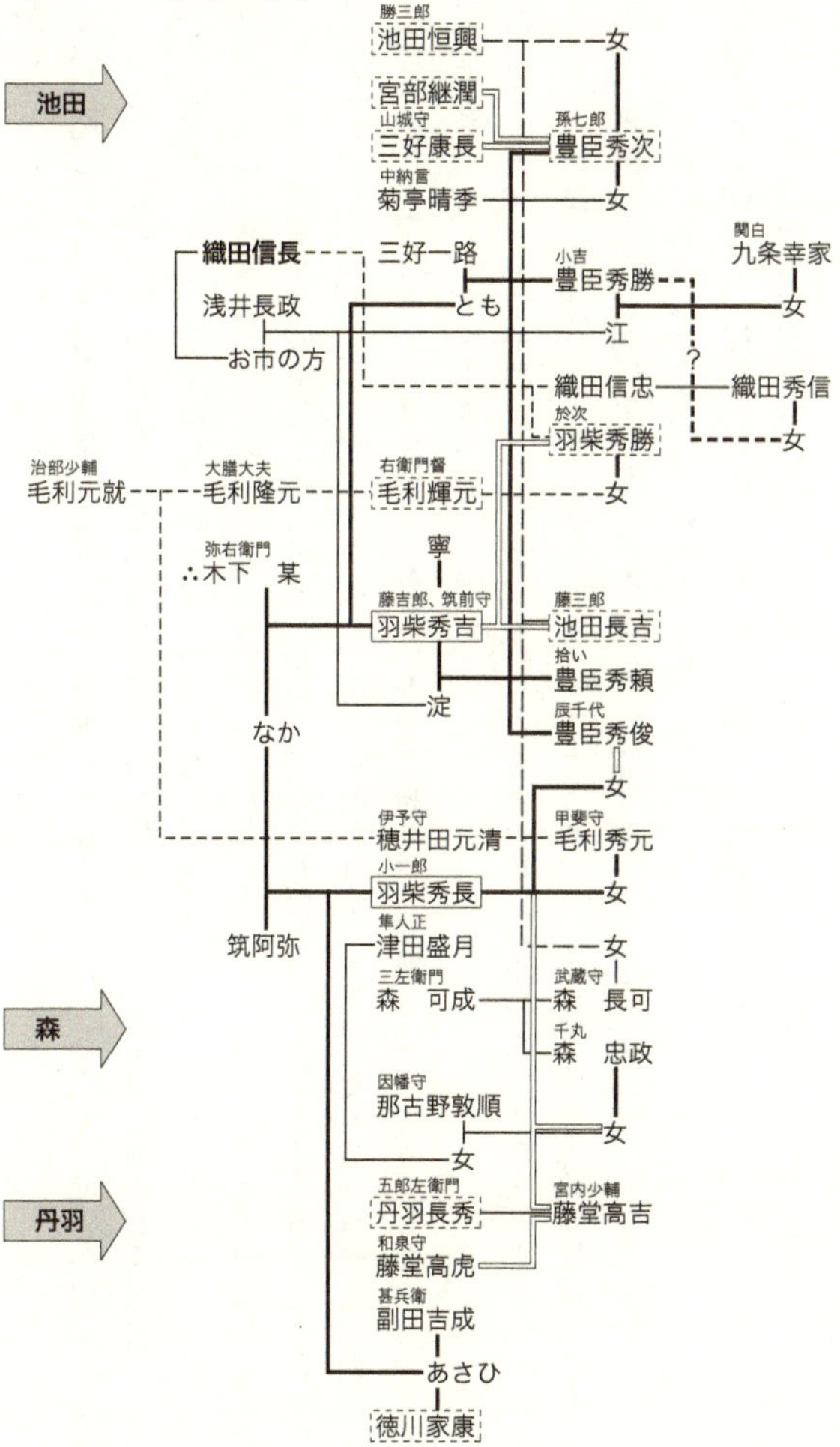
池田
森
丹羽
勝三郎
池田恒興
女
宮部継潤
山城守
三好康長
孫七郎
豊臣秀次
中納言
菊亭晴季
女
織田信長
三好一路
小吉
豊臣秀勝
関白
九条幸家
浅井長政
とも
女
江
お市の方
?
織田信忠
織田秀信
於次
羽柴秀勝
女
治部少輔
毛利元就
大膳大夫
毛利隆元
右衛門督
毛利輝元
女
寧
弥右衛門
∴木下　某
藤吉郎、筑前守
羽柴秀吉
藤三郎
池田長吉
拾い
豊臣秀頼
淀
辰千代
豊臣秀俊
なか
女
伊予守
穂井田元清
甲斐守
毛利秀元
小一郎
羽柴秀長
女
筑阿弥
隼人正
津田盛月
女
三左衛門
森　可成
武蔵守
森　長可
千丸
森　忠政
因幡守
那古野敦順
女
女
五郎左衛門
丹羽長秀
宮内少輔
藤堂高吉
和泉守
藤堂高虎
甚兵衛
副田吉成
あさひ
徳川家康

の説が浮上してきている（『河原ノ者・非人・秀吉』）。

その根拠として、秀吉が成功した後「父の菩提《ぼだい》寺を建立しなかったこと、増官の追福もしなかったこと」を挙げている（ちなみに家康は亡父・松平広忠に従二位大納言を追贈している）。

秀吉には姉・とも、弟・秀長、妹・あさひがいたが、実際にはもっと兄弟がいたらしい。

フロイスの『日本史』によれば、天正一五（一五八七）年一月、秀吉のもとに伊勢から弟だという若者が華美な格好をして訪ねてきたが、「母はその男を息子として認めることがとても恥ずかしかった」ので、親子関係を否定し、男は処刑された。また、その数ヶ月後に、秀吉は尾張に「他に（自分の）姉妹がいて、貧しい農民（耕作者）であることを耳にした」ため、その娘を上洛させ、殺してしまったという。

「秀吉が十五歳で家を飛び出してのち、大政所《おおまんどころ》（秀吉の母）は不特定の男性と関係を持ったのは確実で、当時は特段珍しいことでなかったかもしれない。（中略）母の大政所は貧苦にあえぐ中で、複数の男性と関係を持ち、子を生んだ可能性が高い」（『秀吉の出自と出世伝説』）。

一方、秀吉の曾祖父から繋《つな》げる系図も存在する。

『尾張群書系図部集』掲載の豊臣系図では以下のような説を載せている。

すなわち、秀吉の曾祖父は比叡山の僧侶《そうりょ》・昌盛法師で、尾張国愛知郡中村村で還俗して、中村弥助（左馬允）国吉《くによし》を名乗ったのだという。以下、「国吉―弥助（弥右衛門尉）吉高《よしたか》―弥助（弥右衛門尉）昌吉《まさよし》―秀吉」と続く。

しかし、「秀吉」という諱は「日吉《ひよし》」をもじったもので、先祖代々「吉」の字を通字としていたというのは信用ならない（秀吉の幼名が「日吉丸《ひよしまる》」だったという説は怪しいところであるが、日吉大社か何かと関連があったのだろう）。

北政所・寧

秀吉夫人は北政所《きたのまんどころ》・於寧《おね》（一五四九～一六二四）である。

木下（杉原）助左衛門《すけざえもん》定利（?～一五九三）の娘として生まれ、母方の伯父で織田家臣の弓衆・浅野又右衛門長勝（?～一五七五）の養女となった。

服部英雄《はっとりひでお》氏は『河原ノ者・非人・秀吉』の中で「『祖父物語』『清須翁物語』に、ね（寧）の出た家（杉原）は連雀《れんじゃく》商人であった」と記している。

決して高い家柄ではなく、むしろ下層身分である。しかし、「秀吉と寧の結婚に際しては、寧の母親の賛同が得られなかった。

『秀吉公の卑賤を嫌ひ《い》たまひ《い》て、御婚姻をゆるし給はさ《わざ》りしに』（中略）

寧は、いったん織田家の弓大将であった浅野又右衛門と妻である実母妹（七曲《ななまがり》）夫婦の養女になった。寧は養子縁組みで身分が上昇した。その女婿と釣り合いも取れぬ。秀吉の身分は周囲からかなり低くみられていた」。

寧の実家・木下（杉原）家にしても養家の浅野家にしても、閨閥といえるような有力者は存在しない。秀吉が出世したから、その親族として大名に取り立てられた者ばかりである。「一代でのし上がった秀吉には譜代といえる家臣は皆無だった。こうした場合、一族を頼るのが常套《じょうとう》手段だが、秀吉の一族にはめぼしい人材がいなかった。（中略）唯一の人材は、出色の出来だった弟の小一郎長秀（のち秀長）だけである」（『織田信長の家臣団』）という、和田裕弘氏の手厳しい指摘は的を射ている。

たくみな養子戦略

秀吉は晩年になるまで嗣子に恵まれなかった（鶴丸《つるまる》、秀頼も実の子かどうかは怪しい）。それが天下人・秀吉の最大の弱点だったのだが、秀吉が織田家臣団の部将である間は、最大の長所にもなった。

秀吉は天正五（一五七七）年頃に織田信長の子・**羽柴於《お》次《つぎ》秀勝**（一五六八？～八五）を養子に迎えた。ちょうど播磨に派遣された頃だ。この養子縁組みにより、秀吉の家禄は信長の実子に相続されることになった。子どもに甘い信長にとっても、上昇志向の強い秀吉にとっても良縁だといえるだろう。

次いで、天正九（一五八一）年に池田恒興の三男・**池田藤三郎長吉《ながよし》**（一五七〇～一六一四）一二歳を養子にもらっている。

恒興は天正八（一五八〇）年六月に荒木旧臣を与力として附けられ、七月に摂津花隈《はなくま》城を落として摂津の地を与えられ、伊丹《いたみ》城（旧有岡城）を居城とした。一方、「天正八年四月、秀吉は姫路を居城と定め、城郭の修築に取りかかった。（中略）おそらくこの二月、安土において信長に三木城攻略、播磨大部分の平定を報告した時、正式に播磨と但馬二国が与えられたのだろう」（『織田信長家臣人名辞典』）。隣国を与えられた者同士で姻戚関係を結んだのだと思われる。もちろん計算高い秀吉にとって、信忠と強い姻戚関係にある恒興は、親戚になるのに格好の人材だったに違いない。

さらに、秀吉は、恒興の娘を甥（のちの豊臣秀次《ひでつぐ》）の正室に迎えている。

天正一〇（一五八二）年の清須会議のメンバーは、羽柴秀吉、柴田勝家、丹羽長秀、池田恒興なので、恒興と事前に姻戚関係を結んだことがどれだけ有利に働いたか想像に難くない。

しかも、秀吉は、いま一人の宿老・丹羽長秀の三男（仙丸《せんまる》。のちの**藤堂宮内少輔高吉**。一五七九～一六七〇）を弟の養子に迎えている（「当初は秀吉の養子」だったという説もある。『豊臣秀長のすべて』）。

秀吉に子がなかったように、弟・羽柴小一郎長秀（のちの豊臣大納言秀長。以下、秀長と記す）にも子がなく、天正一〇年に秀吉はわずか四歳の仙丸を秀長の養子にと懇望したのだ。もちろん、本能寺の変後の権力抗争を有利に進めるためだろう。

ところが、秀長に男子（小一郎。早世）が生まれると、天正一六（一五八八）年に秀吉の命で、秀長の家臣・藤堂高虎の養子となった。

「羽柴」改姓が与えた誤解

元亀四（一五七三）年頃、秀吉は柴田勝家・丹羽長秀にあやかって「羽柴」姓を名乗ったという。

この逸話は、われわれに二つの誤解を与えた。

一つ目の誤解は、柴田勝家と丹羽長秀が、織田家臣団の双璧《そうへき》を成す実力者だという誤解である。

たしかに、柴田勝家は天正三（一五七五）年に越前ほぼ一国を任され、いわゆる方面軍司令官として、織田軍の北陸支配を担った重臣である。しかし、丹羽長秀の方はというと、信長の在世中には方面軍司令官に任じられることなく、四国方面軍の副官、若狭一国を支配するにとどまった。

柴田勝家が北陸に置かれた後、石山本願寺攻めを任されたのは、佐久間信盛である。秀吉が羽柴を名乗る頃、織田軍のナンバーツーはすでに佐久間信盛だったと見るべきだろう。

ではなぜ、秀吉は佐久間の名を取って「佐柴」や「間柴」と名乗らなかったのだろうか。

二つ目の誤解は、新参者の秀吉が、譜代重臣の丹羽・柴田と対立していたという誤解である。

二〇一三年に公開された映画『清須会議』では、柴田勝家と丹羽長秀は常時語《かた》らう仲であり、かれらと秀吉が対立し、第三局に池田恒興が存在している構図が描かれていた。

たしかに柴田勝家と秀吉は肌が合わなかったようだが、秀吉と丹羽長秀の仲は悪かったのだろうか。そして、勝家と長秀は仲が良かったのだろうか。

織田軍団には幾つかの派閥があって、それは新参者の秀吉VS.その他の譜代重臣という簡単な構図ではなかったはずだ。

織田信長の家系は、祖父・信貞以前から勝幡に城を構え、父・信秀が那古野城に移り、信長を那古野城に残して、さらに信秀が古渡城・末盛城に移った。従って、織田家臣団の中核を成す尾張衆は、父祖伝来の譜代である「勝幡譜代」、信長が育てた「那古野譜代」、後に信長の傘下に編入された「古渡・末盛譜代」などから成り立っていた。

柴田勝家・佐久間信盛を代表とする「古渡・末盛譜代」は、動員能力の高い国人領主が多かった。かれらは必ずしも信長に対して従順ではなかったが、青年期の信長はかれらを重用せざるをえなかった。

一方、丹羽長秀を代表とする「那古野譜代」は、小領主の次男・三男をカネで傭い、信長側近に取り立てた者が多い。信長に対して従順で、智略《ちりゃく》や武功で頭角を現した（ちなみに池田恒興は「勝幡譜代」の出身で、どちらかといえば「古渡・末盛譜代」に近い）。

織田家臣団の二大派閥である「古渡・末盛譜代」と「那古野譜代」。秀吉は、その領袖《りょうしゅう》である柴田勝家と丹羽長秀から一字ずつ取って、羽柴を名乗ったのだろう。

清須会議はなぜあの四人だったのか

清須会議に参加した宿老は、柴田勝家、羽柴秀吉、丹羽長秀、池田恒興だった。間に合えば、瀧川一益もこれに加わったという説がある。

なぜ、この四人（ないしは五人）なのか。

確実にいえることは、清須会議を開催するにあたって、一番大きな発言権があったのは、信長の弔い合戦（山崎の合戦）で光秀を討った秀吉だったということだ。当時の織田家臣団の序列とは関係なく、秀吉がよしとしないメンバー構成には絶対ならないはずだ。

先述したように、丹羽長秀は柴田・佐久間派ではなく、むしろ秀吉と近い立場だった。そして、池田恒興は前年に三男を秀吉の養子にしている。そう考えると、丹羽・池田は清須会議に臨む前から、すでに秀吉派であることが明確で、仮に瀧川一益の参加が間に合っても、三対二で押し切る自信が秀吉にはあったに違いない。

第7章　外様の家臣

第1節　外様の家臣とは

美濃、近江、畿内の制圧

信長は尾張を統一すると、隣国・美濃の斎藤家を追放し、足利義昭を奉じて上洛《じょうらく》。その過程で、南近江の六角家を追放。三好三人衆や国人領主を降《くだ》して、近畿を勢力下に置いた。越前の朝倉家を攻めると、北近江の浅井家が離反。将軍・義昭を畿内から追放し、浅井・朝倉家を滅亡させた。そして、それらの家臣団を織田軍に組み入れた。

美濃衆

永禄一〇（一五六七）年八月、信長は美濃稲葉《いなば》山《やま》城（のちの岐阜城）を攻略し、斎藤龍興《たつおき》（のち一色《いっしき》治部《ぢぶ》大輔《たゆう》義棟《よしむね》、義紀《よしただ》と改名。一五四七？～七三）を追放した。

美濃斎藤家の旧臣として「西美濃三人衆」と呼ばれた**稲葉伊予守良通**《いよのかみよしみち》（**一鉄**《いってつ》）、氏家常陸介《うじいえひたちのすけ》直元《なおもと》（卜全《ぼくぜん》）、安藤伊賀守守就《もりなり》。柴田勝家の与力となった不破《ふわ》河内守光治《かわちのかみみつはる》、原彦次郎長頼《はらひこじろうながより》。羽柴秀吉の与力となった竹中半兵衛重治《しげはる》。明智光秀の与力となった斎藤内蔵助《くらのすけ》利三《としみつ》。この他に丸《まる》毛《も》兵庫頭《ひょうごのかみ》光兼《みつかね》、日根野《ひねの》備中守《びっちゅうのかみ》弘就《ひろなり》などがいる。

美濃衆の多くは、当初、柴田勝家らと軍事行動を共にしていたが、のちに西濃の部将が信長の直轄軍、東濃が信忠軍団に組み込まれ、一部が有力部将（方面軍司令官クラス）の与力となった。

美濃衆には、稲葉山城攻略のかなり以前から信長に仕えていた森三左衛門可成《よしなり》、金森五郎八長近《ながちか》らの部将がいるが、本書ではかれらを「その他の清須譜代」に算入している。

南近江衆

永禄一一（一五六八）年九月、信長は近江観音寺城を攻略し、六角《ろっかく》左京大夫義賢《よしかた》（承禎《じょうてい》）を追放した。

六角家の旧臣として、蒲生《がもう》右兵衛大夫《うひょうえのたいふ》賢秀《かたひで》・忠三郎《ちゅうざぶろう》賦秀《ますひで》（のちの氏郷《うじさと》）父子、青地《あおち》駿河守《するがのかみ》茂《しげ》綱《つな》、池田孫次郎《まごじろう》景雄《かげかつ》、小川《おがわ》孫一郎《まごいちろう》祐忠《すけただ》、久徳《きゅうとく》左近兵衛《さこんひょうえ》、後藤《ごとう》喜三郎高治《たかはる》、進藤《しんどう》山城守賢盛《かたもり》、永《なが》田《た》刑部少輔《ぎょうぶのしょう》景弘《かげひろ》、永原《ながはら》越前守重康《しげやす》、山岡美作守《みまさかのかみ》景隆《かげたか》・対馬守景佐《かげすけ》兄弟などがいる。

信長が南近江を勢力下に置いた二年後の元亀元（一五七〇）年五月、柴田勝家・佐久間信盛ら有力部将を近江の要衝に配し、六角旧臣をその与力に編制してしまった（のちに柴田の与力だった蒲生らが信長の直轄軍に編入された）。

・宇佐山・志賀城　森　可成（元亀元年三月以前）
・永原城　佐久間信盛（元亀元年五月）
・長光寺城　柴田勝家（元亀元年五月）
・安土城　中川重政（元亀元年五月）
・横山城　木下秀吉（元亀元年六月）
・佐和山城　丹羽長秀（元亀二年二月）

そのため、六角旧臣で大名クラスに取り立てられたものはいない。ただし、信長の治世がもう少し続いたのならば、女婿の蒲生氏郷等、信長直轄軍から引き立てられた者が出たかもしれない。

畿内の国人衆

永禄一一（一五六八）年九月、信長は足利義昭を報じて上洛し、近畿の反対勢力を一掃すると、一〇月に畿内の守護職を改めて補任した。

・河内国（大阪府南東部）高屋《たかや》城・畠山播磨守高政《はたけやまはりまのかみたかまさ》（一五二七〜七六）
　若江《わかえ》城・三好左京大夫義継《さきょうたいふよしつぐ》（一五四九〜七三）
・摂津国（大阪府北西部）高槻城・和田伊賀守惟政《いがのかみこれまさ》（一五三〇〜七一）
　池田城・池田筑後守勝正《ちくごのかみかつまさ》（生没年不詳）

伊丹城・伊丹兵庫頭忠親《いたみひょうごのかみただちか》（一五五二～一六〇〇）

・和泉国（大阪府南西部）守護代に松浦《まつら》氏

・大和国（奈良県）多《た》聞山《もんやま》城・**松永弾正少弼《だんじょうしょうひつ》久秀**（一五一〇？～七七）

総じて、在地勢力を温存した人事で、早くから信長と連携を密にしていた松永久秀・三好義継の論功行賞的な部分も垣間《かいま》見える。唯一、和田惟政のみが、足利義昭側近として「摂津の三守護」に任じられている。しかし、その後も畿《き》内《ない》の情勢は一向に安定しなかった。

その不安要素は三好三人衆である。三好三人衆は、摂津・池田勝正の一族に手を回して内訌《ないこう》を起こさせ、元亀元（一五七〇）年六月に勝正は出奔。養弟の池田備後守知正《びんごのかみともまさ》（重成《しげなり》。？～一六〇三）が跡を継いだ。これにともない、池田家の重臣・**荒木摂津守村重《せっつのかみむらしげ》**（一五三五～八六）が擡頭《たいとう》する。

一方、大和国は興福寺《こうふく》が治める地で、守護不設置の国であるが、「切り取り次第」として松永久秀に与えられた。しかし、元亀二（一五七一）年五月頃、松永久秀は反信長へと方向転換し、三好義継、三好三人衆と和睦《わぼく》した。

河内は織田方の畠山家と三好義継、摂津は織田方の和田惟政と三好方の池田知正・荒木村重に二分された。三好方が河内高屋城の畠山家を攻め、畠山家に和田惟政が加勢するが、惟政が討ち死にして摂津国内は池田・荒木が勢力を誇った。

大和では、松永久秀と対立していた興福寺の衆徒・**筒井順慶《じゅんけい》**（一五四九～八四）を信長が支援し、松永が劣勢に立たされる。

元亀四（一五七三）年二月、足利義昭が挙兵すると、摂津は織田方に転じた荒木村重と義昭方の池田知正、大和は織田方の筒井順慶と義昭方の松永久秀に二分された。

義昭が追放されると、松永は信長に投降、池田は没落し、摂津は荒木、大和は筒井に与えられた。

旧幕臣

元亀四年二月、足利義昭が挙兵。義昭の将軍擁立に最も貢献のあった、側近の**細川兵部《ひょうぶ》大輔《たゆう》藤孝《ふじたか》**（幽斎玄旨《ゆうさいげんし》。一五三四〜一六一〇）は当時すでに義昭と距離を置き、上洛した信長を逢坂《おうさか》で出迎えた。藤孝の盟友・**明智《あけち》十兵衛《じゅうべえ》光秀《みつひで》**（のち惟任日向守《これとうひゅうがのかみ》。一五一六?〜八二）は、永禄年間から信長の下で京都の政務に従事しており、元亀年間には信長の家臣のような状態にあったらしい。

細川藤孝以外の幕臣は、義昭に従って備後鞆《とも》へ移動した者、信長の麾下《きか》に降って藤孝や光秀の与力・家臣となった者に分かれた。

越前衆

天正元（一五七三）年八月、信長は越前に進軍。一乗谷城から逃亡した朝倉義景《よしかげ》を自刃させた。信長は、朝倉家の旧臣・前波吉継（桂田長俊《かつらだながとし》と改名）を守護代に命じ、敦賀《つるが》郡を除き、朝倉旧臣に越前支配を任せた。

・朝倉景鏡《かげあきら》（土橋信鏡《つちはしのぶあきら》と改名）大野郡支配、土橋《どばし》城主
・朝倉景健《かげたけ》（安居景健《あごかげたけ》と改名）足羽《あすわ》郡支配、安居《あご》城主
・朝倉景綱《かげつな》丹生《にゅう》郡支配、織田城主
・朝倉景信（三富景信と改名）丹生郡支配、三富《みとめ》城主
・魚住景固《うおずみかげかた》今立《いまだて》郡支配、鳥羽《とば》城主
・溝江長逸《みぞえながやす》坂井《さかい》郡支配、金津《かなづ》城主
・富田長繁《とみたながしげ》南条《なんじょう》郡支配、府中《ふちゅう》城主

守護代・前波吉継と府中の富田長繁の間に対立が起こり、天正二（一五七四）年一月、富田が一向一揆《いっき》を誘って前波を襲撃させ、次いで魚住を殺害した。これを好機と見た本願寺は一揆を扇動。朝倉景鏡、富田長繁、溝江長逸は討ち死にし、朝倉景綱は失踪《しっそう》。越前は「一揆持ちの国」となった。天正三（一五七五）年八月、信長は越前の一向一揆を掃討。越前を平定し、柴田勝家らを置いた。

朝倉家の旧臣は信長傘下の大名に取り立てられたが、仲違《なかたが》いから一向一揆の扇動に至り、自滅していった。おそらく中堅以下の部将は、柴田勝家らの与力にされたのだろう。

北近江衆

天正元（一五七三）年八月、信長は越前で朝倉義景を自刃に追い込むと、急ぎ北近江に兵を戻して小谷城を攻め、浅井備前守長政《あざいびぜんのかみながまさ》（一五四五～七三）を自刃させた。信長は北近江の浅井旧領（坂田郡、浅井郡《あざい》、伊香郡《いか》）を木下秀吉に与えた。

浅井家の旧臣・磯野丹波守員昌《かずまさ》、阿閉淡路守貞征《あつじあわじのかみさだゆき》は小谷城陥落以前に信長に降った。早くに信長に降った磯野は、高島城主に取り立てられたが、養子の津田信澄（信長の甥）と諍い《いさか》があったらしく出奔。阿閉らは秀吉の与力にされたが、秀吉は若年層は取り立てたものの、浅井家の重臣で取り立てられたのは宮部継潤くらいだったようだ。

天正元年以降

信長は、越前に柴田勝家を置いて越後の上杉家と対峙《たいじ》。明智光秀・細川藤孝を遣わして、丹波・丹後を攻略。さらに羽柴秀吉を播磨に遣わして中国経略に専心させた。

いわゆる方面軍司令官の誕生である。これ以降、信長に降った諸将は、方面軍司令官など信長譜代の有力部将の与力とされ、中堅クラスにとどまった。

以下、外様衆に分類される美濃の稲葉一鉄、大和の松永久秀、筒井順慶、摂津の荒木村重、旧幕臣の細川藤孝、明智光秀について見ていきたい。

第2節　美濃衆・稲葉一鉄

西美濃三人衆の一人

一説に「一徹者《いってつもの》」の語源ともいわれる**稲葉一鉄《いってつ》**（一五一五〜八八）。一鉄は法名で、通称は六《ろく》郎《ろう》、彦六《ひころく》、右京亮、伊予守。諱《いみな》は通以《みちもち》、通朝《みちとも》、貞通《さだみち》、長通《ながみち》、良通《よしみち》とあり、一般には「良通」といわれる。［図7-1］

一鉄は美濃斎藤家の重臣、美濃国安八《あんぱち》郡曾根《そね》（岐阜県大垣市曾根町）城主で、俗に「西美濃三人衆」と呼ばれる有力者の一人である。「西美濃三人衆」のあと二人は、大垣城主・氏家卜《うじいえぼく》全《ぜん》、北方《きたがた》（岐阜県大垣市北方町）城主・安藤伊賀守守就《いがのかみもりなり》である。永禄一〇（一五六七）年八月、この三人が信長に投降したことが決定打となって、稲葉山城が落城し、斎藤龍興は美濃を追われた。

織田家に転じた後も「西美濃三人衆」は一括《くく》りのグループとして行動を共にし、信長の直属軍として、伊勢大河内城攻め、姉川の合戦、小谷城攻め、越前朝倉攻め、長島一向一揆の鎮圧、雑賀攻めなどに従った。

天正七（一五七九）年に嫡子・**稲葉右京亮貞通《うきょうのすけさだみち》**（一五四六〜一六〇三）に家督を譲り、清水《きよみず》城（岐阜県揖斐《いび》郡揖斐川《いびがわ》町清水）に隠棲《いんせい》した。翌天正八年に安藤守就が追放され、本能寺の変の直

図７－１：稲葉家系図

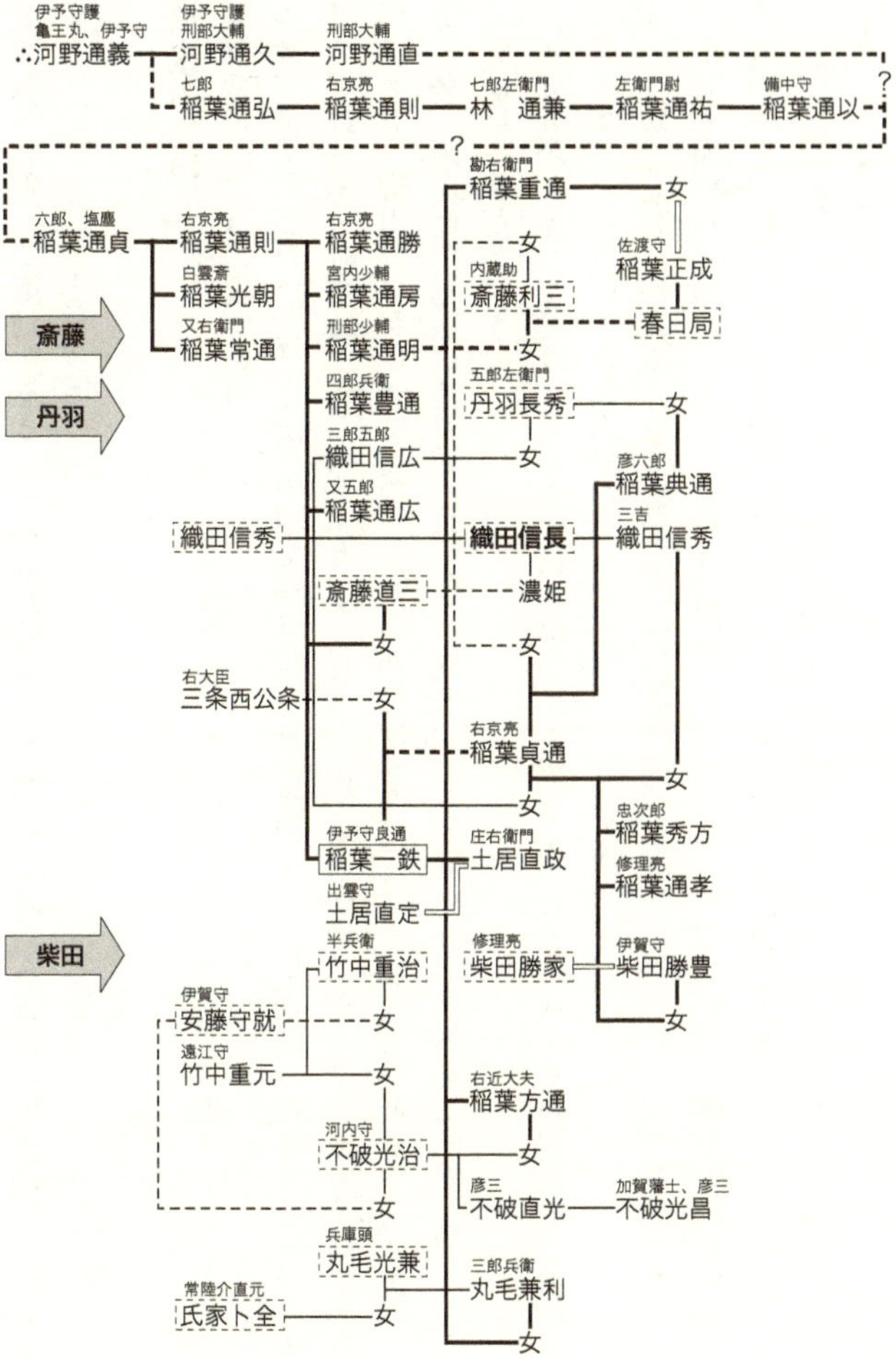

伊予守護
亀王丸、伊予守
∴河野通義
伊予守護
刑部大輔
河野通久
刑部大輔
河野通直
七郎
稲葉通弘
右京亮
稲葉通則
七郎左衛門
林　通兼
左衛門尉
稲葉通祐
備中守
稲葉通以
?
?
六郎、塩塵
稲葉通貞
右京亮
稲葉通則
白雲斎
稲葉光朝
又右衛門
稲葉常通
斎藤
丹羽
右京亮
稲葉通勝
宮内少輔
稲葉通房
刑部少輔
稲葉通明
四郎兵衛
稲葉豊通
三郎五郎
織田信広
又五郎
稲葉通広
織田信秀
斎藤道三
女
右大臣
三条西公条
女
伊予守良通
稲葉一鉄
出雲守
土居直定
柴田
半兵衛
竹中重治
伊賀守
安藤守就
女
遠江守
竹中重元
女
河内守
不破光治
女
兵庫頭
丸毛光兼
常陸介直元
氏家卜全
女
勘右衛門
稲葉重通
女
女
内蔵助
斎藤利三
女
五郎左衛門
丹羽長秀
女
織田信長
濃姫
女
右京亮
稲葉貞通
女
庄右衛門
土居直政
修理亮
柴田勝家
右近大夫
稲葉方通
女
彦三
不破直光
三郎兵衛
丸毛兼利
女
女
佐渡守
稲葉正成
春日局
女
彦六郎
稲葉典通
三吉
織田信秀
女
忠次郎
稲葉秀方
修理亮
稲葉通孝
伊賀守
柴田勝豊
女
加賀藩士、彦三
不破光昌

後に旧領復帰を狙って策動すると、一鉄は安藤父子を討った。清須会議後は秀吉につき、天正一六（一五八八）年に死去した。

稲葉家の先祖

稲葉家の系図には二説がある。

一つは、「那古野譜代」林佐渡守の項で述べた『群書系図部集』に掲載されている説で、伊予守護・河野刑部大輔《ぎようぶたゆう》通義（一三六九～九四）の三男に稲葉七郎通弘があり、その子孫を名乗るものである。細川頼之が伊予に侵攻したため通弘は難を逃れて美濃国大野郡清水村に至り、その孫・林七郎左衛門《しちろうざえもん》通兼《みちかね》が清水城を築いた。通兼の曾孫が稲葉伊予守通長（法名・塩塵《えんじん》）で、その子が稲葉一鉄だという。

林佐渡守の項で述べた通り、この系図は津島衆の大橋家が、稲葉正成・春日局夫妻との姻戚《いんせき》関係を誇示するために創った偽《にせ》系図のようだ。

もう一つは、大名・稲葉家の公式見解で、『寛政重修諸家譜』に掲載されている説である。一鉄の祖父・稲葉六郎通貞（法名・塩塵。一四四七～一五三八）を伊予守護・河野刑部大輔通直《みちなお》（?～一五〇〇）の四男とする。通貞は幼少の頃から武芸に秀でて諸国を遊歴。一八歳の時（寛正五［一四六四］年）に美濃に至り、美濃守護・土岐左京大夫成頼《しげより》に認められ、伊奈波《いなば》神社から苗字をとって稲葉を称したという。

これもかなり無理がある説だといわざるをえない。

美濃守護の土岐頼康《よりやす》（一三一八～八七）の養子・土岐康行《やすゆき》（?～一四〇四）は伊予に所領を持ち、その関係で伊予河野家の庶流が美濃に入ってきたという。稲葉家はそれらの末裔《まつえい》で、具体的な系譜が不明なため、より本流に近い系図を創り上げたのだろう。

親は子だくさん

一鉄は土岐家の家臣で曾根城主・稲葉備中守通則（一四六五～一五二五）の六男として生まれ、幼少の頃に長良《ながら》の崇福寺《すうふくじ》に入れられた。

一鉄の兄弟は少なくとも六男五女という大家族だったが、大永五（一五二五）年に近江の浅井下野守久政《ひさまさ》（長政の父）が西美濃に侵食してきたため、稲葉一族も土岐家に従って参陣し、父および五人の兄が牧田《まきだ》の合戦で討ち死にしてしまう。そのため、急遽《きゅうきょ》、一鉄が還俗して家督を継いだ。

・長男稲葉右京亮通勝《みちかつ》（?～一五二五）
・次男稲葉宮内少輔通房《みちふさ》（?～一五二五）
・三男稲葉刑部少輔通明《みちあき》（?～一五二五）春日局の外祖父
・四男稲葉四郎兵衛豊通《とよみち》（?～一五二五）
・五男稲葉又五郎通広《みちひろ》（?～一五二五）

・六男稲葉伊予守良通　（一五一五〜八八）一鉄
・長女稲葉源助某の妻
・次女斎藤山城守（道三）の妻
・三女玉井《たまい》若狭守某の妻
・四女岩手《いわて》弾正忠《だんじょうのちゅう》長誠《ながのぶ》の妻
・五女古田《ふるた》肥前守重尹《しげただ》の妻

兄たちは若くして討ち死にを遂げたので、閨閥らしいものはない。唯一、三兄・通明の娘が斎藤内蔵助利三に嫁ぎ、娘に春日局がいることが特筆されるくらいだ（一説に、斎藤利三夫人は長兄・通勝の孫だともいわれている）。

一方、姉妹には斎藤道三夫人がおり、稲葉家が美濃の名門であることをうかがわせる。

一鉄も子だくさん

一鉄の正妻は、公家《くげ》の三条西《さんじょうにし》右大臣公条《きんえだ》（一四八七〜一五六三）の娘だという。一鉄には少なくとも四男四女の子どもがいたが、嫡出は次男・貞通だけである（★は嫡出）。

・長男　稲葉兵庫頭重通《ひょうごのかみしげみち》（一五四二〜九八）
・次男★稲葉右京亮貞通《うきょうのすけさだみち》（一五四六〜一六〇三）
・三男　土井庄右衛門直政《しょうえもんなおまさ》（一五五五〜一六二八）

・四男　稲葉右近大夫方通《まさみち》（一五六六〜一六四〇）
・長女　堀池半之丞《ほりいけはんのじょう》　某《なにがし》の妻
・次女　国枝《くにえだ》与三兵衛《よそうべえ》重元《しげもと》の妻
・三女　丸毛《まるも》三郎兵衛《さぶろうべえ》兼利《かねとし》の妻
・四女　山村《やまむら》甚兵衛良勝《たかかつ》の妻

譜代大名・稲葉家

長男の重通は庶子だったため、家督を継がず、美濃清水城主として一万二〇〇〇石を領した。夫人は牧村《まきむら》牛之助政倫《まさとも》の娘、後妻に吉田浄忠の娘を迎えた。重通の長男・牧村兵部大輔利貞《としさだ》（一五四五〜九三）は外祖父の跡を継いで牧村姓を名乗り、「利休の七哲」の一人として名高い。

また、稲葉家は近隣の林家と小競り合いを繰り返していたため、重通の娘に林家の次男を婿養子に迎えて、稲葉八右衛門《はちえもん》通政（のち稲葉佐渡守正成）と名乗らせた。そして、正成が妻と死別すると、重通は従姉妹《いとこ》の娘を養女として正成の後妻とした。彼女こそ春日局である。そのため、稲葉家の嫡流・豊後《ぶんご》臼杵《うすき》藩は外様大名なのだが、稲葉正成の子孫・山城淀《よど》藩は譜代大名に区分されている。

嫡男・稲葉貞通

嫡男の稲葉貞通は、父とともに信長に仕え、本能寺の変後には羽柴秀吉に属した。

貞通は天正七（一五七九）年に家督を継ぐが、天正一一（一五八三）年四月に信濃飯山城を守っている際に一揆に遭って窮地に陥り、九死に一生を得る。この不首尾を咎《とが》められ、父・一鉄の命により、家督を嫡男・**稲葉彦六典通**《ひころくのりみち》（一五六六〜一六二六）に譲った。ところが、天正一五（一五八七）年の九州征伐で典通が秀吉の不興を買って蟄居《ちっきょ》を命ぜられ、再び家督を継ぐ。翌天正一六年に秀吉の命により美濃国郡上《ぐじょう》郡四万石に転封し、八幡城を築いて居城とする。

貞通は、岐阜城主・織田秀信（信長の嫡孫）の与力とされ、慶長五（一六〇〇）年の関ヶ原の合戦では秀信に従って毛利・石田方につくが、岐阜城が陥落すると秘《ひそ》かに家康に通じて、合戦後に豊後臼杵藩五万六〇〇石を与えられる。

貞通の妻は、はじめ斎藤道三の娘、後妻に織田信秀の娘、前田玄以《げんい》の娘を迎えている。叔母《おば》が斎藤道三の後妻で、信長の正妻・濃姫は道三の娘なので、織田家・斎藤家と二重三重の姻戚関係がある。

なお、一鉄の四男・稲葉方通は不破《ふわ》河内守光治《みつはる》の女婿で、安藤守就《もりなり》の姻戚にあたり、三女は丸毛兼利夫人で、氏家卜全《ぼくぜん》の義孫にあたる。「西美濃三人衆」が一鉄の子女によって姻戚関係を結んでいるのだ。

第3節　大和衆・松永久秀

戦国時代を代表する「梟雄」

松永弾正少弼久秀《だんじょうしょうひつひさひで》（一五〇八?～七七）の出自は不明で、「山城国乙訓郡西岡《おとくに》（京都府向日《むこう》市・長岡《ながおか》京市付近）の商人説や摂津国島上郡五百住《よすみ》（大阪府高槻市）の百姓説、阿波の武家説、他にも加賀、近江出身説がある」（『松永久秀』）。［図7－2］

天文一〇（一五四一）年頃には三好長慶《ながよし》に仕えていたと推測され、はじめは右筆を務めていたという。

そもそも久秀の評価を高めたのは、実弟・**松永甚介長頼《じんすけながより》**（?～一五六五）の活躍だった。長頼は丹波守護代・内藤国貞《くにさだ》の女婿で、義父が討ち死にし、居城・八木《やぎ》城（京都府南丹《なんたん》市八木町）が陥落すると、ただちに駆け付け一日で八木城を奪還。その武名を轟《とどろ》かせた。

長頼は内藤備前守宗勝《びぜんのかみむねかつ》と改称して三好家の丹波支配に貢献した。以降、長頼は丹波を主戦場として三好家で大きな地位を占め、それにともなって実兄の久秀が重用されはじめる。久秀は摂津滝山《たきやま》（神戸市中央区）城主に抜擢《ばってき》され、摂津方面を任された。

摂津の隣国・河内守護の畠山高政が、守護代・安見直政によって追放され、高政は長慶に支援を求めた。永禄二（一五五九）年六月、三好軍は二万余もの大軍で河内に侵攻。安見はたまらず、大和に敗走。三好長慶にとって大和攻めの格好の口実となった。同年八月、長慶は松永久秀に命じて信貴山《しぎさん》（奈良県生駒《いこま》郡平群《へぐり》町信貴畑《しぎはた》）に城を築かせ、大和侵攻を開始。以来、久秀の主戦場が大和となった。

永禄六（一五六三）年八月、嫡子・義興《よしおき》が病没すると、長慶の落胆は激しく、精神疾患に陥ってしまう。そこで、松永久秀が擡頭したのである。

翌永禄七年七月、長慶が病没すると、養子の三好左京大夫義継《よしつぐ》が家督を継いだ。しかし義継はまだ幼かったので、重臣の三好日向守長逸《ながやす》、三好下野守政康《まさやす》、石成主税助友通《いわなりちからのすけともみち》が後見に指名された。いわゆる「三好三人衆」である。長慶の死後、久秀と三好三人衆の対立が激化する。

永禄八（一五六五）年五月一九日、三好義継と三好三人衆、松永右衛門佐《うえもんのすけ》久通《ひさみち》（久秀の子）は一万の兵を率いて室町御所を囲み、将軍・足利義輝《よしてる》を殺害する。次いで、義輝の弟・一乗院《いちじょういん》覚慶《かくけい》（のちの足利義昭）、鹿苑院周暠《ろくおんいんしゅうこう》を襲撃。周暠は殺害されたが、覚慶は一命を取り留め興福寺に軟禁された。

意外なことに、覚慶の命を救ったのは、松永久秀だという。

「俗説では、松永久秀は義輝殺害の主犯格とみなされることが多い。しかし、義昭は兄義輝が討たれ我が身を案じていたところ、多聞山城にいた久秀が、誓紙で義昭を害する気はないと伝えてくれたので安心している。（中略）久秀は義昭を討つどころか、むしろ保護するために動いており、久通が義昭を殺害しないように取り計らっていた」（『三好一族と織田信長』）。

図7－2：松永家系図

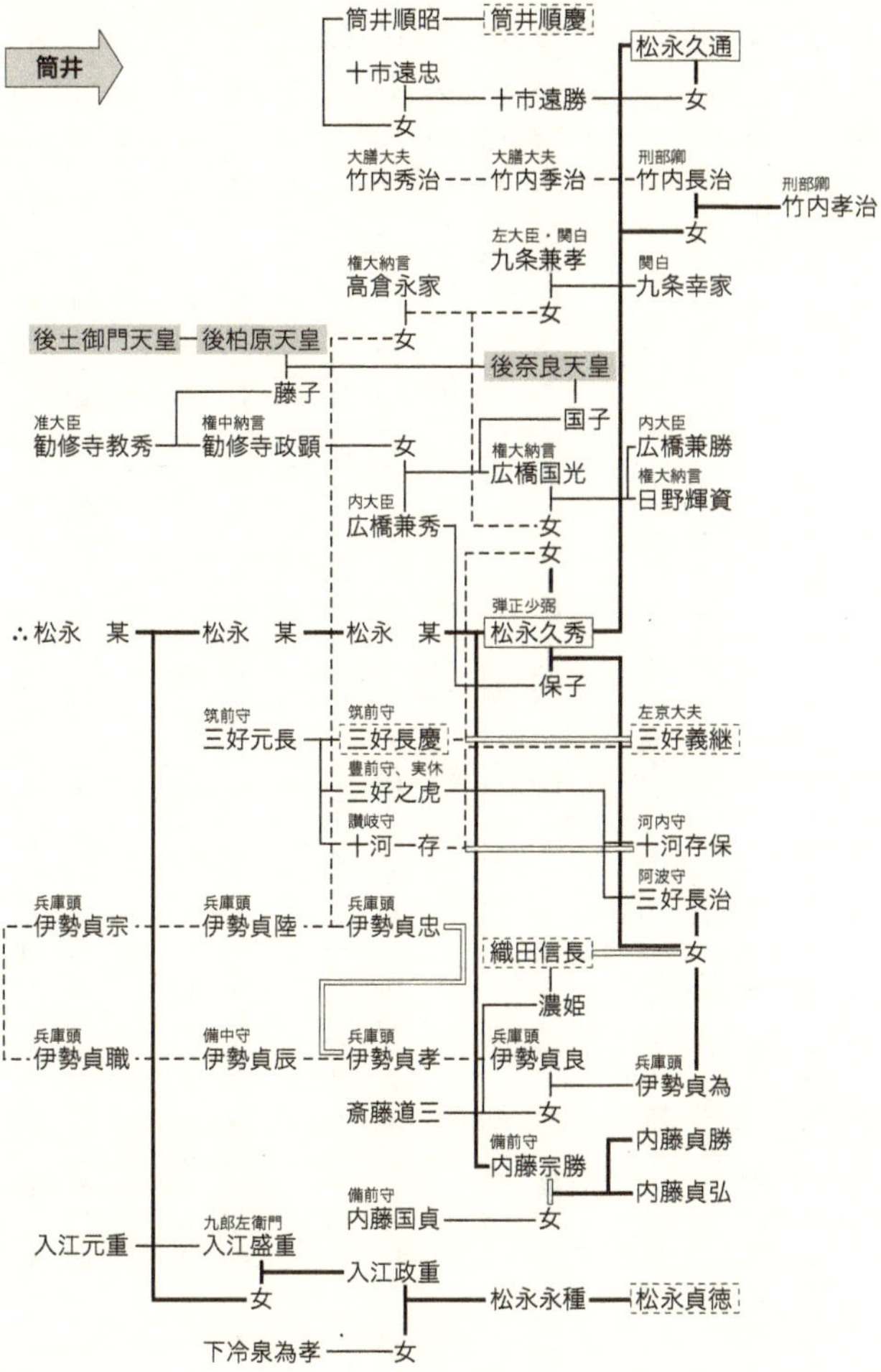

筒井
筒井順昭
筒井順慶
十市遠忠
十市遠勝
女
松永久通
女
大膳大夫
竹内秀治
大膳大夫
竹内季治
刑部卿
竹内長治
刑部卿
竹内孝治
女
左大臣・関白
九条兼孝
関白
九条幸家
権大納言
高倉永家
女
女
後土御門天皇
後柏原天皇
後奈良天皇
藤子
国子
准大臣
勧修寺教秀
権中納言
勧修寺政顕
女
内大臣
広橋兼勝
権大納言
広橋国光
権大納言
日野輝資
内大臣
広橋兼秀
女
女
弾正少弼
∴松永　某
松永　某
松永　某
松永久秀
保子
筑前守
三好元長
筑前守
三好長慶
左京大夫
三好義継
豊前守、実休
三好之虎
讃岐守
十河一存
河内守
十河存保
阿波守
三好長治
兵庫頭
伊勢貞宗
兵庫頭
伊勢貞陸
兵庫頭
伊勢貞忠
織田信長
女
濃姫
兵庫頭
伊勢貞職
備中守
伊勢貞辰
兵庫頭
伊勢貞孝
兵庫頭
伊勢貞良
兵庫頭
伊勢貞為
斎藤道三
女
備前守
内藤宗勝
内藤貞勝
内藤貞弘
備前守
内藤国貞
女
入江元重
九郎左衛門
入江盛重
入江政重
女
松永永種
松永貞徳
下冷泉為孝
女

しかし、こうした久秀の動きは、三好三人衆にとって深刻な路線対立を予感させるものであった。同年一一月、三好三人衆は、松永久秀・久通父子を追放するように三好義継に迫り、クーデターを成功させた。

翌永禄九年五月、久秀は義継および三好三人衆との合戦に敗れて遁走《とんそう》。行方をくらました。実はその間、秘かに信長に書状を送り、誼《よしみ》を通じていたという。信長が上洛する二年前、まだ美濃斎藤家と戦っている最中である。先見の明には驚かされる。

永禄一一（一五六八）年九月に信長は義昭を奉じて上洛し、畿内の反対勢力を平定。久秀はいち早く信長方につき、大和国守護に補任される。大和国は興福寺が治める地で、守護不設置の国であるが、「切り取り次第」として与えられたのだ。

しかし、信長と義昭が対立しはじめると、元亀二（一五七一）年五月頃、松永久秀は反信長へと方向転換し、武田信玄と誼を通じて三好義継、三好三人衆と再び和睦して、畿内で一大勢力を築いていった。

元亀二（一五七一）年八月、松永久秀は筒井方の辰市砦《たついちとりで》を攻めるが大敗を喫す。翌元亀三年も久秀と順慶の合戦は続き、久秀は徐々に押されて大和では多聞山城を残すのみとなった。

信長と義昭の亀裂が深まると、元亀四（一五七三）年三月、義昭は三好義継、松永久秀と同盟して、畿内での反信長勢力との連携を深めた。しかし、義昭が追放されると、松永久秀は投降。佐久間信盛の与力とされた。

天正五（一五七七）年八月、久秀は信貴山城に籠《こ》もって再び叛旗《はんき》を翻した。信長は久秀を高く買っていたらしく、二度目の離反にもかかわらず、松井友閑《ゆうかん》を派遣して説得を試みたが、久秀はこれを拒絶。信長は信忠を総大将として差し向け、支城の片岡《かたおか》城を落とし、信貴山城を囲んだ。一〇月一〇日、久秀は城に火をかけて自刃した。これにより、永年、大和国を舞台とした松永久秀と筒井順慶の相克に終止符が打たれ、大和国は筒井順慶が支配するところとなった。

久秀の妻

「久秀は生涯に三人の妻を娶ったというが、彼女たちの実像もほとんど知られていない」（『松永久秀』）。そのうちの一人は主・三好長慶の娘との説がある（『足利義昭と織田信長』）。また、一人は広橋国光《ひろはしくにみつ》（一五二七〜六八）の妹・保子《やすこ》（?〜一五六四）である。

広橋家は、日野富子《ひのとみこ》の実家として有名な日野家の支流にあたる、堂上《とうしょう》公家である。足利将軍家と代々昵懇《じっこん》の間柄で、室町幕府と朝廷の交渉を担う武家伝奏《てんそう》という役割を担っており、国光もその職にあった。

永禄元（一五五八）年一一月に将軍・足利義輝が三好長慶と和睦して入京を果たすと、長慶とその重臣・松永久秀は、然《しか》るべき地位を与えられた。すなわち、朝廷から長慶は修理大夫、久秀は弾正少弼に任官され、幕府から長慶は相伴衆《しょうばん》、久秀は御供衆《おとも》に任じられたのだ。その過程で、広橋国光と松永久秀との関係が深まったらしい。

国光の妹・保子は、はじめ関白の一条兼冬《いちじょうかねふゆ》（一五二九〜五四）に嫁いだが、兼冬が二六歳の若さで死去したため、久秀の側室になったらしい。

広橋家は足利将軍家と昵懇だっただけではなく、天皇家とも近い存在だった。

国光には何人かの姉妹がいたが、もう一人の妹・国子《くにこ》は、後奈良天皇に仕え、皇女を産んでいる。さらにいえば、後奈良天皇自体が国光の母の従兄弟《いとこ》にあたるのだ。

嫡男・松永久通

久秀には少なくても一男二女がいた。

嫡男・**松永右衛門佐久通**《うえもんのすけひさみち》（一五四三？〜七七）は、永禄六（一五六三）年閏《うるう》一二月に久秀から家督を譲られた。足利義輝から偏諱《へんき》を与えられ、一時期「義久《よしひさ》」を名乗っていた。

永禄八（一五六五）年五月、久通は三好三人衆とともに足利義輝を殺害したが、父・久秀は別行動で、義輝の弟・一乗院覚慶（のちの義昭）の助命を図ったため、同年一一月に三好三人衆は松永久秀・久通父子を三好家から追放した。その後、久通は久秀と行動をともにした。

天正三（一五七五）年四月に久通は大和国十市《とおち》郷の三分の一を与えられ、同年七月に十市の旧主・十市《とおち》遠勝《とおかつ》（？〜一五六九）の娘（御ナヘ）を後妻に迎えている（御なへはかつて松永家の人質となっていた）。

遠勝は筒井順慶の従兄弟で、父・遠忠《とおただ》の代には筒井家を支えていたが、遠勝は凡庸で、順慶と久秀の間を行ったり来たりしていた。永禄一二（一五六九）年に死去し、家中は松永派と筒井派に分かれて内紛し、結局、松永派に傾いたようだ。

天正五（一五七七）年八月、久通は佐久間信盛の下で本願寺攻めに参加していたが、父・久秀が信長から離反すると、秘かに戦場を離れ、久秀とともに信貴山城に立て籠もった。

久通の二人の息子（一四歳、一二歳）は、信長に人質として出されており、同年一〇月五日に六条河原《ろくじょうがわら》で斬首《ざんしゅ》された。同年一〇月一〇日、久通は久秀とともに自刃した。

久秀の娘たち

久秀の二人の娘のうち、一人は公家の竹内刑部卿《たけのうちぎょうぶのきょう》長治《ながはる》（一五三六〜八六）に嫁いだ。竹内家は公家で唯一清和源氏の流れを汲《く》む。「半家《はんけ》」といって、公家でも最下位に位置し、元々は村上源氏の嫡流・久我《こが》家の家令を務めていたが、永禄三（一五六〇）年に長治の父・竹内大膳大夫季治《すえはる》（一五一八〜七一）が足利義輝の執奏によって堂上公家に加えられた。長治の叔父《おじ》・竹内下総守秀勝《ひでかつ》（?〜一五七一）は久秀の家臣になっており、その縁から婚姻関係を結んだと思われる。

いま一人の娘は、元亀元（一五七〇）年の末、織田信長の養女となって三好阿波守《あわのかみ》長治《ながはる》（一五五三〜七七）に嫁ぎ、長治の死後、伊勢兵庫頭《ひょうごのかみ》貞為《さだため》（一五五九〜一六〇九）に再縁している。

三好長治は三好実休《じっきゅう》の子で、三好長慶の甥にあたる。

第4節 大和衆・筒井順慶

松永久秀と大和奪回を競い合う

筒井順慶《つついじゅんけい》（一五四九〜八四）は、代々興福寺《こうふくじ》一乗院方の衆徒《しゅと》である筒井家の嫡男として生まれた。大和国は守護不設置の国で、興福寺が治めており、順慶はその頂点にいた。

興福寺は多くの僧徒（俗称・僧兵）を抱え、その棟梁《とうりょう》を衆徒といった。中でも有力な衆徒は、官符を以《もっ》て官符衆徒《かんぷのしゅと》に補任され、奈良市中の警察権・行政権を委《ゆだ》ねられた。筒井家は官符衆徒を世襲し、一四世紀末頃から擡頭してきたらしい。［図7-3］

順慶の父・筒井順昭《じゅんしょう》（一五二三〜五〇）はわずか一二歳で家督を継ぎ、天文一三（一五四四）年に柳生宗厳《やぎゅうむねよし》が守る柳生城を攻め落とし、天文一五（一五四六）年には貝吹山城《かいぶきやま》（奈良県高《たか》市《いち》郡高取町《たかとり》寺崎《てらさき》）に越智《おち》党を破って大和に一大勢力を誇ったが、天文一九年六月にあっけなく病死してしまう。享年二八。順慶はわずか二歳で家督を継いだ。

大和の隣国の河内（大阪府南東部）、および摂津（大阪府北西部）・和泉（大阪府南西部）を勢力下に置く三好長慶は、永禄二（一五五九）年八月に重臣・松永久秀に命じて信貴山《しぎさん》（奈良県

図7－3：筒井家系図

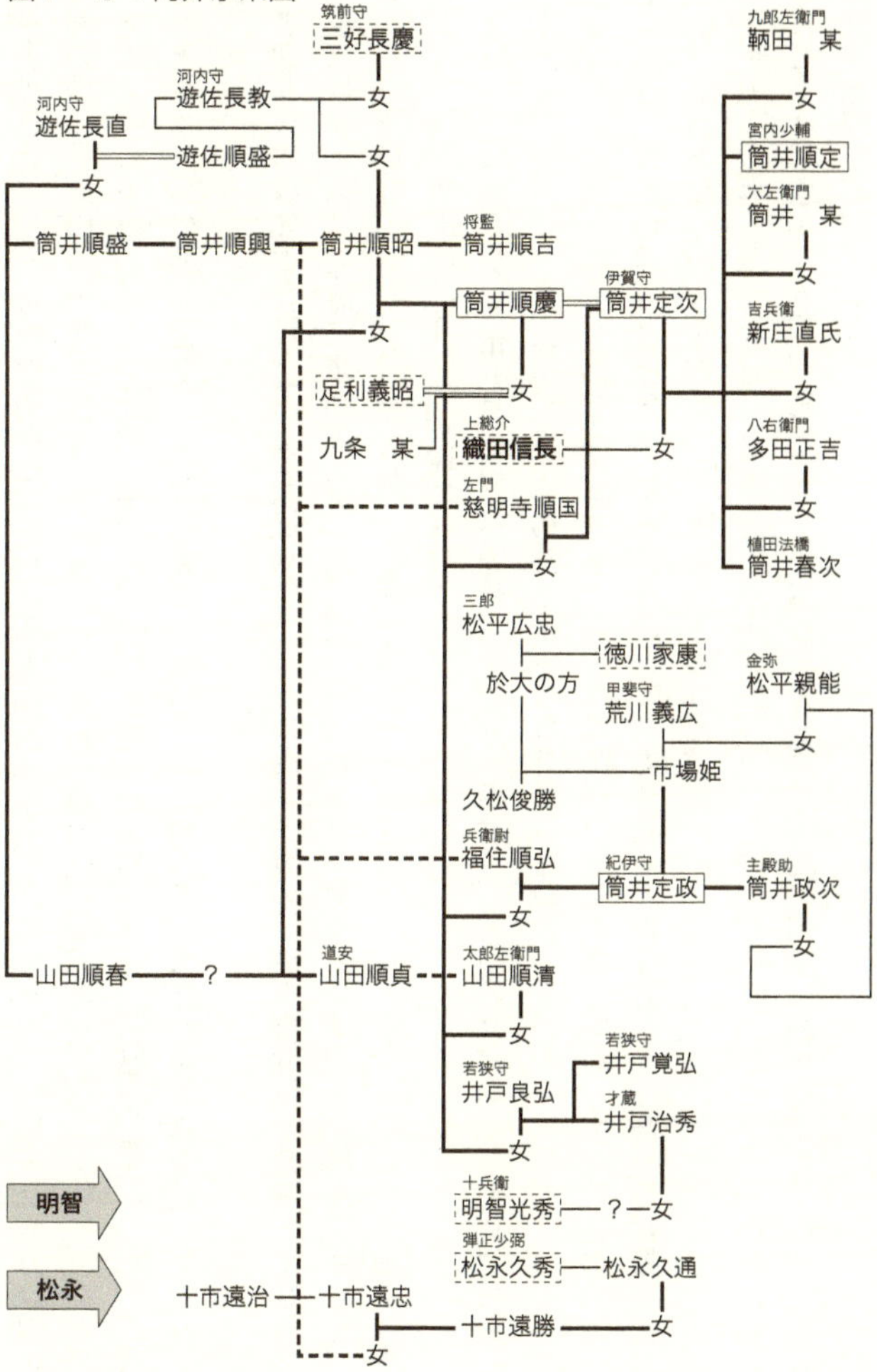

筑前守
三好長慶
女
河内守
遊佐長教
河内守
遊佐長直
遊佐順盛
女
女
九郎左衛門
鞆田　某
女
宮内少輔
筒井順定
六左衛門
筒井　某
女
筒井順盛
筒井順興
筒井順昭
将監
筒井順吉
伊賀守
筒井順慶
筒井定次
女
吉兵衛
新庄直氏
女
足利義昭
女
九条　某
上総介
織田信長
女
八右衛門
多田正吉
女
左門
慈明寺順国
女
植田法橋
筒井春次
三郎
松平広忠
徳川家康
於大の方
金弥
松平親能
甲斐守
荒川義広
女
市場姫
久松俊勝
兵衛尉
福住順弘
紀伊守
筒井定政
主殿助
筒井政次
女
女
山田順春
？
道安
山田順貞
太郎左衛門
山田順清
女
若狭守
井戸覚弘
若狭守
井戸良弘
才蔵
井戸治秀
女
明智
十兵衛
明智光秀
？
女
弾正少弼
松永久秀
松永久通
松永
十市遠治
十市遠忠
十市遠勝
女
女

生駒郡平群町信貴畑《いこまぐんへぐり》）に城を築かせ、大和侵攻を開始。永禄三（一五六〇）年頃、久秀は奈良の要衝の地・多聞山城《たもんやま》（奈良市法蓮町）を築いて、大和を実質的に支配するに至った。

ところが、永禄七（一五六四）年七月、三好長慶が病没すると、三好家の重臣「三好三人衆」と松永久秀の対立が激化。筒井順慶は三好三人衆と組んで、大和から久秀を追い出そうと狙った。

老練な久秀は先手を打って、翌永禄八年一一月に筒井順慶の居城・筒井城を急襲して陥落。順慶は妹婿である布施左京進《ふせさきょうのしん》の居城・布施城（奈良県葛城市新庄《かつらぎしんじょう》）へ敗走を余儀なくされた。しかし、永禄九（一五六六）年五月、久秀は義継および三好三人衆との合戦に敗れて遁走。その間に、筒井順慶は筒井城の奪還に成功する。

永禄一一（一五六八）年九月に信長は義昭を奉じて上洛し、畿内の反対勢力を平定。久秀はいち早く信長方につき、信長は二万の兵を率いて筒井順慶を蹴散《けち》らした。

しかし、信長と義昭の亀裂が深まると、久秀は義昭や三好三人衆と同盟して反信長勢力の一角を担う。義昭が追放されると、松永久秀は投降。佐久間信盛の与力とされた。筒井順慶は対抗上、信長方についたため、大和一国を与えられた。

天正五（一五七七）年八月、久秀は信貴山城に籠もって再び叛旗を翻したが、一〇月に自刃。これにより、永年、大和国を舞台とした松永久秀と筒井順慶の相克に終止符が打たれ、大和国は筒井順慶が支配するところとなった。

天正八（一五八〇）年八月、畿内の諸将を与力にしていた佐久間信盛が高野山へ追放されると、明智光秀が畿内を任され、筒井順慶もその与力となった。しかし、天正一〇（一五八二）年六月に光秀が本能寺の変を起こすと、光秀につくか否かに逡巡《しゅんじゅん》し、山崎の合戦の三日前にようやく羽柴秀吉についた。

こうした煮え切らない態度から、筒井順慶が光秀につこうとして山崎近くの洞ヶ峠《ほらがとうげ》まで出兵し、やはり自国に戻ったという誤解を生み、日和見《ひよりみ》することを意味する「洞ヶ峠を決め込む」という故事が生まれたようだ。

山崎の合戦後、順慶は秀吉に叱責《しっせき》されたが、大和支配は安堵《あんど》された。

秀吉と柴田勝家が対立すると、順慶は秀吉方につき、賤ヶ岳の合戦への参陣を求められたが、結局、戦闘には加わらなかった。小牧・長久手の合戦にも参陣を促されたが、その最中の天正一二（一五八四）年八月に胃病で死去した。享年三六。

養子は要衝の地をめぐって転封、改易

順慶には子がなく、甥の筒井伊賀守定次《さだつぐ》（一五六二〜一六一五）を元亀三（一五七二）年に養子にしていた。順慶の死にともなって、秀吉により定次の家督相続が認められた。

しかし、天正一三（一五八五）年に大和郡山《こおりやま》一八万石から伊賀上野二〇万石に転封になった。秀吉の弟・羽柴秀長を大和郡山に入部させるためである。

慶長五（一六〇〇）年の関ヶ原の合戦では家康方につき、所領を安堵された。しかし、家康の最大の課題である大坂城の豊臣家対策にとって、伊賀上野は要衝であり、豊臣家に近い筒井定次は今ひとつ信頼しきれなかったようだ。家康は定次の排除を決め、慶長一三（一六〇八）年六月、家中の不和を理由に改易してしまった。

華麗で不審な閨閥

筒井家は早くに改易されたため、その系譜は精査されておらず、不審な点が少なくない。『寛政重修諸家譜』では、筒井順慶の母を日野大納言資定《すけさだ》（柳原《やなぎわら》権大納言資定［一四九五～一五七八］の誤りか）の娘、妻を斎藤道三の娘としているが、いずれも信用が置けない。

和田裕弘氏は「順慶の地位は、佐久間信盛の与力、信盛追放後は明智光秀の与力の立場だった。それでも信長の姉妹を娶り、一門衆に列した。のちに順慶の後継者となった定次は信長の息女を正室とした」（『織田信長の家臣団』）と記述しているが、織田家の系図では信長の姉妹が筒井順慶と結婚したという記載がない。ただし、定次の正室が信長の娘であったことは確かなようだ。信長の娘・秀子（?～一六三二）が定次の妻で、天正六（一五七八）年に結婚したという（『織田信長総合事典』）。

筒井順慶の妻として確かであるのは、足利義昭の養女となった九条家の娘だ。これは、筒井順慶と大和を争っていた松永久秀が、反信長の姿勢を見せはじめたため、元亀二（一五七一）

年六月に「義昭が九条家の娘を養女として、久秀の敵である筒井順慶へ嫁がせた」という（『三好一族と織田信長』）。この年、筒井順慶は二三歳。初婚であった可能性が高い。

筒井家は利用価値が高かったのか、家康も異母妹の市場《いちば》姫を順慶の甥・筒井紀伊守定政《さだまさ》（一五五一～一六一〇）に嫁がせている。

明智光秀との婚姻関係

筒井順慶は明智光秀と姻戚関係にあったといわれている。

「『明智軍記』には光秀の（中略）六番目の男子十次郎は天正六年筒井順慶の養子に命ぜられた」（『人物叢書　明智光秀』）といい、また、和田裕弘氏は光秀の長男「光慶は筒井順慶の養子（猶子とも）となったが、幼少の間は光秀の手元で育てることになっていたという。光慶の実名『慶』は、順慶の慶だろう。順慶は諱ではないが、『慶』を取り入れたのだろう」（『織田信長の家臣団』）と記述している。これもあまり信用できない。

さらに『寛政重修諸家譜』では、筒井順慶の甥・井戸《いど》才蔵治秀《さいぞうはるひで》（一五六五～一六三五）の「妻は明智日向守光秀の女」というが、これも定かでない。

第5節　摂津衆・荒木村重

国人領主池田家の家臣から大抜擢

荒木摂津守村重（一五三五～八六）は、摂津の国人領主・池田家の重臣として生まれた。村重が仕えていた池田筑後守勝正は、信長の上洛に反抗するもほどなく鎮圧され、和田惟政、伊丹忠親とともに「摂津の三守護」の一人となった。［図7－4］

しかし、元亀元（一五七〇）年六月、三好三人衆の画策によって池田家は内訌を起こし、池田勝正が出奔。養弟・池田備後守知正（重成。?～一六〇三）が跡を継いだが、池田家は内訌で弱体化し、家中を統率する力を失ってしまう。代わって池田家を束ねたのが村重だった。この頃、村重は「池田信濃守村重」と池田姓を名乗っていた。

元亀四（一五七三）年に義昭が信長に叛旗を翻し、主《あるじ》の池田知正をはじめ畿内の諸将が義昭側につく中、村重は細川藤孝とともに逢坂で信長を迎え、信長につく旗幟《きし》を鮮明にした。義昭追放後、畿内の諸将は没落し、村重は摂津の大部分の一職《いっしき》支配を認められた。天正二（一五七四）年一一月、村重は伊丹忠親を攻め滅ぼし、伊丹を有岡と改名して居城とした。

翌天正三年七月に播磨の小寺政職《こでらまさもと》の家老・黒田官兵衛孝高《かんのびょうえよしたか》（如水《じょすい》。当時は小寺姓）が信長の許《もと》を訪れ、播磨攻めの大将を遣わしてくれれば、小寺家がその先鋒《せんぽう》となると申し入れた。そこ

図７－４：荒木家系図

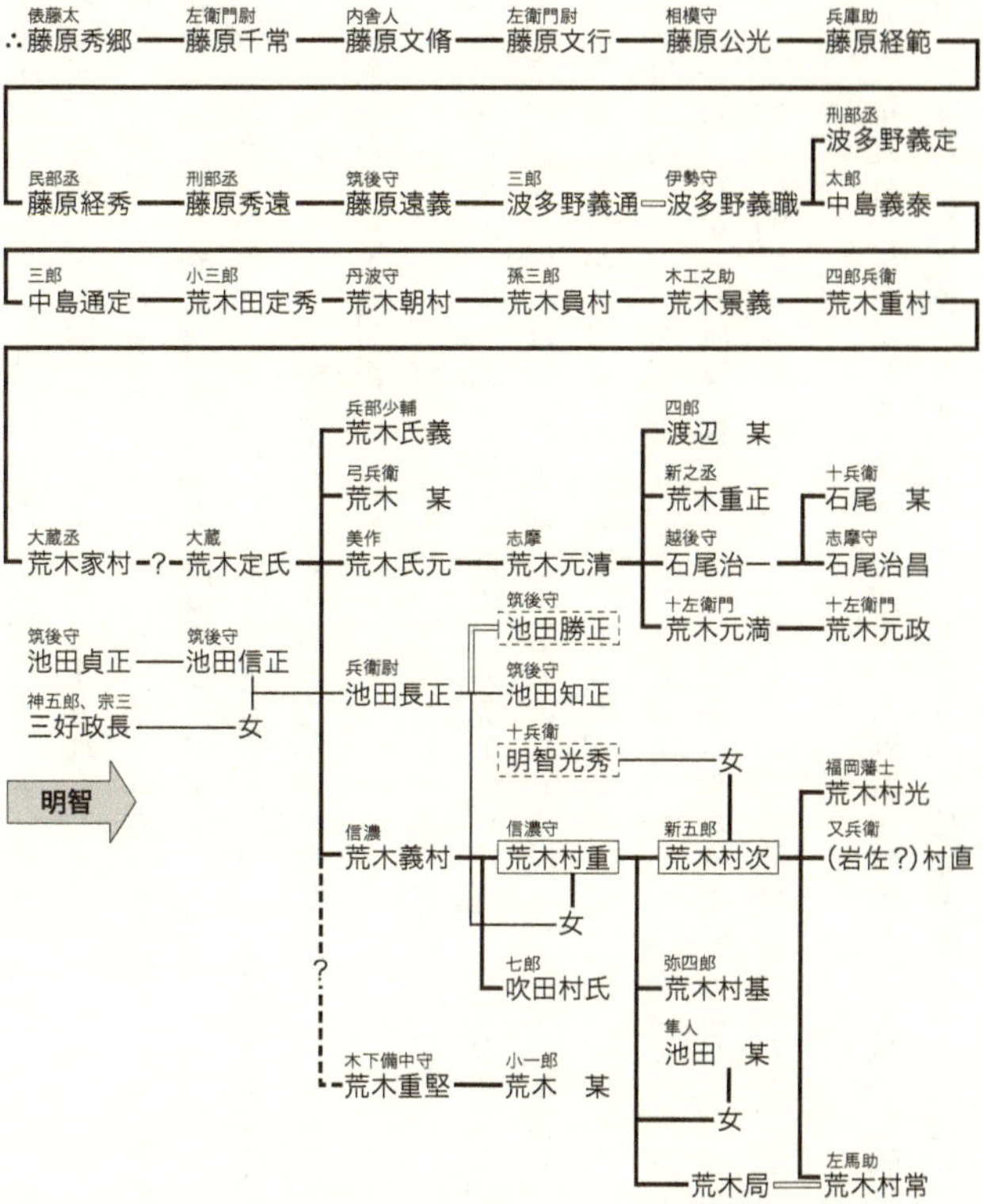

俵藤太
∴藤原秀郷
左衛門尉
藤原千常
内舎人
藤原文脩
左衛門尉
藤原文行
相模守
藤原公光
兵庫助
藤原経範
民部丞
藤原経秀
刑部丞
藤原秀遠
筑後守
藤原遠義
三郎
波多野義通
伊勢守
波多野義職
刑部丞
波多野義定
太郎
中島義泰
三郎
中島通定
小三郎
荒木田定秀
丹波守
荒木朝村
孫三郎
荒木員村
木工之助
荒木景義
四郎兵衛
荒木重村
大蔵丞
荒木家村
?
大蔵
荒木定氏
兵部少輔
荒木氏義
弓兵衛
荒木　某
美作
荒木氏元
志摩
荒木元清
四郎
渡辺　某
新之丞
荒木重正
越後守
石尾治一
十左衛門
荒木元満
十兵衛
石尾　某
志摩守
石尾治昌
十左衛門
荒木元政
筑後守
池田貞正
筑後守
池田信正
神五郎、宗三
三好政長
女
兵衛尉
池田長正
筑後守
池田勝正
筑後守
池田知正
十兵衛
明智光秀
女
明智
信濃
荒木義村
信濃守
荒木村重
新五郎
荒木村次
福岡藩士
荒木村光
又兵衛
(岩佐?)村直
女
七郎
吹田村氏
弥四郎
荒木村基
隼人
池田　某
女
?
木下備中守
荒木重堅
小一郎
荒木　某
荒木局
左馬助
荒木村常

で、天正四（一五七六）年九月、村重は信長の命により播磨に出兵して国人から人質を取りまとめるなど、播磨の国人領主とのパイプ役を任される。

しかし、天正五（一五七七）年一〇月、信長は中国方面の責任者として羽柴秀吉を播磨に派遣。秀吉は黒田官兵衛の居城・播磨姫路城（兵庫県姫路市）に入った。それ以後、村重は秀吉の補佐的な立場を余儀なくされる。「それまで播磨を担当してきた村重の功績を無視するものであり、村重の小寺氏ら播磨国人にたいする与力関係を壊し、信長への取次としての面目を潰すものであった」（『荒木村重』）。

天正六（一五七八）年一〇月、安土城の信長の許に荒木村重が離反したとの報告が届いた。信長はその報告を信じず、松井友閑、側近の万見《まんみ》仙千代重元《しげもと》、および村重と婚姻関係のある明智光秀を派遣した。村重は叛意を否定したものの、安土城への出仕は拒否した。

結局、村重は信長から離反し、本願寺、毛利家、足利義昭と同盟を結んだ。

村重の離反は、摂津・播磨の国人領主にも波及し、かれらは次々と毛利家へ寝返った。

同年一一月、村重は有岡城に籠城《ろうじょう》。一方、信長は荒木家臣の高山《たかやま》右近《こん》、中川清秀を調略して高槻城、茨木《いばらき》城を開城させた。そして、大軍を率いて有岡城を囲んだが、籠城戦は膠着《こうちゃく》状態に陥っていった。

翌天正七年九月、村重はわずかの供を連れ、有岡城を脱出して支城の尼崎城に移った。尼崎城には毛利家からの援将・桂元将《かつらもとまさ》がおり、毛利家への援軍要請のために赴いたといわれている。

ところが、村重なき後の有岡城は戦意を著しく喪失。これに目を付けた瀧川一益が荒木方の足軽大将らを調略して寝返らせ、城内に放火させた。有岡城は天守のみの裸城となり、落城必至の情勢となった。

同年一一月一九日に有岡城は開城した。一族の荒木久左衛門《きゅうざえもん》が有岡城から尼崎付近に赴き村重と会談、尼崎城と花隈城の開城と引き替えに有岡城の妻子と家臣の助命を嘆願したが、村重は拒否した。信長は荒木一族と家臣を虐殺した。

天正八（一五八〇）年七月、池田恒興・元助父子が花隈城を攻め落とした。尼崎城の荒木村重は毛利領内に逃亡し、尼崎城も開城した。摂津の荒木遺領は池田恒興に与えられた。

荒木家の先祖もよくわからない

『寛政重修諸家譜』によれば、「波多野三郎義通が三代 刑部丞《ぎょうぶのじょう》 義定が後裔なり。（中略）義定八代兵部少輔氏義《ひょうぶのしょうゆううじよし》、丹波国天田郡荒木邑に住せしより荒木と称す」といい、明智光秀が丹波平定で降した波多野《はたの》氏の一族を自称しているが、詳細は不明である（本書掲載の系図は、村重の祖父・定氏《さだうじ》以降を『寛政重修諸家譜』、それ以前を『群書系図部集』をもとに作成しているため、本文とは若干異なっている）。

また、村重の父を荒木信濃守義村《よしむら》と記す系図が多いが、当時、諱に「義」の字が使えるのは足利将軍家から偏諱を賜った者だけなので、通常では考えられない。つまり、村重の出自ははつきりせず、いつの頃からか池田家に仕えていたということしかわからないのだ。

村重の妻子

村重の妻は、主の池田備後守知正の姉妹である。村重が池田姓を名乗っていたのは、池田家の娘を娶《めと》って一門待遇を得ていたからだろう。また、有岡城落城の際に処刑された荒木一族の中に、後妻で絶世の美女という「だし」がいたことが知られている。

『寛政重修諸家譜』によれば、村重には二男四女がいたらしい。

村重の嫡男・**荒木新五郎村次**《むらつぐ》（村安《むらやす》。母は北河原三河守の娘という）は明智光秀の長女を妻に迎えたが、父・村重の謀叛で離縁を余儀なくされた。尼崎城落城の折、父とともに逃亡し、本能寺の変後に秀吉に仕えた。賤ヶ岳の合戦に参加して重傷を負い、歩行不能になり、三八歳で死去したという。

次男・荒木弥四郎《やしろう》は「太閤（秀吉）につかふ」という。

長女は池田隼人某の妻となるが、有岡城落城で処刑される。

末娘は大奥に入り、徳川秀忠・家光に仕えて「荒木」を名乗った。

また、絵師・岩佐又兵衛《いわさまたべえ》（一五七八～一六五〇）を村重の落胤《らくいん》とする説は有名である。この他に、細川家に仕えた善兵衛《ぜんべえ》、岸和田で豪農となった源太夫《げんだゆう》などを村重の子とする伝承がある。

村重の一族

村重の従兄弟・荒木志摩守《しまのかみ》元清《もときよ》（一五三六～一六一〇）は、花隈城で一万八〇〇〇石を領した。有岡城落城後に花隈城も池田恒興に攻められたが、船で逃亡し、毛利家を頼った。本能寺の変後に秀吉に仕えたが、秀次事件に連座して遠流、後に帰京した。馬術に秀で、荒木流馬術を創設した。

元清の四男・荒木十左衛門《じゅうざえもん》元満《もとみつ》（一五六五～一六三二）は父とともに遠流された後、黒田長政に仕えた。大坂の陣で、将軍・秀忠に父譲りの馬術を披露して、元和元（一六一五）年に一五〇〇石に取り立てられ、子孫は旗本に列した。

元満の兄・石野越後守治一《はるかず》（一五五七～一六三一）も同時期に秀忠に仕え、子孫は二二〇〇石の旗本寄合に列した。

村重の小姓から秀吉の家臣となった荒木平太夫《へいだゆう》重堅《しげかた》（のち木下備中守。？～一六〇〇）は、村重の一族と考えられるが、『群書系図部集』では村重の叔父とし、『系図纂要《さんよう》』では荒木元清の子に「荒木平太夫」を繋《つな》げているが、定かでない。

また、荒木村重と同様に、池田家の重臣から成り上がった**中川瀬兵衛《せびょうえ》清秀《きよひで》**（一五四二～八三）は、村重の従兄弟という説があるが、具体的な関係（父方の従兄弟なのか、母方なのか）は不明である。ちなみにキリシタン大名として有名な高山右近重友《しげとも》（一五五三～一六一五）は中川清秀の父方の従兄弟である。

第6節　旧幕臣・細川藤孝

遊泳術の天才

細川兵部大輔藤孝《ひょうぶたゆうふじたか》（幽斎玄旨《ゆうさいげんし》。一五三四〜一六一〇）は、幕臣・三淵《みつぶち》伊賀守晴員《はるかず》の次男に生まれ、細川家の養子となった（一二代将軍・足利義晴《よしはる》の落胤という説もある）。足利義藤《よしふじ》（のち一三代将軍・足利義輝）から偏諱を受けて藤孝と名乗る。［図7－5］

足利義昭の側近から信長に転じ、明智光秀の姻戚でありながら本能寺の変後は光秀と距離を置き、秀吉—家康へと時の権力者について、後世の史家から「遊泳術の天才」とあだ名される。子孫は肥後五二万石の大大名となり、総理大臣・細川護熙《もりひろ》を出す。

永禄八（一五六五）年五月に将軍・義輝が三好三人衆らに弑殺《しさつ》されると、藤孝は奈良に幽閉されていた義輝の弟・一乗院覚慶（のちの足利義昭）を救出し、近江甲賀郡の和田惟政の許に移送、ともに若狭、越前へ移動した。その間、上杉謙信ら各国諸将宛てに書状を送り、義昭の上洛に協力するように打診。翌永禄九年五月には尾張に下向して信長に協力を要請している。

永禄一一（一五六八）年九月に上洛、義昭の征夷大将軍《せいいたいしょうぐん》就任を果たし、山城勝龍寺《しょうりゅうじ》城を与えられる。

しかし、義昭と信長が不和になると、藤孝は次第に信長に接近し、義昭が挙兵する頃には、

図7－5：細川家系図

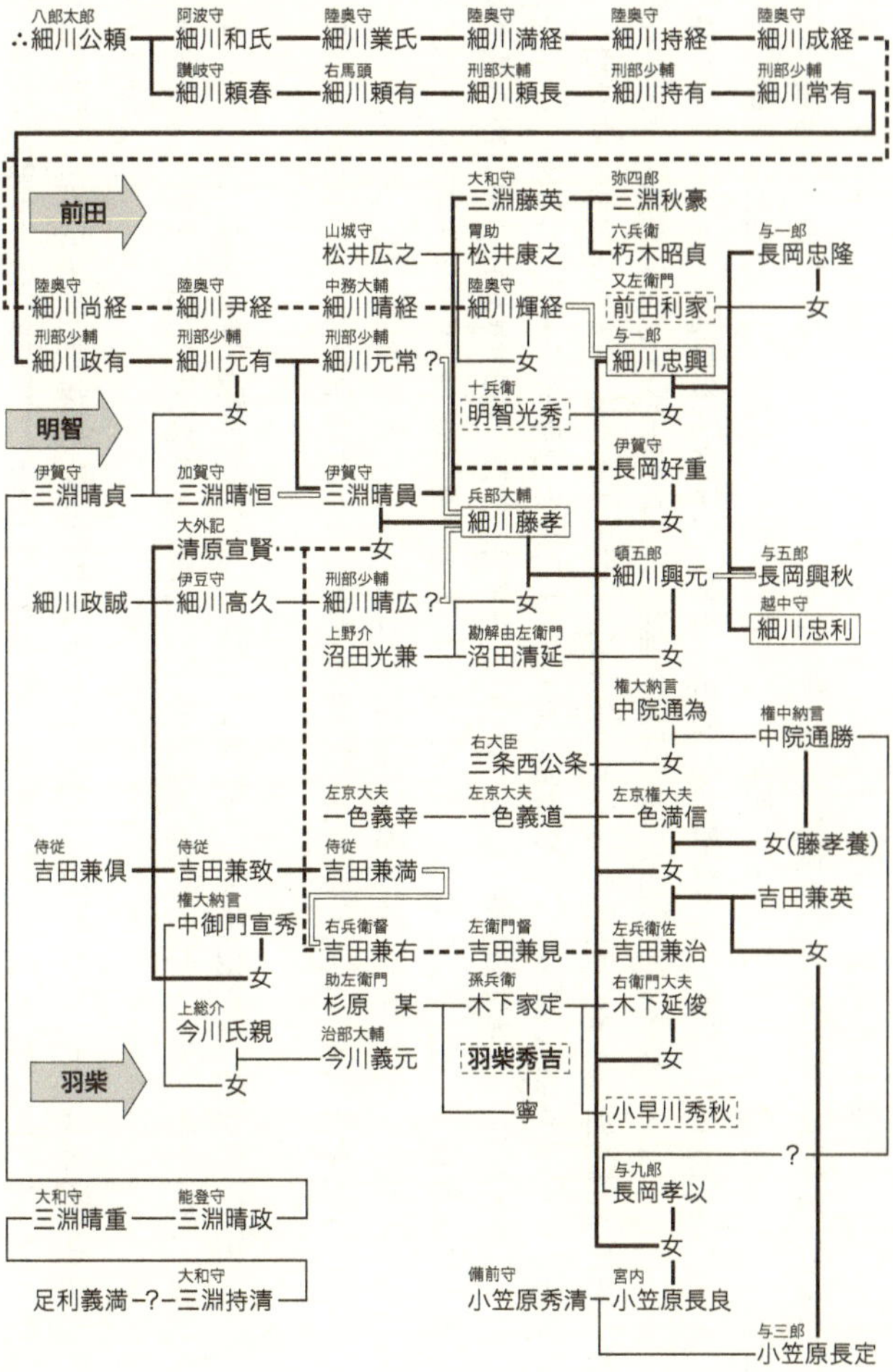

八郎太郎
∴細川公頼
阿波守
細川和氏
陸奥守
細川業氏
陸奥守
細川満経
陸奥守
細川持経
陸奥守
細川成経
讃岐守
細川頼春
右馬頭
細川頼有
刑部大輔
細川頼長
刑部少輔
細川持有
刑部少輔
細川常有
前田
大和守
三淵藤英
弥四郎
三淵秋豪
山城守
松井広之
胃助
松井康之
六兵衛
朽木昭貞
与一郎
長岡忠隆
陸奥守
細川尚経
陸奥守
細川尹経
中務大輔
細川晴経
陸奥守
細川輝経
又左衛門
前田利家
女
刑部少輔
細川政有
刑部少輔
細川元有
刑部少輔
細川元常？
女
与一郎
細川忠興
女
明智
十兵衛
明智光秀
女
伊賀守
三淵晴貞
加賀守
三淵晴恒
伊賀守
三淵晴員
伊賀守
長岡好重
兵部大輔
細川藤孝
女
大外記
清原宣賢
女
頓五郎
細川興元
与五郎
長岡興秋
細川政誠
伊豆守
細川高久
刑部少輔
細川晴広？
女
越中守
細川忠利
上野介
沼田光兼
勘解由左衛門
沼田清延
女
権大納言
中院通為
権中納言
中院通勝
右大臣
三条西公条
女
左京大夫
一色義幸
左京大夫
一色義道
左京権大夫
一色満信
女(藤孝養)
侍従
吉田兼倶
侍従
吉田兼致
侍従
吉田兼満
女
権大納言
中御門宣秀
吉田兼英
右兵衛督
吉田兼右
左衛門督
吉田兼見
左兵衛佐
吉田兼治
女
女
助左衛門
杉原 某
孫兵衛
木下家定
右衛門大夫
木下延俊
上総介
今川氏親
治部大輔
今川義元
羽柴秀吉
女
羽柴
女
寧
小早川秀秋
？
与九郎
長岡孝以
大和守
三淵晴重
能登守
三淵晴政
女
大和守
足利義満－？－三淵持清
備前守
小笠原秀清
宮内
小笠原長良
与三郎
小笠原長定

信長に京都の様子を逐一報告し、忠臣ぶりを発揮している。元亀四（一五七三）年三月に信長が義昭を討ちに入京すると、藤孝は荒木村重とともに逢坂で出迎えた。信長は感激して藤孝に脇差しを与えた。

義昭追放後、藤孝は信長から勝龍寺城近辺の一職《いっしき》支配を認められた。その地が古都・長岡京を含むことから、藤孝は長岡姓に改姓し、家紋も九曜《くよう》に変え、足利家との関連を払拭《ふっしょく》するように努めた。

天正三（一五七五）年から明智光秀とともに丹波・丹後攻略に従事。光秀の与力とされる。天正六（一五七八）年、信長の命により、嫡男・**細川与一郎忠興**《よいちろうただおき》（一五六三〜一六四五）が明智光秀の娘・玉《たま》（細川ガラシャ）と結婚。翌天正七年に丹波・丹後の平定がなると忠興に丹後一二万石が与えられ、居城を宮津《みやづ》（京都府宮津市）、のちに田辺《たなべ》（京都府舞鶴《まいづる》市）に定めた。

天正一〇（一五八二）年に本能寺の変が起きると、光秀の誘いを断って髷《まげ》を落とし「幽斎玄旨《ゆうさいげんし》」と名乗り、家督を忠興に譲った。忠興も髻《もとどり》を落として、一時的に玉と離別。光秀に大きな打撃を与えた。光秀を討った秀吉から高い評価を受け、丹後内で加増を受ける。

慶長五（一六〇〇）年九月の関ヶ原の合戦では忠興が家康方の有力武将として参戦。

一方、藤孝は同慶長五年七月から田辺城に籠城し、西軍の福知山《ふくちやま》城主・小野木重次《おのぎしげつぐ》らに包囲される。藤孝は三条西《さんじょうにし》実枝《さねき》（一五一一〜七九）から古今伝授を受けており、弟子の八条宮《はちじょうのみや》智仁《としひと》親王（一五七九〜一六二九）は歌道が途絶えることを憂いて兄・後陽成《ごようぜい》天皇（一五七一〜一六一七）に働きかけ、九月一三日に勅命による講和が結ばれる。家康からは大軍を相手に長期間籠城した功を認められ、忠興の戦功と合わせ、細川家は丹後宮津一八万三〇〇〇石から豊前小倉《こくら》三九万九〇〇〇石に加増される。

養父は誰なのか

父の実家・三淵家は足利将軍家の庶流といわれ、『系図纂要』では足利義満の庶子に三淵大和守持清《もちきよ》なる人物がいて、その子・三淵大和守晴重《はるしげ》以降、代々の当主が「晴」を通字とした系図を掲載している。これは藤孝の父が晴員だから、代々「晴」を通字としていたと考えてつくった偽系図だろう（偽系図の中でもレベルが低い）。

『寛政重修諸家譜』では、三淵晴員を和泉半国守護・細川元常《もとつね》（一四八二～一五五四）の実弟として、藤孝が伯父《おじ》・元常の養子になったと記しているが、最近の研究では、近江半国守護・六角家の支流に細川刑部少輔晴広《はるひろ》なる人物がおり、その養子とする説が浮上している。

母方の祖父は、当代随一と称された学者・清原宣賢《のぶかた》（一四七五～一五五〇）。宣賢が吉田家からの養子であることから、『兼見卿記《かねみきょうき》』で有名な吉田兼見《かねみ》（一五三五～一六一〇）は従兄弟にあたる。この関係から、藤孝の長女が兼見の子・吉田兼治《かねはる》に再縁しており、吉田家など公家との婚姻関係を構築している。

藤孝の子どもたち

藤孝の妻は、同じく旧幕臣で若狭熊川《くまがわ》城主・沼田《ぬまた》上野介光兼《みつかね》の娘、沼田麝香《じやこう》（細川マリア。一五四四～一六一八）で、少なくとも四男四女がいた（★は嫡出）。ちなみに藤孝には側室がいなかったようである。

・長男★細川与一郎忠興（一五六三～一六四五）
・次男★細川頓五郎《とみごろう》興元《おきもと》（一五六五？～一六一九）
・三男★長岡刑部少輔《ぎようぶのしよう》幸隆《ゆきたか》
・四男★長岡中務少輔《なかつかさのしよう》　孝之《たかゆき》
・長女★一色左京権大夫《さきようごんのたいふ》満信《みつのぶ》の妻、のち公家・吉田左兵衛佐《さひようえのすけ》兼治《かねはる》の妻
・次女★木下右衛門大夫《うえもんたいふ》延俊《のぶとし》の妻
・三女★長岡（三淵）伊賀守好重《よししげ》の妻
・四女★長岡与九郎《よくろう》孝以《たかもち》の妻、のち家老・小笠原宮内《くない》長良《ながよし》の妻
・養女（孫・一色氏の娘）公家・中院《なかのいん》権中納言《ごんちゆうなごん》通勝《みちかつ》の妻

長女は丹後国守護の一色左京権大夫満信《みつのぶ》（義定《よしさだ》、義有《よしあり》ともいう）に嫁いだ。藤孝の丹後攻略を円滑に進めるため、明智光秀の仲介でこの縁談が成立したという。しかし、天正一〇（一五八二）年六月の本能寺の変後に光秀についたため、細川家との仲がこじれ、同年九月に義兄・細川忠興に暗殺される。

次女は高台院《こうだいいん》（秀吉の正室）の甥・木下右衛門大夫延俊夫人となった。延俊の兄・木下勝俊《かつとし》（木下長嘯子《ちょうしょうし》）は歌人としても有名で、藤孝の弟子といわれている。個人的な親密さもさることながら、義甥と婚姻関係を構築することで、秀吉との関係を良好に保とうとしたのだろう。

三女の夫とされている長岡（旧制・三淵）好重は藤孝の実弟であり、四女の夫とされている長岡孝以は、孫娘の夫・中院通勝（一五五六～一六一〇）の子といわれている。肉親との婚姻を重ねているのか、もしくは系図が混乱しているのだろう。

次男・細川興元の妻は沼田勘解由左衛門清延《かげゆざえもんきよのぶ》の娘で、義姪《めい》にあたる。なお、興元は後妻に筑後柳川《やながわ》藩主・立花《たちばな》飛騨守宗茂《むねしげ》の養女（実妹）を迎えている。

嫡男・細川忠興

藤孝の嫡男・**細川与一郎忠興**《よいちろうただおき》（一五六三～一六四五）は京都に生まれ、将軍・義輝の命により、細川陸奥守輝経《てるつね》の名義上の養子となった。

天正五（一五七七）年二月、紀伊国雑賀一揆鎮圧ではじめて戦場に臨み、事実上の初陣となる同年一〇月に松永久秀の支城・片岡城攻めで一番槍《やり》の功名を挙げた（現在、信長直筆の書状は二通しか残っていないが、そのうち一通がこの時、忠興に与えた感状だという）。かくして、信長のお気に入りとなり、信忠から偏諱を与えられ、忠興と名乗った。

天正六（一五七八）年に明智光秀の娘・玉（細川ガラシャ）と結婚。父・藤孝、義父・光秀とともに丹波・丹後の平定に尽力。天正八（一五八〇）年に丹後一二万石が与えられ、居城を宮津（京都府宮津市）、のちに田辺（京都府舞鶴市）に定めた。

天正一〇（一五八二）年に本能寺の変が起きると、藤孝は光秀の誘いを断って髻を落とし、家督を忠興に譲った。忠興も髻を落として、一時的に玉と離別。秀吉に従い、越中の佐々成政攻め、九州征伐、小田原征伐などに参陣。文禄元（一五九二）年の朝鮮出兵（文禄の役）で朝鮮に渡った。

文禄四（一五九五）年七月、豊臣秀次が自刃、後見役の前野但馬守長康《たじまのかみながやす》・出雲守景定《かげさだ》父子が切腹させられる。忠興は秀次から黄金一〇〇枚を借りており、長女が景定に嫁いでいたことから秀吉に疑われ、家老・松井佐渡守康之《やすゆき》が家康から用立てて返済。事なきを得た。慶長二（一五九七）年に秀吉の勧めで、忠興の長男・忠隆《ただたか》が、前田利家の七女・千世《ちよ》と結婚。以後、忠興は利家の側に立ち、利家と家康の仲介の労をとった。

翌慶長三年に秀吉が死去し、慶長四（一五九九）年閏《うるう》三月に利家が死去すると、忠興は加藤清正・福嶋正則らとともに三成排斥へと動いた。同年一〇月に利家の子・前田利長に家康暗殺の嫌疑がかけられると忠興も疑われ、忠興は前田家と義絶し、家康側につくことを余儀なくされた。慶長五（一六〇〇）年一月、その証《あかし》として三男・光《みつ》（のちの忠利）を人質として江戸に送った。

慶長五年六月、家康が上杉討伐のため会津に向かうと、忠興も参陣した。

忠興は戦上手で「利休の七哲」の一人に選ばれるほど多芸多才だったが、短気で嫉妬《しっと》深く、正室・玉（細川ガラシャ夫人）が他人の目に晒《さら》されることをひどく嫌ったという。

七月に石田三成が諸将の妻子を人質に取ろうしたが、忠興がそんな所業をゆるそうはずがない。玉は人質になることを拒んで、屋敷に火をかけ、家老・小笠原少斎《しょうさい》（秀清《ひできよ》）の手にかかって自決した。この時、忠隆の妻・千世は脱出して難を逃れた。

同慶長五年九月の関ヶ原の合戦で、忠興は家康方の先陣の一角を担い、石田軍本隊と激闘を繰り広げ、家康方の勝利に貢献。合戦後に丹後宮津一八万三〇〇〇石から豊前小倉三九万九〇〇〇石に加増される。

忠興の子どもたち

忠興には少なくとも六男四女がいた（★は嫡出）。

・長男★長岡与一郎《よいちろう》忠隆（一五八一～一六四六）
・次男★長岡与五郎興秋《よごろうおきあき》（一五八三～一六一五）
・三男★細川内記忠利《ただとし》（一五八六～一六四一）
・四男　細川中務大輔立孝《なかつかさたゆうたつたか》（一六一五～四五）
・五男　長岡刑部少輔興孝
・六男　長岡（松井）寄之《よりゆき》　長岡（松井）佐渡興長《さどおきなが》の婿養子

・長女★前野出雲守景定の妻
・次女　家老・長岡（松井）佐渡興長の妻
・三女★稲葉民部少輔一通《かずみち》の妻
・四女　公家・烏丸《からすま》中納言光賢《みつかた》の妻

長男・**長岡与一郎忠隆**の妻は、前田利家の七女・千世。慶長二（一五九七）年に秀吉の勧めで結婚。父・忠興は利家と親密になるが、利家の死後、家康に睨《にら》まれ、前田家と義絶せざるを得なくなる。また、慶長五（一六〇〇）年に千世が玉を見捨てて大坂の細川邸を脱出したことに激怒したともいわれる。関ヶ原の合戦後、忠興は長男・忠隆に千世との離縁を迫ったが、これに応じようとしなかったため、忠隆を廃嫡。忠隆夫妻は前田家を頼るが拒絶され、結局離縁した。子孫は家臣となり、明治三三（一九〇〇）年に男爵に列した。

次男・**長岡与五郎興秋**は、叔父（忠興の弟）の細川興元の養子になるが、慶長六（一六〇一）年一〇月に興元が忠興と不仲となり出奔（大名に取り立てられなかったことに不満を持ったからだといいう）。興秋は養父に連座し、幽閉されてしまう。慶長九（一六〇四）年、重篤に陥った忠興は、三男・忠利を嫡男と決定（家督相続は元和六［一六二〇］年）。江戸にいる忠利を国《くに》許《もと》に呼び戻すため、翌慶長一〇年に興秋を代わりの人質として江戸に送ったが、興秋は忠興の許可なく京都で出家してしまう。これにより、忠興と興秋は不仲となり、慶長一九（一六一四）年に大坂冬の陣が起こると、興秋は大坂城に籠城。翌元和元（一六一五）年の大坂夏の陣の敗戦で京都に逃げ落ちたが、忠興は興秋を赦《ゆる》さず切腹を命じた。なお、興秋の妻は氏家志摩守行継《ゆきつぐ》の娘。行継は「西美濃三人衆」の一人・氏家卜全の三男である。

三男・**細川内記忠利**（のち越中守）は、慶長五（一六〇〇）年に一五歳で人質として江戸に送られ、同年に母・細川ガラシャが自決（忠利はガラシャの子でない説もある）。兄・忠隆が廃嫡された後、慶長九（一六〇四）年に嫡子となり、慶長一三（一六〇八）年に将軍・秀忠の養女（小笠原秀政《ひでまさ》の次女。母親は岡崎信康の長女で、家康の孫にあたる）と結婚。元和六（一六二〇）年に家督をやっと譲られ、豊前小倉藩三九万九〇〇〇石の藩主となる。寛永九（一六三二）年、肥後熊本藩五四万石の加藤忠広《ただひろ》（清正の子）が改易され、その跡に転封となった。寛永一四（一六三七）年一〇月に島原《しまばら》の乱が起きると、翌寛永一五年二月に出陣。寛永一八（一六四一）年、父・忠興に先立って急死した。ちなみに、熊本県の名物・辛子蓮根《からしれんこん》は、虚弱体質だった忠利のために考案されたといわれている。

四男・**細川中務大輔立孝**は、若くして出家し、立允《りゅういん》と名乗り、三万石を分知される。寛永一六（一六三九）年に還俗して中務大輔立孝と改名し、将軍・家光に拝謁する。父・忠興に溺愛《できあい》されるが、父に先立って正保《しょうほう》二（一六四五）年閏五月に死去。同正保二年一二月に忠興が死去すると、忠興は自らの隠居料・三万七〇〇〇石と立孝の遺領・三万石を併せて、立孝の遺児・宮松《みやまつ》（のちの細川丹後守行孝《ゆきたか》［一六三七〜九〇］）に譲ると遺言。しかし、巨大な分藩誕生を不快に思った熊本藩細川本家が幕閣と交渉し、立孝の遺領三万石のみの相続となった。夫人は公家・五条中納言為適《ためゆく》の娘（母方の祖父は福嶋正則の弟・福嶋高晴）。ちなみに、子孫は肥後宇土《うと》藩主となり、天明七（一七八七）年に本藩の血筋が絶えたため、六代藩主・細川和泉守立礼《たつひろ》が、一一代熊本藩主となり、細川越中守斉茲《なりしげ》（一七五五～一八三五）と名乗った。元総理大臣・細川護熙《もりひろ》（一九三八～）は、斉茲の孫・細川斉護《なりもり》の子孫である。

第7節　旧幕臣・明智光秀

前半生は不明

明智《あけち》十兵衛《じゆうべえ》光秀《みつひで》（のち惟任日向守《これとうひゆうがのかみ》。一五一六？～八二）の前半生は不明である。

美濃土岐家の支流に明智家があるが、光秀がその出身であるかは定かでない。

信長に仕える前は越前一乗谷に寓居《ぐうきょ》する足利義昭に仕えていたが、義昭が一乗谷に移ってくる前からの家臣なのか、それとも越前朝倉家の家臣だったのかも判然としない。

ルイス・フロイスの『日本史』に「兵部太輔と称する人（細川藤孝）に奉仕していた」と記され、『多聞院日記』でも「細川の兵部大夫（藤孝）カ中間《ちゆうげん》にてありし」との記述がある。両書とも信憑性《しんぴよう》の高い書なので、光秀は元々細川藤孝の家臣で、その後に義昭の家臣になったと解釈すべきであろう。藤孝の外祖父・清原宣賢《のぶかた》（一四七五～一五五〇）は著名な学者で、晩年は諸大名の居城に赴き、越前一乗谷で没している。光秀が藤孝に仕え、朝倉家とも縁があったのは、宣賢の門弟だったのかもしれない。

丹波・丹後を平定する近畿管領

永禄一一（一五六八）年九月、信長が義昭を奉じて上洛すると、光秀は信長の指揮下で京都の政務にあたり、あたかも信長の家臣のようになった。しかし、永禄一三（一五七〇）年一月に信長が義昭に対して意見書を突きつけた際、その宛先は朝山日乗《あさやまにちじょう》と光秀だったから、信長は自らの家臣とは認識していなかったはずである。

元亀元（一五七〇）年九月に志賀城の森可成が討ち死にすると、同年末に光秀が志賀城に入り、翌元亀二年九月の比叡山焼き討ちの後、信長は光秀に近江国志賀郡と山門領を与え、坂本を居城とすることを許した。

天正三（一五七五）年に丹波攻略を指示され、光秀が丹波に赴くと、国人領主はおおむね従ったが、強きになびく面従腹背だったようで、黒井城《くろい》（兵庫県丹波市）・赤井悪右衛門直正《あかいあくえもんなおまさ》の攻略中に、それまで味方していた丹波八上城《やかみ》（兵庫県丹波篠山市《たんばしのやま》）の波多野秀治《はたのひではる》が突然離反。光秀は敗戦を余儀なくされる。翌天正四年一月に光秀はいったん近江坂本に帰陣。

同年四月には遊軍として本願寺攻め、翌天正五年二月の紀伊根来《ねごろ》攻め、一〇月には信貴山城攻めに駆り出され、丹波攻略に本腰を入れることもままならなかった。

天正六（一五七八）年三月、光秀は細川藤孝とともに丹波に攻め入ったが、またも遊軍として四月に播磨の秀吉支援、一〇月には荒木村重の謀叛の対応に駆り出され、翌天正七年二月になって丹波攻略に再び着手。六月に八上城を開城させ、七月に丹後を攻め、守護・一色義有《よしあり》を降し、八月に黒井城を陥落した。かくして丹波・丹後を平定。翌天正八（一五八〇）年に丹波は明智光秀に、丹後は細川藤孝に与えられた。

同天正八年八月、畿内の諸将を与力にしていた佐久間信盛が高野山へ追放されると、その与力の多くが光秀に附《つ》けられた。高柳光寿《たかやなぎみつとし》氏は「大和の筒井順慶をはじめとして、摂津の池田恒興・中川清秀・高山（右近）重友らはこのときに光秀の組下に入ったらしい。ここに至って光秀は師団長格になり、近畿軍の司令官、近畿の管領になったのである」と評している（『人物叢書　明智光秀』）。

天正一〇（一五八二）年、信長は武田勝頼を滅ぼし、徳川家康を安土城に招いた。光秀は当初、その接待役を仰せつけられていたが、羽柴秀吉の中国・毛利攻めの援軍を命じられた。

光秀は亀山城を出たが、同年六月二日に入京して織田信長が宿営する本能寺を襲い、次いで妙覚寺の信忠を襲撃。信長父子の暗殺に成功した。世にいう本能寺の変である。

しかし、光秀は与力大名の細川藤孝、筒井順慶らを仲間に引き入れることに失敗。一方、秀吉は毛利家と講和し、中国攻めから一転して帰京（中国の大返し）。丹羽長秀、織田信孝らの軍と合流。明智軍と対峙した。

同年六月一三日の山崎の合戦で光秀は秀吉に敗れ、京都小栗栖《おぐるす》を敗走中に土民に襲われ落命した。

よくわからない系図

高柳光寿氏は「光秀の家系については、『続群書類従本土岐系図』『明智一族宮城家相伝系図書《がき》』『鈴木叢書本明智系図』『系図纂要』の明智氏の分などがある。『続群書類従本』は伯耆守頼貞から起して監物助《けんもつのすけ》光国というのを父とし、『宮城系図』も殆んど同様であるが、父を玄蕃頭《げんばのかみ》光綱（本名光隆ともある）としている。そして『鈴木叢書本』はおなじく父を玄蕃頭光隆、『系図纂要』は安芸守光綱に作っている。大体みな一致しているようであるが、いずれも勿論信用できない」と記している（『人物叢書　明智光秀』）。［表7－1］

なお、『続群書類従本土岐系図』では、土岐氏から光秀に至る系図のみで、光秀の履歴や母や妻子に関する情報を一切掲載していない。

一方、『鈴木叢書本明智系図』（『群書系図部集』所収）では、光秀の母を武田義統《よしむね》の妹とし、光秀の弟として、信教《のぶのり》（号筒井大和守《つついやまとのかみとごうす》。後改順慶《のちじゅんけいとあらたむ》）、康秀《やすひで》（左馬助）を掲げている。筒井順慶と明智左馬助秀満《ひでみつ》が光秀の弟だというのだが、到底、信じられない。六男七女を掲げているが、これも信用できない。

また、『系図纂要』では、光秀の妹に「斎藤伊豆守妻」を載せ（斎藤内蔵助利三の母ということらしい）、三男五女を掲げている。さらに二人の叔父・明智兵庫助光安《ひょうごのすけみつやす》、明智次右衛門光久《じうえもんみつひさ》を掲げ、光安の子に明智左馬助光春《みつはる》（秀満《ひでみつ》）、光久の子に明智次右衛門光忠《じうえもんみつただ》を載せている。［図7－6］

面白いのは、これだけの粉飾をしていながら、斎藤道三夫人・小見《おみ》の方を叔母に掲げている系図がないことだ。小説の類《たぐい》では、信長の正室・濃姫は、道三と小見の方の間に生まれ、光秀と濃姫は従兄弟にあたるということになっているが、どうも信用できない。

『明智光秀のすべて』では「斎藤道三と小見の方の間に生まれた、ただ一人の娘濃姫が一歳上の信長に嫁いだとき、道三の近習に十兵衛（光秀）という少年がいた。小見の方は美濃国可児郡の明智城主明智光継の娘で、十兵衛の父光綱とは兄妹の間柄である（『明智系図』）。したがって十兵衛は小見の方の甥に当たり、濃姫とは従兄妹になる。この従兄妹同志は親密であった」と記し、『明智系図』に小見の方が掲載されていることを根拠としているようだが、この『明智系図』がどの系図を意味するのかが確認できなかった。

また、『美濃斎藤氏』では「『美濃国諸旧記』などに見える、小見の方として知られる明智氏がおり、これが信長室の母となる」と記されている。

天正七（一五七九）年八月に丹波八上城の波多野秀治ら三兄弟に降伏を勧めた際、光秀が自らの母親を人質に出したが、安土に送還された波多野兄弟は磔刑《たっけい》にされてしまった。そのため、光秀の母も磔刑に処されたという。しかし、この説は『信長公記』や『甫庵信長記』にはなく、

表7－1：明智系図の異同

『続群書類従本土岐系図』	『鈴木叢書本明智系図』				『系図纂要』		
	順	男女	属性	備考	順	男女	属性
（子女の記載なし）	1	女	菅沼新八郎定盈の妻	実は三宅長閑の女	1	女	明智左馬助光春の妻
	2	女	桜井松平監物家次の妻	実は三宅長閑の女	2	女	明智次右衛門光忠の妻
	3	女	織田七兵衛信澄の妻		3	女	明智次右衛門光忠の後妻
	4	女	細川与一郎忠興の妻		4	女	細川越中守忠興の妻
	5	女	筒井伊賀守定次の妻		5	女	織田七兵衛信澄の妻
	6	女	川勝丹波守の妻				
	10	女	井戸三十郎の妻				
	7	男	僧　玄琳		6	男	明智十兵衛光慶
	8	男	明智安古丸		7	男	筒井自然丸定頼（筒井順慶の養子）
	9	男	僧　不立		8	男	明智乙寿丸
	11	男	筒井左馬助	筒井伊賀守定次の養子			
	12	男	明智自然				
	13	男	明智内治麻呂				

『総見記』のみに記されたもので信用ならない。

光秀の婚姻関係

明智家臣団が他の方面軍と比べて異質であるのは、国持与力との姻戚関係である。

明智家臣団には一国を知行するような大身の与力、すなわち、細川藤孝（丹後）、筒井順慶（大和）がいた。光秀は娘の玉（細川ガラシャ）を細川藤孝の嫡男・細川与一郎忠興に嫁がせ、男子を筒井順慶の養子にする約束があったという（『織田信長の家臣団』）。

光秀の子女には異説が多いが、確実なところでは二男三女があり、女子は以下の通りという。

・長女　荒木新五郎村次（荒木村重の嫡男）の妻、のち明智弥平次《やへいじ》秀満（旧姓三宅《みやけ》）の妻
・次女　津田七兵衛信澄（信長の甥）の妻
・三女　細川与一郎忠興（細川藤孝の嫡男）の妻

一説によれば、これらの婚姻は信長の指示であったという。

荒木村重は摂津有岡（大阪府伊丹市）、津田信澄は近江高島（滋賀県高島市）、細川藤孝は山城勝龍寺（京都府長岡京市）から丹後宮津（京都府宮津市）に城を構えていた。「近畿管領」と呼ばれた光秀の立場を大いに補強する婚姻である。信長の指示でなくとも、許可がなければ実現できなかったであろう。

一方、男子は、長男・**明智十五郎光慶《とおごろうみつよし》**（一五六九？〜八二）、次男（自然《じねん》丸？）がいたらしい。

図7－6：明智家系図

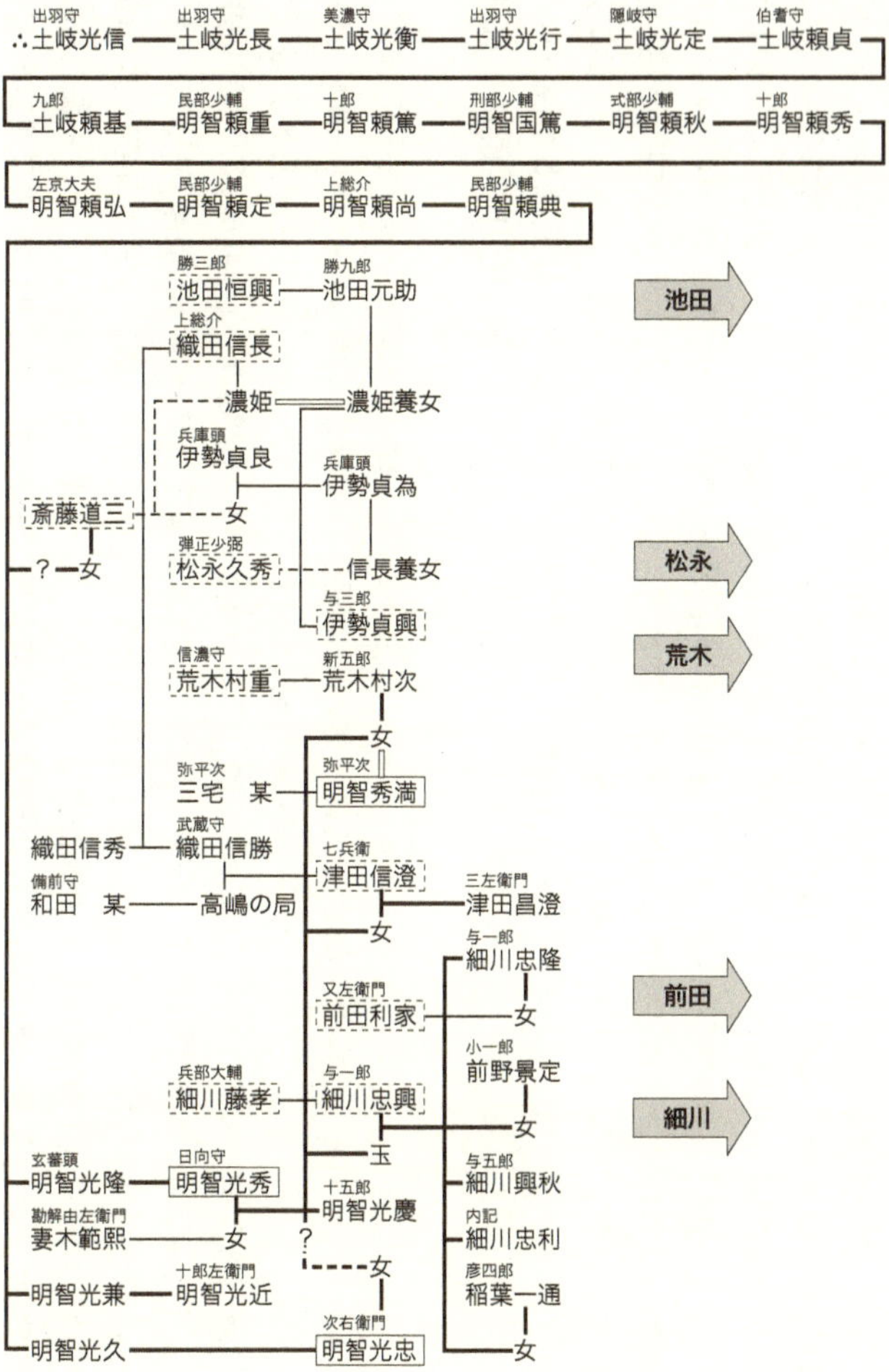
出羽守 土岐光信
出羽守 土岐光長
美濃守 土岐光衡
出羽守 土岐光行
隠岐守 土岐光定
伯耆守 土岐頼貞
九郎 土岐頼基
民部少輔 明智頼重
十郎 明智頼篤
刑部少輔 明智国篤
式部少輔 明智頼秋
十郎 明智頼秀
左京大夫 明智頼弘
民部少輔 明智頼定
上総介 明智頼尚
民部少輔 明智頼典
勝三郎 池田恒興
勝九郎 池田元助
池田
上総介 織田信長
濃姫
濃姫養女
兵庫頭 伊勢貞良
兵庫頭 伊勢貞為
斎藤道三
女
？
女
弾正少弼 松永久秀
信長養女
松永
与三郎 伊勢貞興
荒木
信濃守 荒木村重
新五郎 荒木村次
女
弥平次 三宅　某
弥平次 明智秀満
織田信秀
武蔵守 織田信勝
七兵衛 津田信澄
備前守 和田　某
高嶋の局
三左衛門 津田昌澄
女
与一郎 細川忠隆
又左衛門 前田利家
女
前田
小一郎 前野景定
兵部大輔 細川藤孝
与一郎 細川忠興
女
細川
玉
玄蕃頭 明智光隆
日向守 明智光秀
十五郎 明智光慶
与五郎 細川興秋
勘解由左衛門 妻木範煕
女
？
内記 細川忠利
女
十郎左衛門 明智光近
明智光兼
彦四郎 稲葉一通
明智光久
次右衛門 明智光忠
女

男子の情報は錯綜《さくそう》しており、和田裕弘氏は以下の記事を列挙している。すなわち、「なかなか男子に恵まれなかった光秀は、養子として旧幕臣の真木島昭光の子を貰い受けたという」「光慶は筒井順慶の養子（猶子とも）となったが、幼少の間は光秀の手元で育てることになっていたという」「光慶は、勢多《せた》城主山岡景隆の娘を許婚《いいなづけ》にしていた」（『織田信長の家臣団』）。

また、長男（もしくは次男）の許婚に山岡景隆の娘とは、上昇志向が強い光秀にとっては、少々格下の相手と思うのは、筆者だけだろうか。

筒井順慶への養子がいたとしても、それは次男以下と考えられる。

養子を取るほど世襲にこだわっているのであれば、長男を養子に出すとは考えられず、仮に

重臣・斎藤利三の系図

なぜ本能寺の変が起こったのかは、日本の歴史でも三大ミステリーの一つだという。

最近急浮上している説の一つが四国説だ。信長が信孝を総司令官として四国へ派兵し、長曾我部元親を討伐することになったことで、長曾我部家との取次役を務めていた光秀の立場が悪くなった（もしくは、憤慨した）ことを本能寺の変の動機としてあげているものである。

長曾我部家の姻戚にあたる石谷《いしがや》家に関する古文書が発見されたこともあって、注目されてきている。この石谷家が、明智家の重臣・**斎藤内蔵助利三**《くらのすけとしみつ》（一五三四？～八二）と姻戚関係にあることから、斎藤家を通じて光秀が長曾我部家に利する行動を取ったという説もある。［図7

図7－7：斎藤利三系図

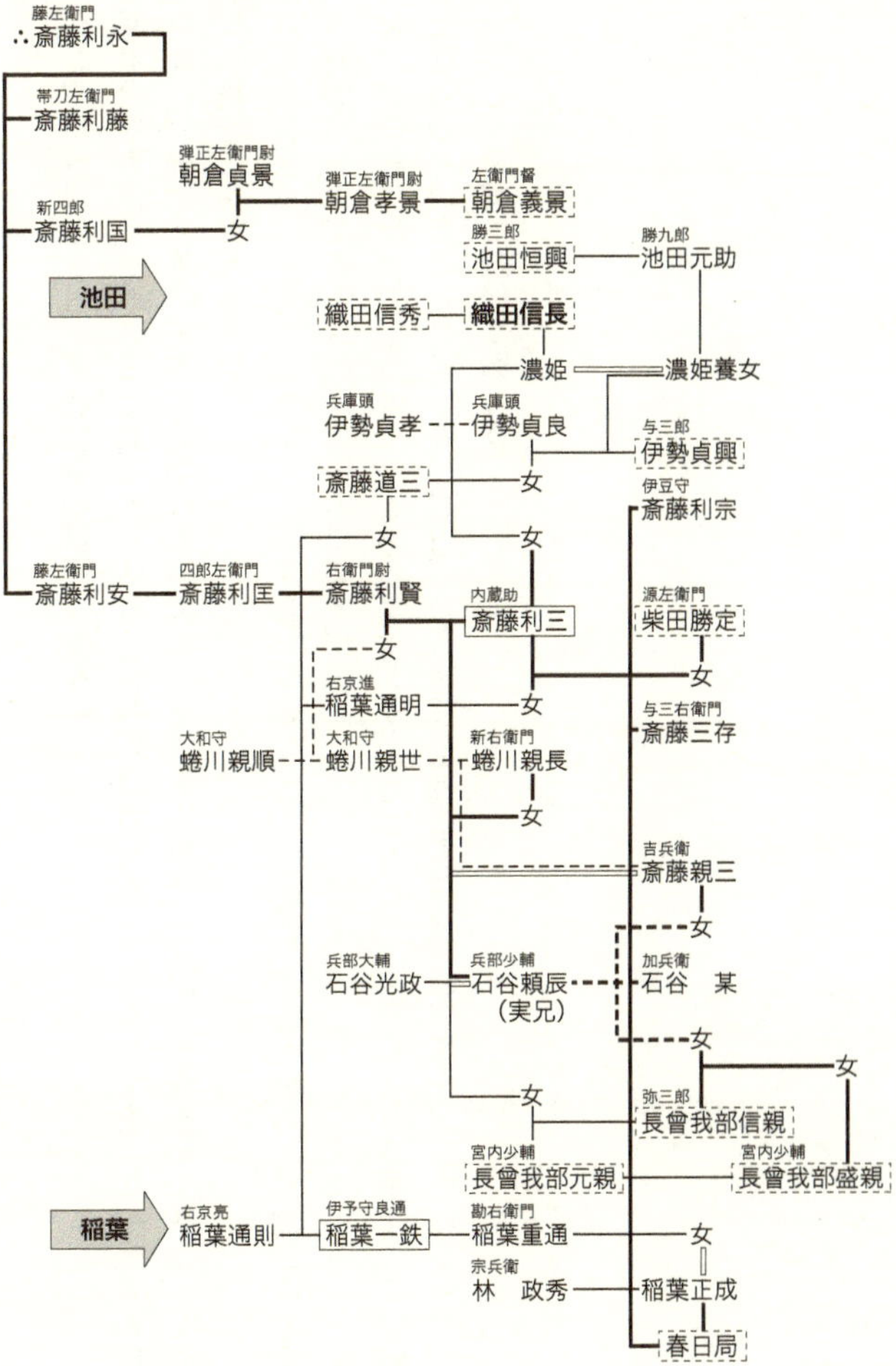
藤左衛門
∴斎藤利永
帯刀左衛門
斎藤利藤
弾正左衛門尉
朝倉貞景
弾正左衛門尉
朝倉孝景
左衛門督
朝倉義景
新四郎
斎藤利国
女
勝三郎
池田恒興
勝九郎
池田元助
池田
織田信秀
織田信長
濃姫
濃姫養女
兵庫頭
伊勢貞孝
兵庫頭
伊勢貞良
与三郎
伊勢貞興
斎藤道三
女
伊豆守
斎藤利宗
女
女
藤左衛門
斎藤利安
四郎左衛門
斎藤利匡
右衛門尉
斎藤利賢
内蔵助
斎藤利三
源左衛門
柴田勝定
女
女
右京進
稲葉通明
女
与三右衛門
斎藤三存
大和守
蜷川親順
大和守
蜷川親世
新右衛門
蜷川親長
女
吉兵衛
斎藤親三
女
兵部大輔
石谷光政
兵部少輔
石谷頼辰
（実兄）
加兵衛
石谷　某
女
女
女
弥三郎
長曾我部信親
宮内少輔
長曾我部元親
宮内少輔
長曾我部盛親
稲葉
右京亮
稲葉通則
伊予守良通
稲葉一鉄
勘右衛門
稲葉重通
女
宗兵衛
林　政秀
稲葉正成
春日局

―7」


しかし、正直なところ、筆者は余り賛同できない。

長曾我部家が討伐されることになったのは、信長の方針転換によるものであって、光秀の瑕《か》疵《し》ではない。娘婿の荒木家が討伐される際でさえ、信長に敵対しなかった光秀が、家臣のために信長暗殺を目論《もくろ》むだろうか。

結局、長曾我部家の切迫さを伝える古文書、つまり、状況証拠はあるものの、常識的に考えて、光秀が立ち上がるとは思えないのである。

なお、斎藤利三は美濃出身で、光秀の妹を母とする説もあるが、『寛政重修諸家譜』では蜷《にな》川《がわ》大和守親順《ちかのぶ》の娘を母としている。蜷川家の系図でも斎藤家との姻戚関係を記しているので、光秀の甥とする説は誤伝であろう。

おわりに

本書は『織田家臣団の謎』（角川選書）の続編である。

同書を二部構成で書いていたら、第一部だけで二五六ページを超えそうだった。筆者は書籍には適正なページ数があると思っている。どんなに素晴らしい内容でも三ページでは書籍として成立しない。逆も真なりで、三〇〇ページくらいが妥当な線だろう。

そこで、第一部を『織田家臣団の謎』として刊行し、第二部の系図編は後日出版させてほしいと頼んだ。その際、編集部からは「大河ドラマか何かで、信長の辺りをやる時に出しましょう」と言われた。

そんなうまい具合に行くかと思っていたのだが、二〇二〇年のＮＨＫ大河ドラマの主人公が明智光秀に決まり、俄然《がぜん》、出版への弾みが付いた。織田家臣団の系図をこんなにも採録した書籍は他にないので、面白いのではないかと考えている次第である。


筆者は北海道生まれだが、尾張地方にはシンパシーがある（赤味噌《みそ》が好きだ）。

先祖は文化二（一八〇五）年に東北か北陸から北海道茅部《かやべ》郡茂無部《もなしべ》村に渡ってきて代々漁業を営んでいた。曾祖父《そうそふ》は日露戦争で召集を受け、二〇三高地で右手をなくした。金鵄《きんし》勲章をもらったのはいいのだが、片腕では漁業が続けられない。北の茅部郡落部《おとしべ》村（北海道二海《ふたみ》郡八雲《やくも》町落部）に移住して農業をはじめた。そのさらに北に尾張藩士が拓《ひら》いた八雲町があったので、そこから嫁をもらった。

曾祖母は愛知県西春日井《にしかすがい》郡西春《にしはる》町九之坪《くのつぼ》（北名古屋市）から移住してきた庄屋《しょうや》の奥田家だ。おそらく堀秀政《ほりひでまさ》の従兄弟《いとこ》の奥田直政《なおまさ》の一族だろう。「亀甲《きっこう》に九曜」の家紋も似ている。また、西春町には林佐渡守が住んでいたといわれ（本書では否定しているが）、九之坪には別喜《べっき》右近（簗田広正）が住んでいたらしい。

祖母も八雲町から来た。愛知県小牧《こまき》市村中《むらなか》から移住してきた庄屋の小川《おがわ》家だ。小川家は女系家族で、高祖父は小牧市岩崎原新田《いわざきはらしんでん》の船橋《ふなばし》家、曾祖父は隣家から来た（珍しい名字なので、あえて伏せておく）。秀吉家臣団に平野《ひらの》長泰《ながやす》がいて公家の船橋家（清原《きよはら》家）の子孫を名乗っているが、おそらく稲沢市船橋あたりに縁があったのだろう。

大学一年生の時、父が名古屋勤務で、千種区月見坂《つきみざか》町の社宅に家族が住んでいたので、夏休みに帰省して小牧市に行ってみた。あてずっぽうに歩いていくと寺があった。墓を見ていくと、曾祖父の実家の墓があった。こんな珍しい名字は滅多にないので、住職を訪ねると、小川家の菩提寺《ぼだいじ》だった。あてずっぽうに歩いて行ってぶち当たったのだから、先祖のお引き合わせであろうか。

隣りに高祖父が建てた家があった。遠縁の小川さんが住んでおられ、キッツい名古屋弁でいわれを教えてくれた。高祖父が塀を造ったら資金が足りなくなり、一稼ぎするために庄屋仲間の奥田さんと一緒に北海道に渡り、そのまま住み着いてしまったらしい（当時のカネで三〇円支給してくれるという話だったようだ）。

祖母の小川家の住所・小牧市村中と、曾祖母の奥田家の住所・西春町は直線距離にしておよそ六・五キロメートルほど。小川家に婿養子に来た高祖父の船橋家の住所・小牧市岩崎原新田との距離は二キロメートル強である。当時の交友範囲・親戚《しんせき》関係はそれほどの距離感で形成されていたのだろう。私たちが目にする織田家臣団の話は、かれらが生まれ育った住所にはまるで頓着《とんちゃく》していないが、もっと注目してもよいと思う。

主な系図

本書では多くの系図を参考文献として使用したので、その概略を述べておこう。

○『寛政重修諸家譜《かんせいちょうしゅうしょかふ》』（略称・寛政譜）とは、江戸幕府が大名・旗本の系図を提出させ、編纂《へんさん》した系図集である。

江戸幕府は寛永二〇（一六四三）年に『寛永諸家系図伝』を編纂したが、その続編・改修版を編纂すべく、寛政一一（一七九九）年に若年寄・堀田《ほった》摂津守正敦《せっつのかみまさあつ》に命じて、林述斎《はやしじゅっさい》、屋代弘賢《やしろひろかた》らの学者を動員して一四年の歳月をかけ、文化九（一八一二）年に完成。親子関係の記述のみならず、個々人の経歴、母親、妻、子女等の情報を余すところなく記述している。織田家臣団の子孫は、多くが大名・

旗本になったので、同書を大いに参考にした。ただし、江戸時代以前は精密さに欠ける傾向があり、注意を要する。

続群書類従完成会から昭和三九〜四二（一九六四〜六七）年に『新訂　寛政重修諸家譜』全二六巻として出版。筆者は余りにも同書が好きすぎて、学生時代に友人から「歩く寛政譜」と呼ばれていた。

○『断家譜』は、慶長《けいちょう》年間から文化《ぶんか》年間（一五九六〜一八一八）までに改易された大名・旗本の系図を、田畑喜右衛門吉正《たばたきえもんよしまさ》が文化六（一八〇九）年に編纂した系図集である。『寛政重修諸家譜』に掲載されていない家系も採録されているが、個人が編纂した限界からか誤謬《ごびゅう》と思われる箇所も少なくない。

続群書類従完成会から昭和四三〜四四（一九六八〜六九）年に『断家譜』全三巻として出版された。

○『系図纂要』は幕末の国学者・飯田忠彦《いいだただひこ》（一七九九〜一八六〇）が編纂した系図集といわれる。天皇家から公家・武家を幅広く採録しているが、複数の系図を無批判に繋《つな》げており、異説も数多く掲載している。それが長所でもあり、欠点でもある。補助史料としては有用であろう。

名著出版から昭和四八〜五二（一九七三〜七七）年に『系図纂要』全一八巻として出版したが、手書き原稿を印字したもので、ちょっとクセのある字が読みづらいのが難点である。平成に入って活字版が出版されている（一九九〇〜九九）。

○『群書系図部集』は塙保己一《はなわほきいち》（一七四六〜一八二一）が編纂した群書類従《ぐんしょるいじゅう》の系図部にあたるもので、天皇家から豪族・公家・武家などの主要系図を掲載している。

収集した系図をそのまま採録し、複数の系図を繋げたり、編集していないところに特徴がある。採録されている系図は、編者が手を加えていない点で信憑性《しんぴょう》が高いが、織田家臣団の多くは、同書に掲載されるような名門家系ではないので、主に補助史料として活用した。

続群書類従完成会から昭和六〇（一九八五）年に『群書系図部集』全七巻として出版されている。

○『尾張群書系図部集』は加藤國光《かとうくにみつ》が尾張国（愛知県西部）の旧家に所蔵されている系図を編纂した系図集で、大名・旗本になることなく諸藩の藩士となったり、帰農した家系も数多く採録され、他では見られない貴重な情報が多い。ただし、それら複数の系図を加藤氏が独自の視点から編纂しており、それをどのように評価するかには注意を要する。

続群書類従完成会から平成九（一九九七）年に『尾張群書系図部集』上下巻として出版されている。

○『士林泝洄《しりんそかい》』は尾張名古屋藩が藩士の系図を編纂した系図集である。いわば『寛政重修諸家譜』の元・尾張藩版といったところであろう。織田家臣団で大名・旗本に登用されなかった家系の多くは、地尾張藩で藩士として採用されたため、『寛政重修諸家譜』で取り上げられていない家系も採録されている。ただし、『寛政重修諸家譜』に比べて誤謬が多く、注意を要する。

○『平成新修　旧華族家系大成』は旧華族の系図を幕末から平成に至るまで採録した系図集である。社団法人霞《かすみ》会館（旧・華族会館）が昭和五七（一九八二）年および五九（一九八四）年に出版した『昭和新修　華族家系大成』上下巻を改訂したもので、霞会館の会員である旧華族の各家が提供した系図を掲載している。『寛政重修諸家譜』では未掲載の幕末から現代に至る貴重な系図が掲載されている他、各家の略歴が簡素にまとめられており、参考となる。ただし、個々の家の事情から、掲載辞退や意図的に削除された情報（前妻や庶子の存在など）があることには注意を要する。

吉川弘文館から平成八（一九九六）年に『平成新修　旧華族家系大成』上下巻として出版されている。

本書の刊行にあたり、いろいろとご支援いただいたＫＡＤＯＫＡＷＡの竹内祐子さんにこの場を借りて感謝いたします。

主要参考文献

【一般書籍】

天野忠幸［二〇一六］『中世武士選書31　三好一族と織田信長――「天下」をめぐる覇権戦争』戎光祥出版
天野忠幸［二〇一七］『シリーズ【実像に迫る】０１０　荒木村重』戎光祥出版
天野忠幸編［二〇一七］『松永久秀――歪められた戦国の〝梟雄〟の実像』宮帯出版社
池上裕子［二〇一二］『人物叢書　織田信長』吉川弘文館
井沢元彦［二〇〇七］『逆説の日本史　11戦国乱世編――朝鮮出兵と秀吉の謎』小学館
今谷　明［二〇〇七］『戦国　三好一族――天下に号令した戦国大名』洋泉社
岡田正人編著［一九九九］『織田信長総合事典』雄山閣出版
岡本良一・奥野高広・松田毅一・小和田哲男編［一九八九］『織田信長事典』新人物往来社
奥野高広［一九六〇］『人物叢書　足利義昭』吉川弘文館
小和田哲男［一九九一］『織田家の人びと』河出書房新社
柏木輝久［二〇一六］『大坂の陣　豊臣方人物事典』宮帯出版社
菊地浩之［二〇一六］『角川選書５７６　徳川家臣団の謎』ＫＡＤＯＫＡＷＡ
菊地浩之［二〇一八］『角川選書５９８　織田家臣団の謎』ＫＡＤＯＫＡＷＡ
桐野作人［二〇一一］『織田信長――戦国最強の軍事カリスマ』新人物往来社
楠戸義昭［二〇〇四］『戦国佐久間一族』新人物往来社
久野雅司［二〇一七］『中世武士選書40　足利義昭と織田信長――傀儡政権の虚像』戎光祥出版
黒田基樹［二〇一六］『角川選書５７８　羽柴を名乗った人々』ＫＡＤＯＫＡＷＡ
黒田基樹［二〇一七］『羽柴家崩壊――茶々と片桐且元の懊悩』平凡社
柴　裕之編［二〇一一］『論集戦国大名と国衆６　尾張織田氏』岩田書院

新人物往来社編［一九九六］『豊臣秀長のすべて』新人物往来社
鈴木眞哉・藤本正行［二〇〇六］『信長は謀略で殺されたのか――本能寺の変・謀略説を嗤う』洋泉社
大類　伸監修［一九六六］『日本城郭全集⑦　愛知・岐阜』人物往来社
高柳光寿［一九五八］『人物叢書　明智光秀』吉川弘文館
滝沢弘康［二〇一三］『秀吉家臣団の内幕――天下人をめぐる群像劇』ソフトバンク　クリエイティブ
谷口克広［一九九五］『織田信長家臣人名辞典』吉川弘文館
谷口克広［一九九八］『信長の親衛隊――戦国覇者の多彩な人材』中央公論新社
谷口克広［二〇〇二］『織田信長合戦全録――桶狭間から本能寺まで』中央公論新社
谷口克広［二〇〇五］『信長軍の司令官――部将たちの出世競争』中央公論新社
谷口克広［二〇〇六］『戦争の日本史13　信長の天下布武への道』吉川弘文館
谷口克広［二〇〇七］『信長と消えた家臣たち――失脚・粛清・謀反』中央公論新社
谷口克広［二〇一五］『織田信長の外交』祥伝社
谷口克広［二〇一七］『天下人の父・織田信秀――信長は何を学び、受け継いだのか』祥伝社
谷口研語［二〇一四］『明智光秀――浪人出身の外様大名の実像』洋泉社
西ヶ谷恭弘［二〇〇〇］『考証　織田信長事典』東京堂出版
日本史史料研究会編［二〇一四］『信長研究の最前線――ここまでわかった「革新者」の実像』洋泉社
日本史史料研究会監修　渡邊大門編［二〇一七］『信長研究の最前線2――まだまだ未解明な「革新者」の実像』洋泉社
日本史史料研究会監修　平野明夫編［二〇一六］『家康研究の最前線――ここまでわかった「東照神君」の実像』洋泉社
沼田頼輔［一九七二］『日本紋章学』新人物往来社

橋場日月［二〇〇八］『新説　桶狭間合戦──知られざる織田、今川七〇年戦争の実相』学習研究社
服部英雄［二〇一二］『河原ノ者・非人・秀吉』山川出版社
早瀬晴夫［二〇〇一］『織豊興亡史──三英傑家系譜考』今日の話題社
藤田達生［二〇一〇］『証言　本能寺の変──史料で読む戦国史①』八木書店
藤田達生・福島克彦編［二〇一五］『明智光秀──史料で読む戦国史③』八木書店古書出版部
藤本正行［一九九三］『信長の戦国軍事学──戦術家・織田信長の実像』JICC出版局
藤本正行［二〇〇八］【信長の戦い①】桶狭間・信長の「奇襲神話」は嘘だった』洋泉社
藤本正行［二〇一〇］『長篠の戦い──信長の勝因・勝頼の敗因』洋泉社
藤本正行［二〇一〇］『本能寺の変──信長の油断・光秀の殺意』洋泉社
堀　新・井上泰至編［二〇一六］『秀吉の虚像と実像』笠間書院
松原信之［二〇〇七］『朝倉氏と戦国村一乗谷』吉川弘文館
宮島敬一［二〇〇八］『人物叢書　浅井氏三代』吉川弘文館
村岡幹生［二〇一一］「今川氏の尾張進出と弘治年間前後の織田信長・織田信勝」『愛知県史研究』第一五号
村岡幹生［二〇一五］「織田信秀岡崎攻落考証」『中京大学文学会論叢』
山本博文［二〇一二］『文春新書875　信長の血統』文藝春秋
横山住雄［一九九三］『織田信長の系譜──信秀の生涯を追って』教育出版文化協会
横山住雄［二〇一二］『中世武士選書10　織田信長の尾張時代』戎光祥出版
横山住雄［二〇一五］『中世武士選書29　斎藤道三と義龍・龍興──戦国美濃の下克上』戎光祥出版
横山住雄［二〇一七］『地域の中世20　中世美濃遠山氏とその一族』岩田書院
脇田　修［一九八七］『織田信長──中世最後の覇者』中央公論社
和田裕弘［二〇一七］『織田信長の家臣団──派閥と人間関係』中央公論新社

和田裕弘［二〇一八］『信長公記――戦国覇者の一級史料』中央公論新社
渡邊大門［二〇一三］『信長政権――本能寺の変にその正体を見る』河出書房新社
渡邊大門［二〇一三］『秀吉の出自と出世伝説』洋泉社
渡邊大門編［二〇一六］『戦国史の俗説を覆す』柏書房
渡邊大門編［二〇一六］『信長軍の合戦史――１５６０－１５８２』吉川弘文館

【県史、市町村史など】
清洲町史編さん委員会編［一九六九］『清洲町史』
蟹江町史編さん委員会編［一九七三］『蟹江町史』
津島市史編さん委員会編［一九七〇～一九七五］『津島市史』
一宮市編［一九七七］『新編　一宮市史　本文編　上』
西春町史編集委員会編［一九八三］『西春町史　通史編　１』
岩倉市史編集委員会編［一九八五］『岩倉市史　上巻』
昭和区制施行50周年記念事業委員会編［一九八七］『昭和区誌』
東海市史編さん委員会編［一九九〇］『東海市史　通史編』
西枇杷島町史編纂委員会編［一九六四］『西枇杷島町史』
犬山市教育委員会・犬山市史編さん委員会編［一九九七］『犬山市史　通史編　上』
新修名古屋市史編集委員会編［一九九八］『新修　名古屋市史「本文編」第二巻』
長久手町史編さん委員会編［二〇〇三］『長久手町史　本文編』
大垣市編［二〇一三］『大垣市史　通史編　自然・原始～近世』

【その他史料など】
岩澤愿彦監修［一九九七～］『系図纂要』名著出版

太田牛一［一九六九］『信長公記』角川書店
太田牛一著、中川太古訳［二〇一三］『新人物文庫　現代語訳　信長公記』ＫＡＤＯＫＡＷＡ
太田牛一著、榊山　潤訳［二〇一七］『現代語訳　信長公記（全）』筑摩書房
小瀬甫庵［一九八一］『信長記』現代思潮社
大久保彦左衛門忠教原著、小林賢章訳［一九八〇］『三河物語（上・下）原本現代訳11・12』教育社
霞会館華族家系大成編輯委員会編［一九九六］『平成新修　旧華族家系大成』吉川弘文館
加藤國光編［一九九七］『尾張群書系図部集』続群書類従完成会
久曽神昇編［一九六六］「松平記」『三河文献集成　中世編』愛知県宝飯地方史編纂委員会
続群書類従完成会編［一九六四〜六七］『新訂　寛政重修諸家譜』続群書類従完成会
続群書類従完成会編［一九六六］『増補　諸家知譜拙記』続群書類従完成会
続群書類従完成会編［一九六八〜六九］『断家譜』続群書類従完成会
塙保己一編纂、太田藤四郎補［一九八五］『群書系図部集』続群書類従完成会
名古屋市教育委員会編［一九八三〜八四］『校訂復刻　名古屋叢書続編　第十七〜二十巻（士林泝洄）』愛知県郷土資料刊行会
平塚正雄編［一九三二］『美濃明細記／美濃雑事記』一信社
深田正韶［一九六九］『尾張志　上・下』歴史図書社
平凡社地方資料センター編［一九八一］『日本歴史地名大系二三巻　愛知県の地名』平凡社
平凡社地方資料センター編［一九八九］『日本歴史地名大系二一巻　岐阜県の地名』平凡社

菊地浩之（きくち・ひろゆき）
1963年北海道生まれ。國學院大學経済学部を卒業後、ソフトウェア会社に入社。勤務の傍ら、論文・著作を発表。専門は企業集団、企業系列の研究。2005-06年、明治学院大学経済学部非常勤講師を兼務。06年、國學院大學博士（経済学）号を取得。著書に『企業集団の形成と解体』（日本経済評論社）、『日本の地方財閥30家』『日本の長者番付』（平凡社）、『図解　損害保険システムの基礎知識』（保険毎日新聞社）、『図ですぐわかる！ 日本100大企業の系譜』『図ですぐわかる！ 日本100大企業の系譜２』『三井・三菱・住友・芙蓉・三和・一勧』『最新版　日本の15大財閥』（KADOKAWA）、『三菱グループの研究』『三井グループの研究』『住友グループの研究』（洋泉社）など多数。

織田《おだ》家《か》臣団《しんだん》の系図《けいず》

菊地《きくち》浩之《ひろゆき》

2019年 9月 10日　初版発行
2024年 10月 20日　4版発行

◆◇◇

発行者　山下直久
発　行　株式会社KADOKAWA
〒102-8177　東京都千代田区富士見 2-13-3
電話　0570-002-301（ナビダイヤル）
装 丁 者　緒方修一（ラーフイン・ワークショップ）
ロゴデザイン　good design company
オビデザイン　Zapp!　白金正之
印 刷 所　株式会社KADOKAWA
製 本 所　株式会社KADOKAWA

角川新書

ISBN978-4-04-082324-9 C0221

KADOKAWAの新書 好評既刊

ビッグデータベースボール
トラヴィス・ソーチック
桑田 健 訳

弱小球団を変革したのは「数学」だった――データから選手の隠れた価値を導き出し、またデータを視覚的に提示し現場で活用することで、21年ぶりのプレーオフ進出を成し遂げたピッツバーグ・パイレーツ奇跡の実話。

万葉集の詩性《ポエジー》
令和時代の心を読む
中西 進 編著
池内 紀　池澤夏樹
亀山郁夫　川合康三
高橋睦郎　松岡正剛
リービ英雄

国文学はもとより、ロシア文学や中国古典文学、小説、詩歌、編集工学まで。各斯界の第一人者たちが、初心をもって万葉集へ向き合い、その魅力や謎、新時代への展望を提示する。全編書き下ろしによる「令和」緊急企画!

ミュシャから少女まんがへ
幻の画家・一条成美と明治のアール・ヌーヴォー
大塚英志

与謝野晶子・鉄幹の『明星』の表紙を飾ったのはアール・ヌーヴォーの画家、ミュシャを借用した絵だった。以来、現代の少女まんがに至るまで多大な影響を与えたミュシャのアートは、いかにして日本に受容されたのか?

サブスクリプション
製品から顧客中心のビジネスモデルへ
雨宮寛二

「所有」から「利用」へ。商品の販売ではなく、サービスを提供して顧客との関係性を強めていく。この急速に進展するビジネスモデルの成長性・戦略性・成功条件を数多くの事例を取りあげながら解説する。

政界版 悪魔の辞典
池上 彰

辞典の体裁をとり、政治や選挙ででてくる用語を池上流の皮肉やブラックユーモアで解説した一冊。アンブローズ・ビアスの『悪魔の辞典』をモチーフにした風刺ジャーナリズムの原点というべき現代版悪魔の辞典の登場。